U0926129

中国和谐社区：太仓模式

太仓市“政社互动”调研报告

AN INVESTIGATION REPORT ON
GOVERNMENT-SOCIETY INTERACTION OF TAICANG

陆留生　王剑锋　史卫民◎主编

社会科学文献出版社
SSAP
SOCIAL SCIENCES ACADEMIC PRESS (CHINA)

前　言

太仓市是江苏省苏州市下辖的县级市，位于苏州市东部，东濒长江，南临上海市宝山区、嘉定区，西连昆山市，北接常熟市，总面积 823 平方公里，户籍人口 46.89 万人（2011 年）。太仓市原辖城厢、沙溪、浏河、浮桥、璜泾、双凤、陆渡 7 个镇和新区、港区、科教新城区 3 个开发区，2011 年区划调整，撤销陆渡镇，建立娄东街道办事处，使太仓市现辖 6 镇和 1 个街道办事处、88 个村民委员会、68 个社区居民委员会。

为落实《国务院关于加强市县政府依法行政的决定》，太仓市从 2008 年开始尝试建立政府行政管理与基层群众自治有效衔接和良性互动的机制，逐步开展“政社互动”改革试点工作，努力打造中国和谐社区建设的“太仓模式”。尽管“政社互动”还有待进一步发展和完善，但是将四年来的改革试点情况写出来，既可以作为以往工作的阶段性总结，也可以提供必要的素材和案例等，供关心此类改革的实践者和研究者评判。

本书由太仓市委、市政府和中国社会科学院政治学研究所的研究人员共同编写，采用调研报告的体例，先以一章介绍太仓市“政社互动”改革试点的总体情况，继以六章说明不同镇、村民委员会、社区居民委员会的具体试点情况，最后以两章分析“政社互动”问卷调查的数据，以期对“政社互动”的进程和效果有较全面的认识。

太仓市的“政社互动”改革试点涉及不少文件，其中的几个关键性文件，将列入本书的附录，其他文件则在本书正文中说明主要内容并注明发文时间和文号，以备检索。

太仓市的“政社互动”改革试点，不仅得到了国务院法制办、民政部、江苏省法治办、江苏省民政局、苏州市法制办、苏州市民政局的大力支持和帮助，亦得到了苏州大学、中国社会科学院社会学研究所等学术单位的支持和帮助，特借此机会表示衷心的感谢！

目　录

第一章

太仓市的“政社互动”改革试点*

2008~2012年，江苏省太仓市进行了由点到面的“政社互动”改革试点。根据相关文献资料和实地调查情况，可将“政社互动”改革试点的总体情况概述于下。

一 确定改革的基本方向

2008年5月12日，国务院发出《国务院关于加强市县政府依法行政的决定》，要求建立政府行政管理与基层群众自治有效衔接和良性互动的机制，“市县政府及其部门要全面正确实施村民委员会组织法和城市居民委员会组织法，扩大基层群众自治范围，充分保障基层群众自我管理、自我服务、自我教育、自我监督的各项权利。严禁干预基层群众自治组织自治范围内的事情，不得要求群众自治组织承担依法应当由政府及其部门履行的职责”。①《国务院关于加强市县政府依法行政的决定》颁布后，太仓市政府法制办和民政局即开始研究建立政府行政管理与基层群众自治有效衔接和良性互动机制涉及的三个主要问题：一是如何提高村民自治组织的自治功能；二是如何合理有效地整合农村资源；三是如何改变市、乡政府的行政管理模

* 本章由史卫民执笔。

① 《中华人民共和国国务院公报》2008年第18号（2008年6月30日）。

式，并聘请苏州大学的金太军教授带领研究团队参与相关问题的研究。

借《村民委员会组织法》颁布十周年纪念活动的机会（2008 年 11 月 4 日，苏州市在太仓市沙溪镇太星村召开了“苏州市纪念《村民委员会组织法》颁布实施十周年大会暨太仓市村民自治现场会”），[①] 太仓市人民政府于 2008 年 11 月 4 日召开了“政府行政管理与基层群众自治”主题研讨会，国务院法制办政法司司长李建、民政部基层政权司副司长王金华、[②] 江苏省民政厅副厅长刘广忠、江苏省政府法制办副主任张耀东、苏州市政府法治办主任胡伟华、苏州市民政局局长林超、太仓市委副书记宋建军、太仓市副市长盛蕾等出席了会议。这次主题研讨会，标志着太仓市的“政府行政管理与基层群众自治有效衔接和良性互动”（后来简称为“政社互动”）的课题研究正式开题。[③]

太仓市还于 2008 年 11 月正式成立了“政府行政管理与基层群众自治有效衔接和良性互动课题研究领导小组”（领导小组成员名单见表 1－1），课题研究领导小组办公室设在市政府法制办。

表 1－1　太仓市政府行政管理与基层群众自治有效衔接和良性互动课题研究领导小组成员表*

组内职务	姓　名	党政机关职务
组　　长	盛　蕾	市委常委、常务副市长
副 组 长	顾潇军	市政府副秘书长、市政府法制办主任
	王大明	市民政局局长
成　　员	周鸿斌	市委组织部副部长
	蒋建平	市委农工办副主任
	郑思东	市编委办副主任
	黄建平	市监察局副局长
	周红亚	市民政局副局长（兼领导小组办公室副主任）
	纪祖宏	市政府法制办副主任（兼领导小组办公室主任）
研究顾问	林　超	苏州市民政局局长
	胡伟华	苏州市政府法制办主任

* 领导小组成员名单引自太仓市依法治市领导小组办公室、市民政局、市政府法制编《政社互动材料汇编》（2011 年 6 月），第 35 页。

① 《太仓民政》（载“太仓民政局网站”，下同）第 68 期（2008 年 12 月 2 日）载文《苏州市在我市太星村召开纪念〈村民委员会组织法〉颁布实施十周年大会暨太仓市村民自治现场会》。

② 王金华于 2008 年 4 月 15 日带领调研组在太仓市进行了农村基层政权和基层组织建设调研，《太仓民政》第 59 期（2008 年 6 月 29 日）。

③ 《太仓民政》第 68 期（2008 年 12 月 2 日）载文《我市召开主题研讨会推进政府行政管理与基层群众自治衔接互动》。

课题研究领导小组邀请金太军教授为课题组组长，带领研究团队在太仓市开展问卷调查、入户访谈等。2009 年 3 月 9 日，课题研究领导小组在市民政局召开“政府行政管理与基础群众自治有效衔接和良性互动的机制”课题论证会，市委常委、常务副市长王剑锋及副市长周文彬等出席会议，金太军教授对课题的调研情况及调查报告的内容作了介绍，并就课题研究过程中的一些问题作了补充说明。[①] 苏州大学课题组的《夯实和谐（共治）太仓基础，创新城乡治理模式——基于政府行政管理与基层群众自治有效衔接和良性互动视角的调查报告》分为三大部分：一是太仓市的主要做法及其成效，二是群众自治与政府行政的衔接和互动存在的问题和不足，三是进一步推进行政管理与基层群众自治有效衔接和良性互动的对策建议。课题组建议太仓市在经济发展与民主自治方面以重构政府经济职能为基本对策，以规范政府行为为配套对策；在利益结合与民主自治方面重点进行群众自治组织的独立性培育和相关制度创新，培育基层群众的民主素质，并明确列出了村民委员会和社区居民委员会的主要职能；在管理体制创新方面应逐步弱化街道办事处、建立社区服务站，在农村建立社区工作站并逐步撤并乡镇；在绩效考核制度创新方面应建立 360 度的政府绩效考核评估体系，并建立多元考核主体的基层群众自治组织绩效考核制度。

在苏州大学调查报告的基础上，2009 年 5 月 12 日太仓市人民政府发出《关于建立政府行政管理与基层群众自治互动衔接机制的意见》（太政发〔2009〕42 号）。[②]《意见》就增强基层群众自治组织的自治功能提出了七条要求：一是强化自治组织建设；二是增强群众自治意识；三是扩大群众自治范围，积极承接政府转移出来的部分行政管理和服务职能；四是完善群众自治制度；五是促进社区组织发展；六是支持村级经济建设；七是加快新农村建设。《意见》对规范政府行为、保障基层群众自治权利提出了五条要求：一是积极转变政府职能，加快市级机构、乡镇机构改革；二是完善工作指导方式；三是规范协助管理行为，对需要基层自治组织协

① 《太仓民政》第 73 期（2009 年 4 月 1 日）载文《政府行政管理与基层群众自治课题召开论证会》。

② 文件全文，见本书附录一；参见《太仓民政》第 79 期（2009 年 7 月 2 日）载文《我市建立政府行政管理与基层群众自治衔接机制》。

助政府办理的行政事务，实行项目准入制度，要组织对基层群众自治组织协助政府办理的具体行政事务进行全面清理；四是实行委托购买服务；五是加强行政行为监督。《关于建立政府行政管理与基层群众自治互动衔接机制的意见》的出台，表明改革的基本方向和所涉及的改革内容已经明确，但是必须先有一个“理清”阶段，即理清基层群众自治组织的职能和理清基层群众自治组织协助政府的工作事项，才能在基层展开具体的试点工作。

二　出台两份“清单”

2009 年 5 月 ~2010 年 3 月，太仓市政府行政管理与基层群众自治有效衔接和良性互动课题研究领导小组的重点工作是厘清政府行政管理权力和村民委员会、居民委员会自治权利两份“清单”，并且明确提出了将“行政责任书”改为“服务协议书”的设想。这样的改革设想尽管已经引起有关部门和新闻媒体的关注，[①] 但是厘清“清单”的工作开展得并不顺利。太仓市为此专门成立了“清理办公室”，并于 2009 年 10 月发出通知要求市政府各局、委、办上报延伸到村民委员会、居民委员会的工作清单，但是至 11 月下旬列出清单的单位只有四成，不得不再次发出通知要求各单位加紧清理工作。[②] 根据清理的结果，于 2012 年 2 月底前完成了两份“清单”，并形成了《关于清理基层群众自治组织协助政府工作事项有关情况的说明》。2012 年

① 《江苏政府法制简报·全面推进依法行政工作专刊》第 31 期（2009 年 7 月 20 日）载文《江苏省太仓市大力创新，积极推进政府行政管理与基层群众自治的有效衔接和良性互动》；《法制日报》2009 年 10 月 19 日载文《行政管理与基层自治“有效衔接”尚无成熟机制，江苏太仓试水“委托管理”和“放权于民”新模式——基层群众自治新路径调查》；《苏州日报》2009 年 10 月 23 日载文《打造“和谐善治”新平台——太仓有效推进“政府行政管理与基层群众自治衔接互动机制”》；《江苏法制报》2009 年 11 月 4 日载文《太仓模式：“和谐善治”描绘基层民主新路径》；《内部参阅》第 46 期（2009 年 11 月 27 日）载文《政府管理与群众自治如何有效衔接与互动——江苏省太仓市推进法治政府建设的探索与实践》；《全国贯彻落实〈全面推进依法行政实施纲要〉工作简报》第 66 期（2009 年 12 月 21 日）载文《江苏省太仓市推进法治政府的探索与实践》。

② 《人民日报》2009 年 12 月 9 日载文《如何实现政府行政管理与基层群众自治衔接互动——“放手还权”的太仓探索》。

3月1日召开的太仓市政府第十七次常务会议讨论并通过了两份清单，[①] 并于2010年3月19日由太仓市人民政府正式发出了《关于公布基层群众自治组织协助政府工作事项和基层群众自治组织依法履行职责事项的通知》（太政发〔2010〕19号），以两份“清单”作为该《通知》的附件。[②]

太仓市清理基层自治组织协助政府工作事项的结果共涉及78项工作，参照法律、法规和中央、省和苏州市的规范性文件，对这78项工作进行梳理，保留有法律和文件依据近40项，取消了30余项。经过与各政府部门协商后，将近40项项目合并为27大项，涉及18个政府部门，冠名为“基层群众组织协助政府工作事项”，作为第一份“清单”（见表1－2）。如按照“大项”（27项）计算，基层群众自治组织协助政府工作事项减少了65.4%；但是按照“保留项目”（38项）计算，基层群众自治组织协助政府工作事项减少了51.3%。

表1－2 江苏省苏州市太仓市确定的基层群众自治组织协助政府工作事项表*

政府部门	序号	基层群众自治组织协助工作事项
（一）公安	1	（1）协助维护社会治安；（2）未成年人保护；（3）禁毒防范和社区戒毒；（4）协助查处赌博；（5）暂住人口管理；（6）租赁房屋安全防范和治安管理
	2	（7）养犬管理
	3	（8）开展消防宣传教育、群众性消防工作
（二）交通运输	4	（9）农村公路建设、养护和管理
	5	（10）建立健全行政村和船主的船舶安全责任制
（三）人口与计划生育	6	（11）计划生育工作和流动人口婚育登记、查验等
	7	（12）社会抚养费征收
（四）民政	8	（13）优抚救济；（14）农村五保户供养；（15）居民最低生活保障；（16）城乡社会救助工作
	9	（17）出具收养证明
（五）国土资源	10	（18）基本农田保护；（19）土地调查
（六）人力资源和社会保障	11	（20）建立劳动保障服务站，做好农村基本保障工作
	12	（21）建立劳动争议调解组织
（七）物价	13	（22）建立价格监督服务点

① 《太仓法治政府网》2010年3月9日载文《太仓市政府常务会议研究讨论依法行政工作》。
② 文件全文，见本书附录二。

续表

政府部门	序号	基层群众自治组织协助工作事项
（八）司法	14	（23）对依法被剥夺政治权利的村民、居民进行监督、教育、管理
（九）文化广电	15	（24）古村落资源保护
	16	（25）辖区内卫星地面接收设施管理
（十）卫生（食品药品监督）	17	（26）公共卫生和传染病预防与控制；（27）艾滋病防治；（28）组织居（村）民受种疫苗
	18	（29）药品质量监督
（十一）统计	19	（30）农业、经济、污染源普查
（十二）地方税收	20	（31）代征房屋出租及提供家庭装修劳务税收
（十三）教育	21	（32）青少年教育，督促适龄儿童、少年入学
	22	（33）扫除文盲工作
（十四）安全生产	23	（34）设立安全生产工作小组，开展安全生产活动，落实安全生产措施
（十五）水利	24	（35）做好抗旱措施落实
（十六）农业	25	（36）动物疫情应急处理
（十七）征兵	26	（37）兵役登记及政审
（十八）气象	27	（38）气象灾害防御知识宣传和应急演练

* 据太仓市人民政府《关于公布基层群众自治组织协助政府工作事项和基层群众自治组织依法履行职责事项的通知》（太政发〔2010〕19号）附件1整理。

根据《村民委员会组织法》、《城市居民委员会组织法》及其他法律法规等，太仓市将基层群众自治组织依法履行职责的事项归纳为10个大项（涉及21项具体职责），作为第二份“清单”（见表1－3）。需要说明的是，在太仓市制定这份“清单”时，《村民委员会组织法》还没有修改，但是2010年10月28日即正式公布了新修订的《村民委员会组织法》。①

在《关于公布基层群众自治组织协助政府工作事项和基层群众自治组织依法履行职责事项的通知》中，以“政社互动”作为以往文件中的“政府行政管理与基层群众自治有效衔接和良性互动”的简称，明确要求切实减轻基层群众自治组织工作负担，形成“政社互动”的行政管理格局；各镇（区）、政府各部门要对照已公布的《基层群众自治组织协助政府工作事项》，明确本单位延伸至基层群众自治组织工作事项的具体内容、工作目标，按照“费随事转、权随责走”的原则，基层群众自治组织协助政府工

① “中华人民共和国中央人民政府网站”2010年10月28日载法律全文。

表 1－3 江苏省苏州市太仓市确定的基层群众自治组织依法履行职责事项表*

序号	主要工作事项
1	(1)管理集体土地、财产
2	(2)发展农村经济 (3)维护村民的合法权利和利益
3	(4)办理本地区的公共事物和公益事业 (5)开展突发事件应急演练,组织群众开展自救和互救 (6)动员和组织适龄公民献血
4	(7)宣传法律、法规和国家政策
5	(8)发展文化教育,普及科学知识,开展社会主义精神文明建设活动 (9)推动、帮助村农业技术推广服务组织和农民技术人员开展工作 (10)组织开展全民健身活动
6	(11)调解民间纠纷 (12)家庭暴力、遗弃家庭成员调解工作 (13)调解土地承包经营纠纷
7	(14)保护和改善生态环境
8	(15)开展社区服务
9	(16)组织召开村(居)民会议并向村(居)民会议报告工作 (17)督促村民遵守自治章程、村规民约
10	(18)预防未成年人犯罪 (19)妇女、老年人权益保护 (20)残疾人工作 (21)担任未成年人、无民事行为能力或限制民事行为能力的精神病人的监护人

*据太仓市人民政府《关于公布基层群众自治组织协助政府工作事项和基层群众自治组织依法履行职责事项的通知》(太政发〔2010〕19 号)附件 2 整理。

作事项试行委托管理，除法定要求外，不再签订行政责任书。未列入公布事项的，不得以行政命令要求群众自治组织予以协助，基层群众自治组织也有权拒绝协助工作。《通知》还要求在城厢镇、双凤镇先行试点，在总结经验的基础上在全市逐步推广。

三 城厢镇、双凤镇的先行试点

2010 年 4 月 30 日，太仓市召开“政社互动”试点工作会议，太仓市政法委书记夏林祥主持会议，由太仓市副市长周文彬对“政社互动”的试点工作进行部署，[①] 常务副市长王剑锋则在讲话中要求在试点中重点抓好三项工作：一是明确职责，规范行政行为；二是还权于民，保障基层自治组织权利；三是强化保障，建立科学的双向履职评估体系。[②]

2010 年 5 月 11 日，太仓市人民政府办公室发出《关于印发太仓市“政社互动”试点工作实施方案的通知》（太政办〔2010〕39 号），[③] 要求城厢镇、双凤镇就基层群众自治组织协助政府工作事项试行委托管理，通过签订委托管理协议书形式落实工作责任，不再签订行政责任书。试点分为五个阶段：一是动员部署（2010 年 5 月前），建立试点工作班子，确定试点工作方案，动员部署并进行骨干培训。二是签订委托协议（2010 年 5 月），确定需要委托给基层群众自治组织管理的具体项目，明确委托管理项目目标要求，明确年度履约评估方法，明确政府提供的必要条件、委托管理经费和支付方式，拟定委托协议书文本，对协议内容进行协商后，进行委托管理协议书集中签约。三是落实责任阶段（2010 年 6 ~ 10 月），既落实政府责任，也落实基层群众自治组织责任。四是履职评估（2010 年 11 ~ 12 月），试行以试点镇党委、政府以及各有关部门人员、村（居）干部、群众代表等组成多元化评估主体，对政府和基层群众自治组织双方履约情况进行全方位评估，评估过程向社会公示，并根据评估结果兑现经费和实施奖励。五是总结提高（2010 年 12 月），通过分析总结，确定在全市各镇全面推广的方式和具体措施。2012 年 5 月 12 日，太仓市委副书记、市长陆留生发表文章，指出正在进行“政社互动”试点，可以起到六个方面的作用：一是培育非政府组织，成为自治能力提升的“推进器”；二是注重利益整合，成为融洽干群关系的“黏合器”；三是坚持民生为本，成为群众自治的“服务器”；四是倾听群众诉求，成为了解社情民意的“听诊器”；五是协助管理社会事务，成为政府职能转变的“减压器”；六是有效解决矛盾纠纷，成为社会和谐的“稳定器”。[④]

① “太仓民政网”2010 年 5 月 4 日载文《太仓市“政社互动”试点工作会议召开》。

② 《王剑锋同志在太仓市“政社互动”试点工作会议上的讲话》（2010 年 4 月 30 日），《政社互动材料汇编》，第 64 ~ 70 页。

③ 《政社互动材料汇编》，第 16 ~ 20 页。

④ 《太仓日报》2010 年 5 月 12 日载文《政社互动推进社会管理方式创新》。

城厢镇、双凤镇的试点工作并未按照试点工作实施方案规定的时间进行，具体进程如下：

（一）动员部署（2010年5~6月）

双凤镇5月27日组织了“政社互动”工作专题培训，① 6月9日召开“政社互动”工作研讨会。② 城厢镇于6月3日召开“政社互动”工作动员会，并下发了《城厢镇“政社互动”工作实施方案》。③

（二）签订委托协议（2010年7~8月）

城厢镇、双凤镇的33个村民委员会、居民委员会（城厢镇22个、双凤镇11个）均于2010年7月10日开展“民主决策日”活动，由村民代表或居民代表审议并通过《委托管理协议书（讨论稿）》。④ 2010年8月13日，在太仓市的娄东宾馆举行了“太仓市城厢镇、双凤镇《基层群众自治组织协助政府管理协议书》签约仪式”，由两镇的镇长分别与本镇的村民委员会、居民委员会主任签订协议书。⑤ 苏州法制办主任胡伟华、太仓市市长陆留生、太仓市政法委书记夏林祥以及城厢镇镇长胡捷、双凤镇镇长潘红忠、城厢镇南园社区居民委员会主任杨春芳、双凤镇风中村村民委员会主任潘雪荣等在签约仪式上讲话或发言。⑥ 一些新闻媒体不久后即对签约仪式的情况等作了报道。⑦

（三）落实责任（2010年8~12月）

城厢镇、双凤镇各村民委员会、居民委员会根据协议书的内容，落实责

---

① “太仓民政网”2010年6月10日载文《双凤镇积极推动政社互动工作》。

② “太仓民政网”2010年6月14日载文《双凤镇组织“政社互动”专题研讨》。

③ “太仓民政网”2010年6月10日载文《城厢镇“政社互动”试点工作全面启动》。

④ “太仓民政网”2010年6月10日载文《太仓市村（居）民代表“民主决策日”审议协助政府管理工作协议》。

⑤ 《太仓民政》第101期（2010年9月28日）载文《我市“政社互动”试点加快运行》。

⑥ 讲话、发言的具体内容，见《政社互动材料汇编》，第52~55、86~89、94~102页。

⑦ 《江苏法制报》2010年8月18日载文《政社互动激活自治原动力——太仓探索社会管理新模式》；《法制日报》2010年8月18日载文《两个清单厘清政府职能和村委会职能，太仓市村委会行政任务减少六成，政府职能需基层组织协助须签协议并付费》；《新华日报》2010年12月1日载文《“千条线”不能随意穿“一根针”了》。

任，履行相关职责。在2010年12月江苏省的经验交流会上，太仓市强调“政社互动”已起了五个方面的作用：（1）政府自律，权力“瘦身”，基层减负；（2）群众共决，法人签约，自治规范；（3）“费随事转，饷随费领”，取向陡转；（4）权限清晰，掌控“准入”，自治有力；（5）转变角色，准确代理，社区和谐。①

（四）履职评估（2010年12月~2011年1月）

城厢镇于2010年12月底对“政社互动”试点进行了“双向履约评估”，并根据评估结果兑现了330多万元委托管理经费（22个村、居民委员会，每个村、居民委员会平均15万元左右）。② 双凤镇在2011年1月10日的“民主决策日”活动中，由604名村民代表、居民代表对“政社互动”试点情况进行了评估。③ 行政委托事项涉及综合治理、计划生育、民政、国土资源、劳动保障、司法、文教卫生、安全生产、统计、人武部、水利站、动物防疫12大项（29个具体事项），评估综合得分为97.02分（满分100分）；基层自治组织履职评估涉及10大项职能（21项具体职能），评估综合得分为96.67分（满分100分）。④

（五）总结提高（2011年1~3月）

2011年3月底之前，城厢镇、双凤镇及下属各村民委员会、居民委员会完成了“政社互动”试点工作的总结，并形成总结材料。在2011年4月9日的太仓市全面推进“政社互动”工作动员会上，除城厢镇、双凤镇介绍

---

① 《践行政社互动，创新社会管理》（夏林祥同志在全省基层法治建设工作经验交流会上的发言，2010年12月9日），《政社互动材料汇编》，第90~93页。

② 中共太仓市城厢镇委员会、太仓市城厢镇人民政府：《加强组织领导，规范行政行为，扎扎实实搞好政社互动试点工作》（2011年4月9日），《政社互动材料汇编》，第103~107页；参见“苏州政府法制网”2011年9月21日载文《太仓市城厢镇先行先试积极构建政府行政管理与基层群众自治良性互动机制》。

③ 《太仓民政》第107期（2011年2月1日）的“简讯”。

④ 中共太仓市双凤镇委员会、太仓市双凤镇人民政府：《坚持科学管理，尊重群众权益，努力完成政社互动试点任务》（2011年4月9日），《政社互动材料汇编》，第108~113页；参见《2010年度双凤镇“政社互动”行政委托事项评估表》和《2010年度双凤镇“政社互动”基层自治组织履职评估表》。

试点工作情况外，城厢镇中区社区居民委员会和双凤镇凤中村村民委员会也介绍了试点工作情况。[①] 太仓市还于2011年1月8日在双凤镇凤中村举行了政社互动“四日”制度启动仪式，发布《关于建立政社互动“四日”制度的意见》，为部分政社互动联络员颁发聘书，并为凤中村“政社互动”活动室揭牌。所谓“四日”制度，即信息反馈日制度、情况通报日制度、政务公开日制度和信访接待日制度。[②]

需要注意的是，在“政社互动”先行试点中，太仓市曾将“政社互动”概括为“2010”工作法：“2”代表太仓市政府以文件形式下发的两份“清单”(《基层群众自治组织协助政府工作事项》和《基层群众自治组织依法履行职责事项》)；第一个“0”表示“清单”未列入的事项实行“零准入”，各部门不得以服务进社区为名，未经基层群众自治组织同意擅自将其他工作项目带进社区；“1”代表委托管理协议书，政府部门对需要由自治组织协助政府的工作事项，由政府和自治组织在平等协商的基础上签订委托协议书，明确工作目标要求、经费保障及各自所应承担的责任；第二个“0”表示行政责任书“零签订”，在基层群众自治组织协助政府工作项目实行委托管理模式后，政府将不再与基层群众自治组织签订任何行政责任书。[③] 但是在2010年底的经验总结和介绍中，则不再提起“2010”工作法，更多强调的是基层群众自治组织协商能力、执行能力、服务能力、代言能力、承接能力五大能力的培育。[④]

四 太仓市全面推进“政社互动”

2011年4月至2012年4月，太仓市在下辖的所有镇和新区、港区、科教新城区3个开发区的154个村民委员会、社区居民委员会全面推进“政社互动”，并完成了“政社互动”的全市改革试点工作。

---

① 《政社互动材料汇编》，第114～120页。

② 《太仓民政》第107期（2011年2月1日）载文《“四日”制度丰富“政社互动”试点内容》。

③ 《太仓民政》第96期（2010年8月4日）载文《我市“2010”工作法推进“政社互动”试点》。

④ 周红亚：《减负增能，提升自治水平——实践“政社互动”的一点思考》（2010年11月内部交流资料）。

（一）成立“政社互动”推进工作领导小组

2011 年 4 月 2 日，中共太仓市委员会、太仓市人民政府联合发出《关于成立“政社互动”推进工作领导小组的通知》,① 成立了由 32 人组成的领导小组（领导小组成员名单见表 1－4），领导小组办公室设在市政府法制办。

表 1－4 太仓市“政社互动”推进工作领导小组成员表

组内职务	姓 名	党政机关职务
组 长	陆留生	市委书记、市人大常委会主任
	王剑锋	市委副书记、市长
副组长	张 彪	市委常委、纪委书记
	夏林祥	市委常委、政法委书记
	朱大丰	市委常委、常务副市长（兼办公室主任）
	周文彬	市政府副市长
成 员	顾靖宇	市政府办公室副主任、法制办主任（兼办公室副主任）
	展建良	市纪委副书记、监察局局长
	严桂清	市人武部部长
	周鸿斌	市委组织部副部长（兼办公室副主任）
	陈永忠	市委宣传部副部长、市社科联主席
	杨志宏	市政法委副书记（兼办公室副主任）
	邹家祥	市委农村工作办公室主任
	王晓东	市委编制办公室主任
	王红星	市教育局局长
	徐玉林	市公安局副局长
	王大明	市民政局局长（兼办公室副主任）
	顾潇军	市司法局局长
	周大伦	市财政局局长
	陆 俊	市人力资源和社会保障局局长
	高洪文	市国土资源局局长
	徐 韬	市交通运输局局长
	沈 忠	市水利局局长
	孙卫良	市农业委员会主任
	黄友良	市文广新局局长
	顾 超	市卫生局局长
	朱 英	市人口和计划生育委员会主任
	张昆明	市安全生产监督管理局局长
	张培明	市统计局局长
	张庆良	市物价局局长
	王 伟	市地方税务局局长
	曹建华	市气象局局长

① 《政社互动材料汇编》，第 36～38 页。

与2008年11月成立的“政府行政管理与基层群众自治有效衔接和良性互动课题研究领导小组”相比，“政社互动”推进工作领导小组规格明显提高，不仅以市委书记、市长为组长（课题研究领导小组以副市长为组长），还在小组成员中包括了多数政府部门的正职领导人员（课题研究领导小组只以几个有关部门的副职领导人员为成员），以此来表示太仓市委、市政府对“政社互动”推进工作的高度重视。

（二）发出“政社互动”推进工作指导文件

2011年4月2日，中共太仓市委办公室、太仓市人民政府办公室发出《关于印发太仓市“政社互动”推进工作实施方案的通知》（太委办〔2011〕25号），[①] 将全市“政社互动”推进工作分为动员部署（2011年4月上旬）、签订协助协议（2011年4月中、下旬）、履行协议（2011年5~11月）、履约评估（2011年12月上、中旬）、总结提高（2011年12月下旬）五个阶段。

中共太仓市委、太仓市人民政府同时发出了《关于全面推进“政社互动”实践的实施意见》（太委发〔2011〕28号），[②] 要求在全面推进“政社互动”中，从深化政府职能转变、规范政府管理行为、加强政府行政指导、有效化解基层矛盾、主动接受群众监督五个方面规范政府行为；从切实增强自治功能、有效完善民主管理制度、全面加强自治组织能力建设、大力培育社区社会组织四个方面提升基层群众自治水平；从完善机制和制度建设、注重党组织监督保障、积极实施帮扶政策、强化组织领导、提升工作实效五个方面确保“政社互动”取得良好成效。

（三）设计协议书、评估表等样本

在“政社互动”全面推进过程中，太仓市确定的基层群众自治组织协助政府工作事项增加了1大项（城管），变为28大项（39个具体项目），比清理出来的78项工作减少了64.1%（按具体项目计算减少50%）。

---

① 《政社互动材料汇编》，第21~25页。

② 文件全文，见本书附录三。

根据村民委员会和社区居民委员会的不同情况，协助政府工作事项亦有所不同，太仓市规定的村民委员会协助政府工作事项为28大项（39个具体项目），社区居民委员会协助政府工作事项为22大项（32个具体项目，见表1－5）。

表1－5　太仓市全面推进“政策互动”确定的基层群众自治组织协助政府工作事项表[*]

村民委员会协助工作事项			社区居民委员会协助工作事项		
政府部门	序号	协助工作事项	政府部门	序号	协助工作事项
(一)公安	1	(1)协助维护社会治安;(2)未成年人保护;(3)禁毒防范和社区戒毒;(4)协助查处赌博;(5)暂住人口管理;(6)租赁房屋安全防范和治安管理	(一)公安	1	(1)协助维护社会治安;(2)未成年人保护;(3)禁毒防范和社区戒毒;(4)协助查处赌博;(5)暂住人口管理;(6)租赁房屋安全防范和治安管理
	2	(7)养犬管理		2	(7)养犬管理
	3	(8)开展消防宣传教育、群众性消防工作		3	(8)开展消防宣传教育、群众性消防工作
(二)交通运输	4	(9)农村公路建设、养护和管理			
	5	(10)建立健全行政村和船主的船舶安全责任制			
(三)人口与计划生育	6	(11)计划生育工作和流动人口婚育登记、查验等	(二)人口与计划生育	4	(9)计划生育工作和流动人口婚育登记、查验等
	7	(12)社会抚养费征收		5	(10)社会抚养费征收
(四)民政	8	(13)优抚救济;(14)农村五保户供养;(15)居民最低生活保障;(16)城乡社会救助工作	(三)民政	6	(11)优抚救济;(12)社区五保户供养;(13)居民最低生活保障;(14)城乡社会救助工作
	9	(17)出具收养证明		7	(15)出具收养证明
(五)国土	10	(18)基本农田保护;(19)土地调查			
(六)人力资源保障	11	(20)建立劳动保障服务站,做好农村基本保障工作	(四)人力资源保障	8	(16)建立劳动保障服务站,做好社区基本保障工作
	12	(21)建立劳动争议调解组织		9	(17)建立劳动争议调解组织
(七)物价	13	(22)建立价格监督服务点	(五)物价	10	(18)建立价格监督服务点

续表

村民委员会协助工作事项			社区居民委员会协助工作事项		
政府部门	序号	协助工作事项	政府部门	序号	协助工作事项
（八）司法	14	（23）对依法被剥夺政治权利的村民、居民进行监督、教育、管理	（六）司法	11	（19）对依法被剥夺政治权利的村民、居民进行监督、教育、管理
（九）文广	15	（24）古村落资源保护	（七）文广	12	（20）辖区内卫星地面接收设施管理
	16	（25）辖区内卫星地面接收设施管理			
（十）卫生（药监）	17	（26）公共卫生和传染病预防与控制；（27）艾滋病防治；（28）组织居（村）民受种疫苗	（八）卫生（药监）	13	（21）公共卫生和传染病预防与控制；（22）艾滋病防治；（23）组织居（村）民受种疫苗
	18	（29）药品质量监督		14	（24）药品质量监督
（十一）统计	19	（30）农业、经济、污染源普查	（九）统计	15	（25）做好经济、污染源普查
（十二）地税	20	（31）代征房屋出租及提供家庭装修劳务税收	（十）地税	16	（26）代征房屋出租及提供家庭装修劳务税收
（十三）教育	21	（32）青少年教育，督促适龄儿童、少年入学	（十一）教育	17	（27）青少年教育，督促适龄儿童、少年入学
	22	（33）扫除文盲工作		18	（28）扫除文盲工作
（十四）安全生产	23	（34）设立安全生产工作小组，开展安全生产活动，落实安全生产措施	（十二）安全生产	19	（29）设立安全生产工作小组，开展安全生产活动，落实安全生产措施
（十五）水利	24	（35）做好抗旱措施落实			
（十六）农业	25	（36）动物疫情应急处理			
（十七）征兵	26	（37）兵役登记及政审	（十三）征兵	20	（30）兵役登记及政审
（十八）气象	27	（38）气象灾害防御知识宣传和应急演练	（十四）气象	21	（31）气象灾害防御知识宣传和应急演练
（十九）城管	28	（39）制止违法建设行为并报告	（十五）城管	22	（32）制止违法建设行为并报告

＊据太仓市制定的《村委会协助政府管理协议事项双向履约评估表》（参考样本）和《居委会协助政府管理协议事项双向履约评估表》（参考样本）提供资料列表。

太仓市“政社互动”推进工作领导小组还专门设计了《基层群众自治组织协助政府管理协议书》参考样本（见表1－6），供基层单位使用。

表1-6　太仓市《基层群众自治组织协助政府管理协议书》参考样本

基层群众自治组织协助政府管理协议书

（参考样本）

甲方：________人民政府

乙方：________村委会

为维护甲乙双方合法权益，乙方依法协助做好相关政府工作事项，经甲乙双方友好协商，明确权利和义务，特订立如下条款，供双方共同遵守。

一、协助管理事项

按照相关法律法规的规定，乙方协助管理的事项主要包括：

1. 协助维护社会治安、未成年人保护、禁毒防范和社区戒毒、协助查处赌博、暂助人口管理、租赁房屋的安全防范和治安管理；
2. 养犬管理；
3. 开展消防宣传教育、群众性消防工作；
4. 农村公路建设、养护和管理；
5. 建立健全行政村和船主的船舶安全责任制；
6. 计划生育工作和流动人口婚育登记、查验等；
7. 社会抚养费征收；
8. 优抚救济、农村五保户供养、居民最低生活保障和城乡社会救助工作；
9. 出具收养证明；
10. 基本农田保护、土地调查；
11. 建立劳动保障服务站，做好农村基本保障工作；
12. 建立劳动争议调解组织；
13. 建立价格监督服务点；
14. 对依法被剥夺政治权利的村民、居民进行监督、教育、管理；
15. 古村落资源保护；
16. 辖区内卫星地面接收设施管理；
17. 公共卫生和传染病预防与控制、艾滋病防治、组织村民受种疫苗；
18. 药品质量监督；
19. 农业、经济、污染源普查；
20. 代征房屋出租及提供家庭装修劳务税收；
21. 青少年教育，督促适龄儿童、少年入学；
22. 扫除文盲工作；
23. 设立安全生产工作小组，开展安全生产活动，落实安全生产措施；
24. 做好抗旱措施落实；
25. 动物疫情应急处理；
26. 兵役登记及政审；
27. 气象灾害防御知识宣传和应急演练；
28. 制止违法建设行为并报告。

二、甲方权利、义务

1. 根据本协议规定甲方将部分工作交给乙方协助管理；
2. 甲方应按照协议要求提供给乙方协助管理经费，明确协议经费为____万元；

续表

3. 甲方应在签订协议的同时,制定协助管理事项的具体工作标准,并对乙方的管理情况实施评估,对其管理结果进行评定,评定结果与支付的协助管理经费挂钩;

4. 甲方不得干涉依法进行的管理,同时对乙方协助管理的事务加强指导;

5. 政策规定由甲方享有的其他权利、义务。

三、乙方权利、义务

1. 依照本协议做好依法协助管理事项;

2. 乙方依法在本区域开展各类协助事项的管理工作,在管理过程中遇到困难,乙方应及时向甲方提出,甲乙双方共同商量,找出解决问题的方法和措施;

3. 定期向辖区群众通报工作情况,接受群众的监督,收到群众意见及时通报给甲方,做好群众工作;

4. 根据甲方的要求,有计划、有措施、有总结,健全各类管理活动的台账;

5. 法律、政策规定由乙方享有的其他权利、义务。

四、协助管理经费及其支付

对于协助管理的政府工作,甲方在年初签订协议书时应对每个项目进行细化,资金纳入财政预算,支付与协助事项管理评定结果相挂钩。

五、违约责任

1. 乙方如因自己的原因,导致协助管理事项未达到相应的目标要求,甲方有权扣除相应的协助管理经费。

2. 如果甲方不按协议规定时间方式付款,乙方有权要求甲方尽快支付相关费用。

六、其他

1. 期限:自 2011 年 1 月 1 日起到 2011 年 12 月 31 日止。协议规定的管理期满,本协议自行终止,各方需续订协议,并于期满前一个月向对方提出书面意见。

2. 协议中未尽事宜。由甲乙双方协商解决,所签订的补充协议为本协议的组成部分,具有同等法律效力。

3. 本协议一式五份,甲乙双方各执一份,甲乙双方党组织各一份,报市推进政社互动领导小组办公室一份。本协议经双方法定代表人签字盖章之日起生效,双方同意将协议效力追溯至 2011 年 1 月 1 日。

4. 协议执行中如果发生争执,双方应首先通过友好协商解决。如果双方不能协商解决,可通过相关法律途径解决。

甲方(盖章)	乙方(盖章)
法定代表人(签字) 年　月　日	法定代表人(签字) 年　月　日

太仓市“政社互动”推进工作领导小组亦分别对村民委员会和社区居民委员会依法履行职责的事项分别作了规定,村民委员会应履行职责 9 大项(13 项具体事务),社区居民委员会应履行职责 8 大项(10 项具体职责,见

表1－7）。这样的规定，与2010年3月19日公布的基层群众自治组织履行职责的“清单”（见表1－3），有较大的不同，不仅事项有所减少，具体规定也与相关法律的规定拉大了距离。

表1－7　太仓市全面推进“政策互动”确定的基层群众自治组织依法履行职责事项表[*]

<table>
<tr><th colspan="3">村民委员会</th><th colspan="3">社区居民委员会</th></tr>
<tr><th>序号</th><th>项号</th><th>事项内容</th><th>序号</th><th>项号</th><th>事项内容</th></tr>
<tr><td rowspan="2">一</td><td>1</td><td>管理好集体财产,实现保值增值</td><td>一</td><td>1</td><td>管理好集体财产,实现保值增值</td></tr>
<tr><td>2</td><td>村级可支配收入增长率、年经济收益增长率</td><td></td><td></td><td></td></tr>
<tr><td rowspan="2">二</td><td>3</td><td>制定并落实重大活动期间的安保工作,突发事件的应急准备工作,组织群众开展自救和互救</td><td rowspan="2">二</td><td>2</td><td>制定并落实重大活动期间的安保工作和防汛抗灾,突发事件的应急准备工作,组织群众开展自救和互救</td></tr>
<tr><td>4</td><td>动员和组织公民参加献血</td><td>3</td><td>动员和组织公民参加献血</td></tr>
<tr><td>三</td><td>5</td><td>宣传法律、法规和国家政策,深入开展“六五普法”工作,有固定的法制宣传栏,有法律学校,每年开展法制宣传教育活动不少于__次</td><td>三</td><td>4</td><td>宣传法律、法规和国家政策,深入开展“六五普法”工作,有固定的法制宣传栏,有法律学校,每年开展法制宣传教育活动不少于__次</td></tr>
<tr><td>四</td><td>6</td><td>调解民间纠纷,开展家庭暴力、遗弃家庭成员调解工作,调解土地承包经营纠纷,做好每月__次社会矛盾纠纷排查工作及矛盾信息统计上报工作</td><td>四</td><td>5</td><td>调解民间纠纷,开展家庭暴力、遗弃家庭成员调解工作,做好每月4次社会矛盾纠纷排查工作及矛盾信息统计上报工作</td></tr>
<tr><td rowspan="2">五</td><td>7</td><td>禁止农作物秸杆露天焚烧</td><td></td><td></td><td></td></tr>
<tr><td>8</td><td>加大农村环境整治力度,全年无新增养殖场所、居住大棚等影响农村环境的设施</td><td></td><td></td><td></td></tr>
<tr><td>六</td><td>9</td><td>加强辖区内环境卫生监督管理,组织辖区内环境卫生以及单位卫生检查工作</td><td>五</td><td>6</td><td>加强辖区内环境卫生监督管理,组织辖区内环境卫生以及单位卫生检查工作</td></tr>
<tr><td>七</td><td>10</td><td>切实加强对辖区内的全体居民及外来人员的服务,建立健全各类信息台账,掌握辖区内基本情况,加强志愿者队伍建设,主动向弱势群体、困难人群、空巢老人提供帮助和服务</td><td>六</td><td>7</td><td>切实加强对辖区内的全体居民及外来人员的服务,建立健全各类信息台账,掌握辖区内基本情况,加强志愿者队伍建设,主动向弱势群体、困难人群、空巢老人提供帮助和服务</td></tr>
</table>

续表

村民委员会			社区居民委员会		
序号	项号	事项内容	序号	项号	事项内容
八	11	开展村民自治活动，进一步完善“民主决策日”、“村民代表会议”、“村民小组长会议”等制度，落实“四民主、两公开”，不断完善自治组织的自我教育、自我服务、自我管理、自我监督功能	七	8	开展居民自治活动，进一步完善“民主决策日”、“居民代表会议”、“居民小组长会议”等制度，落实“四民主、两公开”，不断完善自治组织的自我教育、自我服务、自我管理、自我监督功能
九	12	大力实施未成年人犯罪预防计划，轻微违法犯罪青年人帮教措施得到落实；未成年人、无民事行为能力或限制民事行为能力的精神病人有监护人	八	9	大力实施未成年人犯罪预防计划，轻微违法犯罪青年人帮教措施得到落实；未成年人、无民事行为能力或限制民事行为能力的精神病人有监护人
	13	妇女、老年人权益保护，做好残疾人工作		10	妇女、老年人权益保护，做好残疾人工作

＊据太仓市制定的《村委会依法履行职责事项》（参考样本）和《居委会依法履行职责事项》（参考样本）提供资料列表。

太仓市“政社互动”推进工作领导小组还为“政社互动”全面推进的“双向评估”设计了统一的评估表格。如“市政府部门指导基层自治情况调查表”，涉及19个政府部门，对每个部门均要求被调查者填写“是否存在无法律、政策依据布置工作”、“是否存在干涉村（居）内部事务情况”和“是否存在违法让村（居）承担义务情况”等内容。村民委员会、社区居民委员会对政府工作的评估表，则分为“对镇（区）政府整体工作综合评估”和“对政府各部门综合评估”两栏，前者进行“指导情况”、“服务情况”、“不干预”、“资金支付情况”四类评估（每类评估均分为满意、基本满意、不太满意三等），后者进行“指导情况”、“服务情况”、“保障情况”、“不干预”四类评估（每类评估亦分为满意、基本满意、不太满意三等）。

需要注意的是，太仓市还列出了基层群众自治组织依法履行职责和协议事项以外的各种工作事项（见表1－8）。这些工作事项，有的是两份“清单”出台后新出现的工作，有的可能是清理事项时已被“排除”的事项。能否将这些事项纳入“政社互动”的范畴，还需要结合基层工作的实际情况，作进一步的讨论和研究。

表 1－8　太仓市确定的基层群众自治依法履行职责和协议事项以外的各种工作事项[*]

村民委员会协助工作事项			社区居民委员会协助工作事项		
工作性质	序号	事项内容	工作性质	序号	事项内容
（一）农村	1	年内组建新型合作经济组织，专业合作社工商登记			
	2	一枝黄花整治率；农机作业无事故、年检年审率；粮食银行入户率；畜禽防疫率；全面推广水稻机械化插秧率			
	3	建立村级高效农业示范基地、高效农业占比			
（二）水利	4	疏浚河道、种植绿化；完成农村生活污水治理任务			
（三）治安	5	贯彻落实信访工作会议精神	（一）治安、法治	1	贯彻落实信访工作会议精神
	6	开展“无邪教社区”创建		2	开展“无邪教社区”创建
	7	建立综治、法治、信访、基层创建活动台账资料		3	深化“民主法治社区”创建活动
（四）法治	8	深化“民主法治村”创建活动		4	建立综治、法治、信访、基层创建活动台账资料
（五）计生	9	实行诚信计生行动，落实计划生育各项奖扶政策	（二）计生	5	实行诚信计生行动，落实计划生育各项奖扶政策
	10	开展婚育新风进万家活动		6	开展婚育新风进万家活动
	11	确保人口基础数据的准确、完整		7	确保人口基础数据的准确、完整
（六）卫生	12	建立健全爱卫组织网络	（三）卫生	8	建立健全爱卫组织网络
	13	抓好健康教育及培训		9	抓好健康教育及培训
	14	认真配合好查螺“血防”工作		10	认真配合好查螺“血防”工作
	15	加大公共卫生及基础设施建设		11	加大公共卫生及基础设施建设
	16	开展“社区环境卫生整洁活动”		12	开展“社区环境卫生整洁活动”
（七）社保	17	开展劳动和社会保障法律法规咨询，完成下达的失业人员培训指标	（四）社保	13	开展劳动和社会保障法律法规咨询，完成下达的失业人员培训指标
	18	及时为到龄退休人员办理退休手续并纳入社会化管理；失业人员就业率；养老保险、医疗保险参保率		14	及时为到龄退休人员办理退休手续并纳入社会化管理；失业人员就业率；养老保险、医疗保险参保率

续表

村民委员会协助工作事项			社区居民委员会协助工作事项		
工作性质	序号	事项内容	工作性质	序号	事项内容
(七)社保	19	无零转移家庭,达到劳动监场网络化管理要求	(四)社保	15	无零转移家庭,达到劳动监场网络化管理要求
(八)安全生产	20	区域内与企事业单位签订安全责任书及健全安全台账	(五)安全生产	16	区域内与企事业单位签订安全责任书及健全安全台账
	21	定期部署分管工作范围内的安全生产工作		17	定期部署分管工作范围内的安全生产工作
	22	坚决杜绝辖区内生产车间、仓库、宿舍的“三合一”现象		18	坚决杜绝辖区内生产车间、仓库、宿舍的“三合一”现象
(九)环保	23	积极开展环境保护宣教活动	(六)环保	19	积极开展环境保护宣教活动
(十)建管	24	做好廉租房、经济适用房的申报核实调查工作	(七)建管	20	做好廉租房、经济适用房的申报核实调查工作
(十一)统计	25	配合做好各类调查(派出所、法院、检察院满意率以及环境满意率、公众素养、市政工程绩效、廉政、就业、收支、人口抽样、劳动力转移等调查)	(八)统计	21	配合做好各类调查(派出所、法院、检察院满意率以及环境满意率、公众素养、市政工程绩效、廉政、就业、收支、人口抽样、劳动力转移等调查)
(十二)征兵	26	完成民兵预备役部队整组工作和军事训练任务	(九)征兵	22	完成民兵预备役部队整组工作和军事训练任务
	27	做好上级对基层民兵营“七个一”达标考核准备			
(十三)统战	28	巩固社区统战“五进社区”、“五个到位”工作	(十)统战	23	巩固社区统战“五进社区”、“五个到位”工作
(十四)社区管理	29	加强与物业管理部门、业主委员会、社区之间的配合与协调	(十一)社区管理	24	加强与物业管理部门、业主委员会、社区之间的配合与协调
(十五)党务	30	做好党务、党群和档案工作,参加各类会议、培训等活动	(十二)党务	25	做好党务、党群和档案工作,参加各类会议、培训等活动

* 据太仓市制定的《目前村委会存在的除依法履行职责、协议事项以外的工作事项》(参考样本)和《目前居委会存在的除依法履行职责、协议事项以外的工作事项》(参考样本)提供资料列表。

(四)全面推进“政社互动”的实际进程

太仓市的“政社互动”全面推进工作，大致按“实施方案”确定的时间进行（因签订协议书比计划时间有所拖后，全部工作比确定时间晚 1 个月完成），分为五个阶段。

（1）动员部署阶段。2011 年 4 月，太仓市发出全面推进“政社互动”的两个规范性文件，并于 4 月 9 日召开“太仓市全面推进政社互动工作动员会”。市委书记陆留生在会议讲话中指出“政社互动”是加强和创新社会管理的具体实践和重要举措，是加强和提升自治能力、释放基层活力的有效途径，是加强依法行政和建设法治政府的内在要求，是提高党的执政能力、改进群众工作的有益探索；并要求在全面推进“政社互动”中着力强化政府部门的依法行政、着力强化基层组织的民主自治、着力强化管理事项的有效衔接、着力强化管理过程的良性互动、着力强化机制创新。① 市长王剑锋的讲话则对全面推进“政社互动”提出了目标要高、机制要全、工作要实、措施要严、成效要好的具体要求。②

（2）签订协助协议阶段。2011 年 5 ~ 6 月，太仓市的“七镇两区”先后举办委托管理协议书签约仪式。5 月 17 日，陆渡镇举行“全面推进政社互动工作动员培训大会暨基层群众自治组织协助政府管理协议签订仪式”，成为全面推进“政社互动”第一个完成签约工作的镇。③ 5 月 21 日，沙溪镇举行了“政社互动工作动员培训会议暨签约仪式”。④ 新区于 5 月 21 日召开“政社互动工作培训、动员会”，⑤ 6 月 3 日才举行签约仪式。港区和浮桥镇联动开展“政社互动”工作，于 5 月 13 日召开了“区镇推进政社互动工作动员、培训会议”，⑥ 6 月举行“区镇全面推进政社互动签约仪式”。截至 2011 年 6 月底，太仓市各镇、区均与辖区内的村民委员会、居民委员会签订了协议书。⑦

各镇、区根据实际情况，依据参考样本起草委托管理协议书，因此实际签约的委托书与参考样本不仅在文字上有所改动，在内容上也有一些增减。如《2011 年太仓经济开发区基层自治组织协助政府管理协议书》中开发区

---

① 《陆留生同志在全面推进“政社互动”工作动员会上的讲话》（2011 年 4 月 9 日），《政社互动材料汇编》，第 56 ~ 63 页。

② 《王剑锋同志在全面推进“政社互动”工作动员会上的讲话》（2011 年 4 月 9 日），《政社互动材料汇编》，第 71 ~ 81 页。

③ “太仓法治政府网”2011 年 5 月 27 日载文《陆渡镇率先完成“政社互动”签约工作》。

④ 《太仓民政》第 113 期（2011 年 6 月 8 日）“简讯”。

⑤ “太仓法治政府网”2011 年 5 月 27 日载文《新区召开“政社互动”动员培训会议》。

⑥ “太仓法治政府网”2011 年 5 月 27 日载文《港区、浮桥镇联动推进“政社互动”工作》。

⑦ “太仓新闻网”2012 年 1 月 31 日载文《太仓 154 个村（居）全面开展“政社互动”工作》。

管委会与社区居民委员会签订的协议书，就与参考样本有三处明显的不同：一是社区居民委员会协助政府管理事项尽管也是22大项，但去掉了参考样本的“代征房屋出租及提供家庭装修劳务税收”和“扫除文盲工作”两项，代之以“做好股份制管理工作，使集体资产增值保值”和“帮助做好矛盾纠纷处理工作及其他依法协助管理的事项”。二是未明确协助管理经费具体数额，并将“经费及支付方式”的条款改为“甲方根据协助管理事项完成情况，按规定支付乙方协助管理经费，具体根据评估情况确定支付额度。支付方式：年底根据评估情况进行经费的结算”。三是在“其他”下增加了“甲乙双方履约情况接受同级党组织的监督”和“本协议书评估细则及评估方法另行制定”两个条款。

由于“政社互动”已经在太仓全市推开，在2011年5月召开的江苏省创新社会管理加强群众工作会议上王剑锋市长代表太仓作了经验介绍。[①]

（3）履行协议阶段。太仓市多数镇、区2011年6月或7月进入履行协议阶段，少数镇如陆渡镇、沙溪镇5月进入履行协议阶段。该阶段的截止时间应为12月中旬。7月10日，太仓市各村民委员会、社区居民委员会都开展了“民主决策日”活动，并将通报“政社互动”工作情况作为活动的重要议程。[②] 8月2日，太仓市“政社互动”推进工作领导小组召开“太仓市镇（区）政社互动办公室主任会议”，了解工作进展情况并对进一步的工作提出了要求。[③] 2011年11月29日，民政部副部长姜力到太仓调研，太仓市就“政社互动”情况作了系统的介绍。[④]

（4）履约评估阶段。2011年12月中旬，太仓市“政社互动”推进工作领导小组召开“政社互动双向评估工作会议”，领导小组办公室还专门发出了《“政社互动”双向履约评估指导意见》（太政社办〔2011〕4号）。各

---

① 《积极探索“政社互动”新模式，不断加强政府管理创新与村民自治建设》（王剑锋同志在全省创新社会管理加强群众工作会议上的交流发言，2011年5月21日），《政社互动材料汇编》，第82～85页。

② “太仓民政网”2011年7月13日载文《“政社互动”助推“民主决策”活动》。

③ “中国太仓网”2011年8月10日载文《太仓市政社互动办公室召开镇（区）政社互动办公室主任会议》。

④ 中共太仓市委、太仓市人民政府：《创新社会管理，谋求和谐善治——太仓市探索实践“政社互动”工作情况汇报》（2011年11月29日）。

镇、区的履约评估多在 2011 年 12 月下旬至 2012 年 1 月中旬进行。

（5）总结提高阶段。2012 年 1 月 18 日，太仓市召开“2011 年度政社互动工作总结会议”，市委常委、市委副书记陆卫其出席会议并讲话。[①] 经过近 10 个月的努力，太仓市“政社互动”推进工作领导小组认为全面推进“政社互动”取得的初步成效，一是有效规范了政府行为，不再签订行政责任书，已经成为政府、行政部门的共识和自觉行为；二是通过强化履职履约能力、提升群众代言能力、强化服务群众能力，有效提升了基层群众自治的自治能力；三是“政社互动”已经日益深入人心，并得到了来自各方的肯定。[②] 各镇、区也对全面推进“政社互动”工作进行了总结，除了肯定已取得的成绩外，亦指出了工作中的一些问题和不足，如城厢镇认为政府部门还存在“还权不忍心，放权不放心”思想，并且应该深化“双向评估”和“双向监督”，实现“双向负责”。[③] 港区、浮桥镇、浏河镇认为“政社互动”主要用于可细化、可量化的项目类工作，还没有真正做到全覆盖，应尝试引入专项工作协议。[④]

（五）“政社互动”的履职履约评估情况

太仓市全面推进“政社互动”的履职履约评估，各镇、区可根据实际情况设计评估表，具体评估结果可分述于下。

经济开发区的履职履约评估总计为 100 分，在村民委员会方面，村民委员会“履职”情况为 28 分，村民委员会协助政府部门管理“履约”情况为 72 分；在社区居民委员会方面，居民委员会“履职”情况为 21 分，居民委员会协助政府部门管理“履约”情况为 79 分（具体分数构成见表 1－9）。而所谓的“双向评估”，按照经济开发区的规定，就是由开发区相关部门人员组成自治组织履职履约情况评估小组，各村（社区）成立以村（居）党组织、村（居）干部、群众组成的政府履职履约情况评估小组，对双方情况进行评估。[⑤]

---

① “中国太仓网”2012 年 1 月 20 日载文《2011 年度“政社互动”工作总结会议召开》。

② 顾宇靖：《“政社互动”总结材料》（2012 年 1 月 18 日）。

③ 《城厢镇 2011 年政社互动工作总结》。

④ 《区镇联动，有力推进——港区、浮桥镇“政社互动”工作总结》；《迅速行动，扎实推进——2011 年浏河镇“政社互动”工作总结》。

⑤ 江苏省太仓经济开发区管理委员会：《关于做好开发区“政社互动”履职履约评估工作的通知》（太开管发〔2011〕55 号，2011 年 12 月 14 日）。

表 1－9　太仓市经济开发区“政社互动”履约评估计分表[*]

村民委员会			社区居民委员会		
评估单位	村委会应履行职责	总分	评估单位	居委会应履行职责	总分
综治中心	宣传法律、调解纠纷、未成年人保护、应对突发事件	10	综治中心	宣传法律、调解纠纷、未成年人保护、应对突发事件	5
社会事业局	发展经济、推广农技、维护村民权益、办理公共事务、动员献血、妇女老年人保护、便民服务、全民健身、发展农村文化	10	社会事业局	管理集体资产、维护居民权益、办理公共事务、动员献血、妇女老年人保护、便民服务、全民健身、发展农村文化	10
企管局	科普宣传、科普活动	2	企管局	科普宣传、科普活动	2
办公室	精神文明建设、召开村民会议	2	办公室	精神文明建设、召开村民会议	2
国土分局	集体土地管理	2			
环保分局	保护生态环境	2	环保分局	保护生态环境	2
小计		28			21
村民委员会			社区居民委员会		
评估单位	协助管理事项	总分	评估单位	协助管理事项	总分
综治中心	综治信访	8	综治中心	综治信访	8
经营管理科	农村经济发展	3	城东街道办	社区管理、社会服务	8
农业科	农业与农村发展	4			
民政办	民政工作	5	民政办	民政工作	5
计生办	计划生育	5	计生办	计划生育	5
文教科	文教工作	3	文教科	文教工作	3
武装部	人武工作	2	武装部	人武工作	2
市政科	交通运输	2			
规划科	建设管理	2			
城管科	城管	3	城管科	城管	6
爱卫办	卫生工作	5	爱卫办	卫生工作	6
财政分局	物价	2	财政分局	物价	2
国土分局	国土资源	2			
劳动人事局	社会保障	6	劳动人事局	社会保障	12
环保分局	环保工作	3	环保分局	环保工作	4
办公室	党务党群	8	办公室	党务党群	8
统计科	统计	3	统计科	统计	4
综合科	科技	2	综合科	科技	2
安监科	安全生产	4	安监科	安全生产	4
小计		72			79
合计		100			100

＊据《2011 年太仓经济开发区城市社区自治组织依法履行职责事项评估细则》、《2011 年太仓经济开发区城市社区自治组织协助政府管理综合评估细则》、《2011 年太仓经济开发区农村自治组织依法履行职责事项评估细则》、《2011 年太仓经济开发区农村自治组织协助政府管理综合评估细则》提供资料制表。

经济开发区下辖的14个村、居民委员会“政社互动”履约评估的总分都在95～99分之间（见表1－10），并且多数村、居民委员会“依法履行职责”的得分率高于“协助政府管理”（只有花北村、洋沙社区、华盛园社区“依法履行职责”的得分率低于“协助政府管理”）。

表1－10　太仓市经济开发区“政社互动”履约评估结果*

单位名称	依法履行职责评估得分		协助政府管理评估		总分
	得分	得分率(%)	得分	得分率(%)	
居委会标准	21.0		79.00		100
滨河社区	20.6	98.10	76.08	96.30	96.68
娄江社区	20.6	98.10	75.78	95.92	96.38
太平社区	20.5	97.62	74.96	94.89	95.46
惠阳社区	20.3	96.67	75.56	95.65	95.86
村委会标准	28.0		72.00		100
小桥村	27.3	97.50	68.67	95.38	95.97
花北村	26.9	96.07	69.40	96.39	96.30
岳南村	27.5	98.21	69.67	96.76	97.17
朝阳社区	27.4	97.86	69.78	96.92	97.18
太东社区	27.4	97.86	69.68	96.78	97.08
洋沙社区	26.9	96.07	69.54	96.58	96.44
东郊社区	27.5	98.21	69.13	96.01	96.63
太胜社区	27.6	98.57	67.74	94.08	95.34
华盛园社区	27.5	98.21	71.04	98.67	98.54
香花桥社区	27.3	97.50	69.74	96.86	97.04

*据《2011年太仓市经济开发区城市社区自治组织依法履行职责事项评估汇总表》和《2011年太仓市经济开发区农村自治组织依法履行职责事项评估汇总表》提供数据制表。

陆渡镇于2011年底撤销，改建为娄东街道办事处，隶属于经济开发区管辖，“政社互动”的评估亦采用经济开发区的标准。原陆渡镇下辖的8个村、居民委员会“政社互动”履约评估的总分都在97分以上，并且有1个社区的得分为100分（见表1－11），评估得分总体上高于经济开发区原辖的村、居民委员会。

表 1－11 太仓市陆渡镇“政社互动”履约评估结果*

单位名称	依法履行职责评估得分		协助政府管理评估		总分
	得分	得分率（%）	得分	得分率（%）	
居委会标准	21.00		79.00		100
陆渡社区	21.00	100	79.00	100	100
东城社区	20.35	96.90	77.00	97.47	97.35
村委会标准	28.00		72.00		100
红庙村	27.90	99.64	71.23	98.93	99.13
洙桥村	27.40	97.86	71.29	99.01	98.69
三港村	27.31	97.54	71.06	98.68	98.37
陆渡村	27.77	99.18	70.97	98.57	98.74
横沥村	26.88	96.00	71.20	98.89	98.08
洙泾村	27.72	99.00	71.13	98.79	98.85

*据《2011 年太仓市经济开发区城市社区自治组织依法履行职责事项评估汇总表》和《2011 年太仓市经济开发区农村自治组织依法履行职责事项评估汇总表》提供数据制表。

其他镇也对辖下的村、居民委员会的履约情况进行了综合评估（城厢、双凤、沙溪三镇的具体评估情况，见本书第二～四章），城厢镇、浏河镇下辖村、居民委员会的得分都在 98 分及以上，浮桥镇、沙溪镇、璜泾镇则有 95 分及以下的村、居民委员会（见表 1－12）。从有评估结果的 140 个村、居民委员会的履约评估得分看，得满分（100 分）的村、居民委员会 17 个（主要集中在浏河镇），占 12.14%；99.00～99.99 分的 31 个，占 22.14%；98.00～98.99 分的 29 个，占 20.71%；97.00～97.99 分的 8 个，占 5.71%；96.00～96.99 分的 20 个，占 14.29%；95.99 分及以下的 35 个（主要集中在沙溪镇），占 25.00%。

表 1－12 太仓市各镇、区下辖村、居民委员会“政社互动”履约评估得分综合情况*

名　称	村居数	100 分	99 分	98 分	97 分	96 分	95 分及以下
城厢镇	14	1	8	5	0	0	0
浮桥镇	34	0	22	11	0	0	1
璜泾镇	17	0	0	0	1	11	5
浏河镇	14	14	0	0	0	0	0
沙溪镇	28	0	0	5	0	2	21
双凤镇	11	1	0	2	2	2	4
陆渡镇	8	1	1	5	1	0	0
开发区	14	0	0	1	4	5	4
合　计	140	17	31	29	8	20	35
百分比	—	12.14	22.14	20.71	5.71	14.29	25.00

*据太仓市各镇、区“政社互动”评估表整理，缺 14 个村、居民委员会的评估结果。

从城厢镇、浏河镇对镇政府及政府部门的综合评估情况看（见表1－13），无论是政府还是政府部门的得分都在99分以上。在镇政府的“指导情况”、“服务情况”、“不干预”、“资金支付情况”四类评估中，满意度稍低的是“资金支付情况”；在11个被评估的政府部门中，能够在2个镇都得满分的有环保、企管、综治、司法、社保、统计6个部门，民政、文体、卫生、建管、计生5个部门都各在1个镇没有得到满分。

表1－13　2011年太仓市城厢镇、浏河镇所辖村、居民委员会对镇政府工作综合评估结果

单位名称	城厢镇					浏河镇总分
	指导情况	服务情况	不干预	资金支付情况	总分	
政府	25	25	25	24.29	99.29	99
民政	25	25	25	25	100	99.5
文体	25	25	25	25	100	99.5
卫生	25	24.64	25	25	99.64	100
环保	25	25	25	25	100	100
建管	25	25	25	25	100	99.5
企管	25	25	25	25	100	100
综治	25	25	25	25	100	100
司法	25	25	25	25	100	100
计生	24.29	23.925	23.925	24.29	96.43	100
社保	25	25	25	25	100	100
统计	25	25	25	25	100	100

（六）太仓市继续深化“政社互动”创新实践

在全面推进“政社互动”的基础上，太仓市确定了加强社会建设、创新社会管理的十大任务：一是实现居民收入倍增；二是推进公共服务均等；三是提高社会保障水平；四是加强“三社”（社区、社会组织、社会工作专业人才）建设；五是营造美好城乡环境；六是提高社会服务信息化水平；七是提高社会文明程度；八是深化平安太仓建设；九是深化“政社互动”创新实践；十是加强基层基础工作。[①] 在深化“政社互动”创新实践方面，

① 中共太仓市委、太仓市人民政府：《关于加强社会建设创新社会管理的意见》（太委发〔2011〕48号，2011年11月2日），载太仓市“三社联动”促进会编印《“三社联动”文件汇编》（2012年5月），第161～167页。

太仓市提出的近期需要开展的工作，一是细化履约内容，在规范政府行为上下功夫；二是推进民主决策，在扩大群众参与度上下功夫；三是落实群众知情权、选择权、管理权“三项权利”，在提升群众满意度上下功夫；四是整合社会资源，在扩大“政社互动”外延上下功夫；五是不断创新实践，在获得持久成效上下功夫。①

2012 年 2 月 9 日，太仓市明确提出了建立“三社联动”机制（党委领导、政府主导下的以社区为基础、以社会组织为载体、以社会工作专业人才为骨干的工作运行机制）的计划。② 2012 年 5 月 3 日，太仓市建立了“三社联动”工作联席会议制度。③ 2012 年 5 月 9 日，太仓市成立了以市委副书记为组长的社会组织建设工作领导小组。④ 2012 年 5 月 18 日，太仓市召开了推进“三社联动”深化“政社互动”工作会议，开始实施推动“三社联动”的计划。⑤

五　苏州市推广“政社互动”试点

苏州市委、市政府以及相关部门自 2008 年以来一直关注和支持太仓市的“政社互动”改革试点，在太仓市取得全面推进“政社互动”经验后，苏州市即着手将“政社互动”改革试点推广到全市范围。2012 年 6 月 2 日，中共苏州市委办公室、苏州市人民政府办公室转发了市社会建设工作领导小组办公室、市法治政府建设工作领导小组办公室、市城乡和谐社区建设工作

① 太仓市政府法治办公室：《“政社互动”工作会议材料》（2011 年 11 月 22 日）。

② 中共太仓市委办公室、太仓市人民政府办公室：《关于印发〈太仓市“三社联动”实施计划〉的通知》（太委办〔2012〕12 号，2012 年 2 月 9 日），《“三社联动”文件汇编》，第 168 ~ 174 页。

③ 太仓市加强社会建设创新社会管理领导小组：《关于建立“三社联动”工作联席会议制度的通知》（太社发〔2012〕1 号，2012 年 5 月 3 日），《“三社联动”文件汇编》，第 175 ~ 177 页。

④ 中共太仓市委、太仓市人民政府：《关于成立太仓市社会组织建设工作领导小组的通知》（太委组〔2012〕124 号，2012 年 5 月 9 日），《“三社联动”文件汇编》，第 182 ~ 184 页。

⑤ 《太仓民政》第 128 期（2012 年 6 月 4 日）载文《我市召开推进“三社联动”深化“政社互动”工作会议》。

领导小组办公室、市社会管理综合治理委员会办公室制定的《关于在全市开展“政社互动”试点工作的指导意见》（苏办发〔2012〕45号），[①] 要求苏州市下辖的各市、区各选择1～2个乡镇（街道）进行“政社互动”试点，并提出试点应重点抓好以下八项工作。

（1）积极转变政府职能。凡属基层群众自治组织依法履行职责事项，放手让基层群众自治组织自主管理。将政府行政管理中的事务性、辅助性、公益性工作逐步转移、授权、委托或者外包给基层群众自治组织、社会组织承担。市级政府工作部门按照改革发展要求，积极转变职能，进一步将行政管理权力下放给下级部门实施扁平化管理。县级市、区政府和镇政府（街道办事处）处理好与基层群众自治组织、社会组织的工作承接，充分保障基层群众各项民主权利，严禁干预基层群众自治范围内的事情，不得将行政任务、经济指标摊派给基层群众自治组织。

（2）做好行政管理权力梳理工作。市级政府工作部门梳理出可逐步下放的权力清单。加强对规范性文件备案审查，从“源头”上防止随意增设基层自治组织义务或限制其权力等违法文件的产生。各试点镇（街道）做好基层群众自治组织协助政府办理的行政事务清理工作并明确基层群众自治组织依法履行职责事项和依法协助政府工作事项，分别由民政、政府法制部门审核把关后对外公布。对未列入公布事项的，不再签订行政责任书，不得以行政命令方式下达。各试点镇（街道）梳理并制定出当地“社会组织能够承接政府转移职能事项”和“能够承接政府转移职能的社会组织”两份清单。

（3）实行契约化管理模式。对依法协助政府工作事项，县级市、区政府部门做好与镇（街道）的协调工作，由镇（街道）与基层群众自治组织协商签订“一揽子协议书”，明确工作要求、目标任务和经费支付方式；法定职责之外需要基层群众自治组织和社会组织协助政府办理的行政事务和公共服务事项，通过公开招标、项目发包、项目申请、委托管理等方式，由政府购买基层群众自治组织和社会组织服务，签订“项目协议书”，并按照“费随事转”原则落实项目经费。

① 文件全文，见本书附录四。

(4) 建立信息互通机制。进一步规范和深化政府信息公开工作，扩大公开范围，细化公开内容，提高公开的质量和实效。基层群众自治组织、社会组织依法公开自治事务以及其他与社会管理、公共服务相关的信息。加强社区信息平台建设，实现信息共享。

(5) 扩大公众有序参与。通过恳谈会、听证会、协调会、评议会、网络问政等多种形式，切实维护和落实群众的知情权、参与权、表达权和监督权，在基层民主政治实践中提高自我管理水平。各级行政机关建立健全公众参与重大行政决策的规则和程序，增强行政决策的透明度和公众参与度，并注重在行政决策的过程中广泛征求基层群众自治组织、社会组织和公众的意见，真正做到倾听民意、集中民智，使决策符合社会经济发展的要求、满足群众需求，保证决策的顺利实施。鼓励社会组织积极参政议政，扩大社会组织的民主权益，进一步发挥社会组织在协调利益关系、反映群众诉求方面的积极作用。

(6) 主动接受群众监督。在行政决策、行政执法等方面，注重通过基层群众自治组织和社会组织听取和吸收基层群众意见，接受群众监督。完善征求群众意见程序，凡是涉及重大公共利益、涉及群众切身利益的决策事项，都要组织召开听证会；制定涉及群众合法权益的规范性文件，要严格执行征求意见制度。积极创造条件，通过不同形式、载体，让人民群众对政府机关工作发表意见、质询和投诉，有效监督政府工作。

(7) 有效化解基层矛盾。健全完善利益协调机制、诉求表达机制、矛盾调处机制和权益保障机制，及时回应群众合理诉求。完善大调解工作机制，实现人民调解、行政调解和司法调解的有效衔接。发挥基层群众自治组织和社会组织作为社会管理的“减压器”、社会稳定的“黏合器”、社会矛盾的“稀释器”的功能，充分运用社区调解、群团调解、行业调解、社团调解等社会调解方式，化解基层矛盾纠纷。建立健全公众参与的社会稳定风险评估机制，从源头上预防和减少社会不稳定因素。加强对基层法律服务所与村（社区）结对共建活动的指导，发挥法律顾问在“政社互动”工作中的作用。

(8) 变单向考核为双向评估。减少和规范对社区的各项考核评比，确需保留的归并为“文明和谐社区”创建活动。政府的履约情况要接受基层群众自治组织和社会组织的评议和评价，政府部门的管理、服务效果要接受公众的满意度调查，评议和调查结果要公开，并与责任部门和责任人绩效考核相挂钩。将原先政府对基层群众自治组织的单向考核变为双向评估，既评估基层群众自治组织依法履职情况，又评估政府部门依法行政情况，做到两项评估有机结合、相互促进。逐步探索建立社会组织参与和接受政府、社会评估的机制。①

2012 年 6 月 21 日，在太仓市召开了“苏州市政社互动试点工作推进会”,② 标志着苏州市推广“政社互动”试点工作全面启动，争取用一到两年时间，将“政社互动”打造成苏州社会建设与管理的创新品牌。③ 2012 年 8 月 24 日，苏州市民政局发出了《关于印发〈镇（街道）开展“政社互动”试点工作操作指导办法〉和〈村（居）民委员会、社会组织开展“政社互动”试点工作操作指导办法〉的通知》（苏政民〔2012〕206 号）,④ 对开展“政社互动”的程序提出了具体要求。

六 “政社互动”的创新意义

江苏省太仓市进行的“政社互动”改革试点，主要意图和思路是推进社会管理方式创新，废止政府部门与基层群众自治组织签订的行政责任书，对需要基层群众自治组织协助政府的工作事项，以协助管理的形式落实，并希望通过这样的改革，构建党委领导、政府负责、社会协同、公众参与的社会管理新格局，形成政府调控同社会协调互联、政府行政功能与社会自治功能互补、政府管理力量同社会调节力量互动的依法行政管理体制。

通过对太仓市“政社互动”改革试点数年的观察和研究，我们认为太

① “江苏政府法制网”2012 年 7 月 3 日载文《苏州市出台〈关于在全市开展“政社互动”试点工作的指导意见〉》。

② 《太仓民政》第 132 期（2012 年 7 月 25 日）载文《苏州市“政社互动”试点工作推进会在我市召开》。

③ 徐大赞、蒋妤：《尊重、平等、柔和、善治：苏州全面试行“政社互动”，创新社会管理新格局》，《中国社会报》2012 年 8 月 9 日。

④ 文件全文，见本书附录五。

仓市的六种做法值得关注。

第一，认真梳理基层群众自治组织协助政府工作的各种事项，形成“清单”。太仓市清理出基层群众自治组织协助政府工作事项78项，参照法律、法规和中央、江苏省、苏州市的规范性文件，取消30余项，保留有法律和文件依据的40余项；经过与各政府部门协商，将40余项项目合并为28大项，形成了统一的基层组织协助政府工作事项“清单”。

第二，明确基层群众自治组织职责。太仓市根据《村民委员会组织法》、《城市居民委员会组织法》及其他法律法规，将基层群众自治组织依法履行职责的事项归纳成10个大项（涉及24项职责）的“清单”，并以此来规范基层群众自治组织的自治行为。

第三，以“委托协议书”取代“责任书”。太仓市按照“费随事转、权随责走”的原则，要求对基层群众自治组织协助政府工作事项试行委托管理，由乡镇政府与基层群众自治组织签订行政工作事项委托协议书，除法定要求的事项外，不再签订行政责任书。

第四，给予基层群众自治组织合理的“拒绝权”。太仓市在改革试点中明确规定，未列入工作事项“清单”的政府工作项目，不得以行政命令要求基层群众自治组织予以协助，基层群众自治组织也有权拒绝协助工作。

第五，建立公共服务经费保障机制。为保证基层群众自治组织有效履行行政委托协议，进一步提升公共服务水平，太仓市在改革试点中划拨了专门经费并按时拨付到城乡社区，尝试建立相关经费“常态化”的保障机制。

第六，积极探索民众参与的有效途径。在“政社互动”的改革试点中，太仓市既注意了以全面的信息公开保证基层群众的知情权，还建立了民众参与“政社互动”的各种机制，如村居民代表自愿服务机制、村居民代表会议协商议事机制、民众参与“政社互动”绩效评估机制等。

应该看到，“政社互动”是将深化行政体制改革与发展基层群众自治有机结合的一次重要尝试，这样的改革试点重点不在于机构的调整和变化，而在于新机制的建立。在这样的改革中，至少已经建立了三个重要的新机制。

（1）政府部门的“依法限权”机制。基层群众组织协助政府工作事项的“清单”，实质上限定了政府部门在基层的“扩权”行为，使“依法行政”有了重要的载体。应该看到，这是继“行政审批事项”改革之后，深化行政改革的一个极为重要的步骤。

（2）政府对基层群众自治组织的“委托”机制。以“委托制”取代以往的“责任制”，是太仓市改革的最大亮点。“委托制”在一定程度上解决了行政改革的制度性难题，使政府部门、基层政府和群众自治组织的关系明晰，可以共同构建一种新型的治理模式。

（3）基层公共服务新机制。基层公共服务既是政府责任所在，也是基层群众自治组织责任所在，且两者目标一致，需要一个体制衔接，这个体制就是“政社互动”。“政社互动”正在构建的“基层公共服务新机制”，作为一种制度安排，应包括顶层、中层和基层三个层面的设计：顶层是政府主导和基层群众自治组织的有效衔接，中层是市场力量和社会组织的引入，基层是公民个人的积极参与；其运行机制应该是政府主导，基层群众自治组织运作，充分挖掘和发挥市场、社会组织提供公共服务的功能和作用，积极调动基层民众广泛参与，最终达成保障公共利益，满足公共需求，提供公共服务的目标。将公共服务新机制注入村民自治、居民自治和城乡社区建设，还有一个重要的意义，就是可以产生“激活”效应，为基层民主的发展找到新的立足点。

综合评估太仓市的“政社互动”改革试点，已经可以看到四个方面的创新意义。

一是在制度变革方面，“政社互动”不局限于机构改革，而是注重机制创新，为解决行政审批制度改革后的遗留问题，认真理清政府部门的职责，理清政府与基层群众自治组织的关系，将基层群众组织协助政府工作的“责任制”改为“委托制”，并以“双向评估”检测改革成效，创新尝试建立“政社互动”的多元监督体系。这样的改革，代表了中国未来行政改革的方向，可以被视为继“行政审批制度改革”后中国行政改革的“第二次革命”。

二是在法治建设方面，“政社互动”依法规范基层政府、政府部门的行政行为，依法规范政府与基层群众自治组织的关系，依法规范基层群众自治组织的自治行为，将公共服务纳入“法治化”途径，对于提升基层的“法治”水平具有积极的作用。尤其是需要注意“政社互动”的“限权”和“充权”意义。在“限权”上可以看到“权力清单”的限权作用、行政管理协议书的权力公开作用、委托制的规制权力作用和“拒绝权”包含的权力制衡作用。

在“充权”上则不能忽视“政社互动”带来的为基层群众组织充权、为社会组织充权、为村（居）民代表充权和为民众充权的积极作用。

三是在发展基层民主方面，太仓市不仅关注“选举民主”，还关注了“组织形态的民主”、“协商民主”、“政策民主”和“充权民主”等的发展。理清基层群众自治组织的基本职能，为基层群众自治组织承担的政府行政管理事项“减负”，以及积极发挥村民、居民代表的作用等，都是发展基层群众自治和“组织形态的民主”的重要尝试。在“政社互动”中建立官民沟通体制、建立双向评估体制以及建立民众参与公共服务机制等，实际上为在不同层级开展“协商民主”和发展“政策民主”、“充权民主”奠定了重要基础。

四是在社会建设方面，“政社互动”不仅高度关注基层群众组织的“政策末梢”作用，强化了基层群众组织的“社会建设”主干功能，还准备将“政社互动”向社会组织延伸，在“公共服务委托制”下尝试一些新的做法，对创新社会管理体制已经起到了重要的示范作用。

应该承认，太仓市的“政社互动”改革试点还存在一些不足。一是太仓市尽管在“政社互动”的全面推进中强调了“党的领导”，但是未能就村、居党组织在“政社互动”中的作用作出更明确的定位。如果不为基层党组织定位，将在一定程度上影响这样的改革经验的全面推广。二是太仓市为“政社互动”提供的经费保障，在一定程度上提高了行政成本，在经济欠发达地区能否进行同样的试点，缺乏经费保证能否引入“政社互动”，太仓市未能就此提供可用的经验。三是太仓市的改革还需要进一步建立鼓励群众参与的机制，缺乏机制层面的保障，群众的参与恐难持久。太仓市的同志已经看到“政社互动”存在“两个不对等”（顶层设计进度与基层实践步伐不对等，基层实践状况与顶层设计要求不对等）和“两个不安”（基层群众自治组织和群众有“换汤不换药”的不安，有的政府行政部门和干部亦有“换汤不换药”的不安）的现实情况。[①] 相信太仓市以及苏州市在未来的“政社互动”改革实践中，能够解决这些问题，并切实提升“政社互动”的制度化水平。

---

① 葛为平：《太仓市政社互动可以实现多元领域创新——对政社互动深入进行的策划与思考》（2011 年 11 月 22 日打印文稿）。

第二章

太仓市城厢镇“政社互动”的先行试点情况*

在太仓市的“政社互动”改革试点中，城厢镇是两个先行试点镇之一，可根据相关文献资料和实地调查情况，说明城厢镇“政社互动”先行试点的基本情况。

一　城厢镇的基本情况

太仓市城厢镇南临上海，西接昆山，镇域面积126.79平方公里，辖6个村民委员会，16个城镇社区居民委员会（包括2个“村改居的社区”），户籍人口9.6万人，流动人口6.8万人。2009～2011年的三年中，城厢镇发生了一些重要的变化。

（一）经济发展

2009年城厢镇实现国内生产总值77.83亿元，比2008年增长16.32%；镇级全口径财政收入9.96亿元，其中地方一般预算收入5.77亿元，年增长率为15.16%；全社会固定资产投资21.23亿元，年增长率为32.67%。①

* 本章由曲甜执笔。

① 数据来自《2010年太仓市城厢镇人民政府工作报告》，下文述及的城厢镇2009年情况，亦来自此报告。

2010 年城厢镇实现地区生产总值 91.2 亿元，比 2009 年增长 17.2%；镇级全口径财政收入 16.9 亿元，年增长率为 36.1%，其中地方一般预算收入 10.3 亿元，年增长率为 45.2%；城镇居民人均可支配收入 30325 元，农民人均纯收入 16005 元，均比 2009 年增长 12%；全社会固定资产投资 27.9 亿元，年增长率为 45%。①

2011 年城厢镇实现国内生产总值 107.6 亿元，比 2010 年增长 17.98%；镇级全口径财政收入 18.2 亿元，其中地方一般预算收入 10.4 亿元；全社会固定资产投资为 31.1 亿元。②

（二）城乡一体化建设

城厢镇于 2009 年被太仓市确立为城乡一体化发展综合配套改革试点单位，加快了城乡一体化的发展。在加快新农村建设方面，农民集中安置小区建设、农业生态园建设、湿地公园建设和土地复耕项目均有明显进展；在发展村级经济方面，下拨 500 万元村级经济发展基金，用于开展村级物业建设、发展高效农业和设施农业以及加快土地流转等各项工作；在完善农村基础设施方面，主要有养护村公路桥梁、改造安置小区、治理农村环境等工作。

2010 年，城厢镇把统筹城乡一体化发展放到突出位置，加快了“三集中”（农民居住向社区集中、工业企业向园区集中、土地向规模经营集中）的进程。同时，农村经济稳步发展，主要包括中低农田改造、湿地公园建设、商务酒店建设、提升农业机械化种植水平以及继续下拨村级经济发展基金等；在优化城乡生态方面，“清水畅流”工程、“绿色城厢”工程和新一轮“蓝天计划”等都有条不紊地开展。

2011 年城厢镇继续坚持城乡统筹，农村改革全面推开，包括大面积的农户动迁，累计动迁农户近 3000 户；建成数十万平方米的农民安置房和农民集中居住区和 2 万平方米的安息堂。在提升现代农业质态方面，村庄整

---

① 数据来自《2011 年太仓市城厢镇人民政府工作报告》，下文述及的城厢镇 2010 年情况，亦来自此报告。

② 数据来自《2012 年太仓市城厢镇人民政府工作报告》，下文述及的城厢镇 2011 年情况，亦来自此报告。

理、土地复耕、水利设施和高标准农田工作均有重要进展。在发展村级经济方面，已组建45家经济合作组织、7家合作农场并成立了农业发展公司，使村级可支配收入得到显著增长。

（三）民生建设

2009年城厢镇各项民生事业全面发展。在社会事业方面，推进教育现代化，如建幼儿园和小学，维修校舍；全面推开社区服务管理信息化，城市居民居家养老服务覆盖率达到85%以上；加强计划生育和外来人口管理工作等。在就业方面，完善就业体系，包括举办劳动力市场、发布用工信息、培训就业人员等。在社会保障方面，全年新增各类社会保险3万人，居民医疗保险参保率高达98.18%，落实低保及低保边缘户400余户。此外，在社会和谐稳定建设、财税金融、审计监察等工作方面亦有进展。

2010年城厢镇将以人为本、协调发展的理念贯穿到经济社会发展的过程中，民生建设方面亦取得明显进步。除继续发展教育事业外，还投入200余万元完成社区卫生服务中心搬迁和卫生院改造，建成便民服务中心综合楼，城市居民居家养老服务覆盖率达到95%。在社会保障方面，社会养老保险和医疗保险参保率分别达到98.5%和99.7%，为各类弱势群体发放救助金500余万元，受惠群众3000余人。在社会和谐稳定方面，治安防控体系、法治政府建设均取得显著成效。

2011年城厢镇民生事业继续发展。社会事业方面，教育现代化工程不断升级，卫生服务更加完善，两家日间照料中心向居民开放，并新建和改造了6个社区服务中心。社会保障方面实现了低保、养老和医疗三大保障的城乡一体化，并有尊老金、救助金、物价补贴等各种形式的生活补贴。同时，社会管理工作不断创新，建成全市首个数字城管二级平台，完成了101个社会面监控点和监控中心建设，新增6家社会组织。

二 “政社互动”先行试点的组织机构

2010年3月19日，太仓市人民政府发出《关于公布基层群众自治组织协助政府工作事项和基层群众自治组织依法履行职责事项的通知》（太政发〔2010〕19号），要求在城厢镇、双凤镇进行“政社互动”的先行试点。

2010年4月16日，城厢镇正式成立了由镇党委书记为组长的城厢镇推进“政社互动”工作领导小组（领导小组成员名单见表2－1）。[①] 领导小组下设办公室，办公室设在镇民政科。

表2－1　城厢镇推进“政社互动”工作领导小组成员表

组内职务	姓　名	党政机关职务
组　长	高　扬	镇党委书记
副组长	胡　捷	镇党委副书记、镇长
	王雪源	镇党委副书记（兼办公室主任）
	陆红玉	副镇长（兼办公室副主任）
成　员	胡纪明	镇财政分局局长
	薛美贤	镇民政科科长（办公室成员）
	周裕兰	镇政府秘书（办公室成员）
	施红健	镇综治科科长（办公室成员）
	王　丰	镇卫生科科长
	张　健	镇环保科科长
	郑　嫣	镇教育科科长
	陆建风	镇文化站站长
	施　强	镇企管站站长
	江丽英	镇统计站站长
	杨仁林	镇农技站站长
	孙友良	镇劳动和社会保障所所长
	陆解忠	镇建管所支部书记
	柳艳琴	镇计生科副科长
	包燕珍	城厢水利站站长
	袁金华	城中派出所所长
	管海雄	城西派出所所长
	张卫清	南郊派出所所长
	浦军浩	城厢工商分局局长
	归永军	新仓工商分局局长
	陆建国	城厢国土资源分局
	孔　平	城厢国税分局局长
	费　育	城厢地税分局局长
	桑庆宝	城厢中心交管所所长
	范　峰	城管城厢执法中队队长

① 中共太仓市城厢镇委员会：《关于成立城厢镇推进“政社互动”工作领导小组的通知》（城委发〔2010〕36号）。

三　制定“政社互动”先行试点实施方案

2010年4月30日，太仓市召开“政社互动”试点工作会议；5月11日，太仓市人民政府办公室发出《关于印发太仓市“政社互动”试点工作实施方案的通知》（太政办〔2010〕39号）。根据市里的安排和城厢镇的实际情况，城厢镇人民政府于2010年5月24日发出《关于印发〈城厢镇“政社互动”工作实施方案〉的通知》（[第30号文件]），全文如下：

为切实抓好我镇“政社互动”工作，进一步推进基层群众自治组织协助政府工作事项的落实，加快政府行政管理模式的转变，规范政府行政行为，促进政府依法行政，保障基层民主权利，加强基层群众自治组织建设，特制定本实施方案。

一、工作目标

按照党的十七大和《国务院关于加强市县政府依法行政的决定》的要求，全面落实市政府《关于建立政府行政管理与基层群众自治互动衔接机制的意见》，着力推进政府行政管理方式创新。按照相关要求对需要基层自治组织协助政府工作事项实施委托管理，实现政府调控同社会协调互联、政府行政功能与社会自治功能互补、政府管理力量同社会调节力量互动。以新的机制提高全镇依法行政工作水平，以新的举措提升基层群众自治能力，建立“政社互动”的新城厢，形成统筹城乡发展的“政社互动”的行政管理新格局。

二、工作主要内容

在市政府组织清理并公布《基层群众自治组织协助政府工作事项》和《基层群众自治组织依法履行职责事项》的基础上，对基层群众自治组织协助政府工作事项试行委托管理，通过签订委托管理协议书形式落实工作责任。除法定要求外，不再签订行政责任书。

整个工作分为动员部署阶段、签订委托协议阶段、落实责任阶段、履职评估阶段、总结提高阶段等5个阶段。

（一）动员部署阶段（2010年6月初）

1. 建立工作班子和工作领导小组。根据我镇工作实际，建立以镇依法治镇领导小组办公室、镇民政科、镇政府法制员等组成的工作班子以及镇党委、政府和有关部门人员组成的工作领导小组，明确工作职责，落实工作人员。

2. 确定工作方案。研究确定开展“政社互动”工作实施方案，明确工作目标和主要工作内容、实施时间等。

3. 进行工作部署。召开全镇“政社互动”工作动员会议，对工作进行动员部署，落实工作任务。

4. 进行骨干培训。组织开展针对镇政府相关部门人员以及村（居）书记、主任等骨干的“政社互动”专业培训工作，帮助基层群众提高自治能力。

（二）签订委托协议阶段（2010年6月）

1. 确定需要委托给基层群众自治组织管理的具体项目。与市政府有关部门研究确定需要委托给基层群众自治组织管理的具体项目，并对委托管理项目做到三个明确：明确委托管理项目的目标要求；明确年度履约评估方法；明确政府提供的必要条件、委托管理经费和支付方式。

2. 拟定委托协议书文本。根据镇政府与有关部门协商的情况，实行“一揽子契约”方式，拟定委托管理协议书文本。协议书明确委托事项名称和具体目标要求、年度履约评估方法、政府提供的条件和经费支付方式、违约责任、协议产生争议的解决方式等。

3. 对协议内容进行协商。由镇政府与基层群众自治组织对协议书内容进行专门协商，基层群众自治组织可以通过召开村（居）民代表会议征求意见。

4. 进行委托管理协议书集中签约。组织委托管理协议书集中签约，由镇政府主要领导与各村（居）委会主任进行协议签订。

（三）落实责任阶段（2010年7～10月）

建立政府与基层群众自治组织的双向责任机制，提高双方履职能力，确保协助政府工作事项和依法履行职责事项的落实和完成。各级党组织对政府和基层群众自治组织履职情况进行监督，对双方在履职过程中存在的问题及时提出整改意见，并组织整改。

1. 落实政府责任，提高依法行政能力，保障自治权利，并遵循“费随事转、权随责走”的原则，按照协议书规定的要求，为基层群众自治组织在工作上创造条件，方法上积极指导，经费上予以保障。

2. 落实基层群众自治组织责任，提高承接能力，增强自治功能，确保按照协议要求，完成协助政府工作任务。

（四）履职评估阶段（2010 年 11 ~ 12 月）

1. 成立多元化评估主体。根据协议确定的履职评估方法，成立以镇党委、政府以及各有关部门人员、村（居）干部、群众代表等组成的多元化评估主体。

2. 评估主体对政府和基层群众自治组织双方履约情况进行全方位评估。评估结果向社会进行公示。

3. 根据评估结果兑现经费和实施奖惩。根据最后评估结果兑现经费和进行违约责任追究。对工作实绩好、群众满意度高、积极协助政府开展的基层群众自治组织，评为先进并给予奖励。

（五）总结提高阶段（2010 年 12 月）

对我镇“政社互动”工作开展情况进行全面回顾，总结成功的经验，分析遇到的困难和存在的问题，提出下一步改进措施和方法。

城厢镇的《实施方案》除了在前三个阶段的时间上与市里的方案有所不同外（比市里方案后延一个月），基本照搬了市里方案的文字和内容。

四　召开“政社互动”试点工作动员会议

2010 年 6 月 4 日，城厢镇召开“政社互动”工作动员会，镇党委书记高扬在会上发表讲话，就如何做好“政社互动”工作提出了以下意见，讲话全文如下：

一、进一步提高思想认识，通过“政社互动”推进行政管理模式创新

经市政府研究，选择了我们城厢镇，还有双凤镇作为“政社互动”工作的先行试点，对基层群众自治组织协助政府工作事项实行委托管理，通过签订委托管理协议落实双方责任，建立起合法和高效、权利和义务相统一的运作机制，推进政府行政管理模式的创新。

建立政府行政管理与基层群众自治的有效衔接和良性互动，是党的十七大报告和《国务院关于加强市县政府依法行政的决定》的要求，也是推进基层群众自治组织自身建设的内在需求。推进这项工作的目的是要建立一个“政社互动、和谐善治”的长效管理机制，实现行政管理模式的根本转变，为了制约行政权力，规范行政行为，切实为基层组织减负，并能使基层组织轻装上阵，更好地履行好法定职责和依法协助政府工作。由于这项工作目前在全国范围内率先探索实践，没有现成模式可借鉴，加上受过去长期习惯的影响，我们在试点过程中会碰到各种阻力和执行不力的情况，阻力既有可能来自于上面条条线线，也有可能产生于我们政府、各部门内部。因此，要在思想上引起高度重视，对可能碰到的困难和问题要充分估计，妥善准备，做好应对。我们要进一步提高思想认识，认真学习《国务院关于加强市县政府依法行政的决定》，落实好市政府《关于建立政府行政管理与基层群众自治互动衔接机制的意见》文件要求。要加强宣传教育，认真学习贯彻有关法律法规，切实保障基层群众自治权利，严禁干预自治组织范围内的事情，不得要求基层群众自治组织承担依法应当由政府及其部门履行的职责，切实减轻基层群众自治组织工作负担，形成“政社互动”的行政管理格局，提高我镇依法行政水平。

二、进一步明确落实责任，稳步推进我镇“政社互动”试点工作

这次市政府公布的基层群众自治组织协助政府工作事项共有18类27项，涉及公安、交通运输、人口和计划生育、民政、国土资源、人力资源和社会保障、物价、司法、文化广电、卫生、统计、地税、教育、安全生产、水利、农业、征兵、气象等部门。根据市政府《关于建立政府行政管理与基层群众自治互动衔接机制的意见》（太政发〔2009〕42号）文件规定，对需要基层群众自治组织协助政府工作事

项，按照“权随责走、费随事转”的原则，实行委托和购买服务。我们既要依法推进，也要确保正常工作和行政效率不受影响。

通过开展“政社互动”试点，要实现政府管理模式的创新，保障基层群众自治组织权利，促进基层群众自治组织在社会管理和服务群众中更好地发挥作用。根据村委会组织法规定，镇政府有权指导村委会工作，但不得干涉属于村自治范围内的事务。政府要指导、帮助和扶持群众自治组织，群众自治组织要协助政府工作。因此，市政府对市、镇两级政府的行政管理权限进行了清理，对政府与基层群众自治组织之间的权限进行细化界定，对属于自治范围内的事情坚持做到“指导不干涉”。对镇政府与基层自治组织签订的一些行政责任书予以废止，对自治组织应该协助政府管理的一些事项，改责任书为协议书，平等协商合作内容、工作标准、质量要求以及各项费用。推行镇政府年度“一揽子契约服务”的运作机制，将“责、权、利”捆绑落实到基层自治组织。改进政府对基层群众自治组织工作绩效的考核方式，把最终的考核评判权归还给群众。随着这些措施的逐步落实，基层群众自治组织的自治空间和自治能力将会得到更大程度的释放。

因此，在推进“政社互动”工作中，要重点抓好以下三项工作：

（1）明确职责，规范行政行为。各部门要对照公布的《基层群众自治组织协助政府工作事项》，明确本部门延伸至基层群众自治组织工作事项的具体内容、工作目标。并为基层群众自治组织协助政府工作提供必要的条件和落实经费安排。对于未列入市政府公布事项的，不得以行政命令方式要求基层群众自治组织予以协助，基层群众自治组织也有权拒绝协助工作。

（2）还权于民，保障基层群众自治组织权利。近年来，我镇在还权于民，发挥基层群众自治组织的作用取得了一定的成效。各部门要继续转变职能，处理好与基层群众自治组织以及其他组织的工作承接，进一步放权于民，还权于民。对于市政府公布的《基层群众自治组织依法履行职责事项》，各部门要积极创造条件，加强行政指导，完善工作指导方式，支持、帮助基层自治组织更好地依法履行职责。各部门开展工作指导，要防止用行政手段干预基层群众自治范围内事情，随意用行政命令的方式下达指标任务，违反法律规定擅自设定影响基层群众自治组织权利义务的规定。

（3）强化保障，建立科学的双向履职评估体系。我们要按照工作实施方案的要求，抓好工作落实，组织好试点工作，认真做好动员部署、协议签订、责任落实、履职评估、总结提高5个阶段工作，努力找出一条既有效落实政府工作，又保障基层群众自治组织权利，实现互动衔接、共赢发展、服务群众的新型社会管理模式。首先我们要尊重基层群众自治组织权利，改变随意用行政命令的方式下达指标任务的方式，要通过委托协议的签订，明确双方的责任和权利义务，要用协议方式共同约束双方行为。其次要提供必要的条件和做好经费保障，要为基层群众自治组织协助政府工作提供指导、帮助和物质上的支持，并落实好经费保障，要从过去无偿协助转变为有偿服务，提高基层群众自治组织工作积极性。最后要严格遵守协议规定，不得以各种理由不履行协议规定的责任，违反协议规定要承担违约责任。

三、进一步加强组织领导，确保“政社互动”工作顺利进行并取得实效

开展“政社互动”工作，涉及面较广，要取得实效，必须加强组织领导，上下形成合力。我镇已经建立了由党委、政府主要领导，党委、政府分管领导、有关部门人员组成的工作领导小组，并成立了专门的“政社互动”工作办公室，明确了具体工作人员。希望大家有步骤地扎实推进“政社互动”工作。

同志们，我镇开展“政社互动”试点任务艰巨，面临的矛盾和困难也较多，大家思想上一定要高度重视，但也要充满信心，按照工作实施方案和有关要求积极探索实践，齐心协力，明确目标，落实责任，确保“政社互动”工作顺利进行，取得实实在在的成效。

五 集中签订委托管理协议书

2010年8月13日，城厢镇人民政府与本镇的22个村民委员会和社区居民委员会签署了《城厢镇基层群众自治组织协助政府管理协议书》。协议书的签订时间比该镇《实施方案》计划的时间晚了近两个月。

《协议书》根据市里提供的参考样本制定，在制定过程中广泛征求了城厢镇政府各相关部门人员和基层群众自治组织的意见，并且由城厢镇的各村民委员会、社区居民委员会在7月10日统一举行的“民主决策日”上，经村民代表、居民代表审议通过。

城厢镇各村民委员会的协助政府管理协议书（见表2-2），确定的村民委员会协助政府管理事项为25大项，比太仓市制定的基层群众自治组织协助政府行政管理事项“清单”少了3大项（古村落资源普查、代征房屋出租及提供家庭装修劳务税收、扫除文盲工作），但是新增了“其他依法协助管理的事项”1项。

表2-2　城厢镇的村民委员会协助政府管理协议书

城厢镇基层群众自治组织协助政府管理协议书

甲方：太仓市城厢镇人民政府　　　　法定代表人：胡　捷

乙方：　　　　村民委员会　　　　法定代表人：

为维护甲乙双方合法权益，经甲乙双方友好协商，乙方协助甲方做好本协议书规定的相关政府工作事项，特订立如下条款，明确双方的权利和义务，供双方共同遵守履行。

一、协助政府管理事项：

按照相关法律法规的规定，乙方协助甲方管理的事项主要包括：

1. 维护社会治安、未成年人保护、禁毒防范和社区戒毒、协助查处赌博、暂住人口管理、租赁房屋的安全防范和治安管理；
2. 养犬管理；
3. 开展消防宣传教育、群众性消防工作；
4. 农村公路的建设、养护和管理；
5. 建立健全行政村和船主的船舶安全责任制；
6. 计划生育工作和流动人口婚育登记、查验等；
7. 社会抚养费征收；
8. 优抚救济、农村五保供养、居民最低生活保障和城乡社会救助工作；
9. 出具收养证明；
10. 基本农田保护、土地调查；
11. 建立劳动保障服务站，做好农村基本保障工作；
12. 劳动争议调解；
13. 建立价格监督服务点；
14. 对依法被剥夺政治权利的村民进行监督、教育、管理；
15. 辖区内卫星地面接收设施管理；

续表

16. 公共卫生和传染病预防与控制、艾滋病防治、组织村民受种疫苗；
17. 药品质量监督；
18. 农业、经济、污染源普查；
19. 青少年教育，督促适龄儿童、少年入学；
20. 设立安全生产工作小组，开展安全生产活动，落实安全生产措施；
21. 做好抗旱措施落实；
22. 动物疫情应急处理；
23. 兵役登记及政审；
24. 气象灾害防御知识宣传和应急演练；
25. 其他依法协助管理的事项。

二、甲方权利、义务：

1. 甲方根据本协议规定将部分工作事项交给乙方协助管理；
2. 甲方须提供给乙方协助管理经费；
3. 甲方每年制定各协助管理事项的具体工作目标要求和管理结果的评定标准，并对乙方的管理情况实施评估，对其管理结果进行评定，评定结果与支付的协助管理经费挂钩；
4. 甲方应对乙方协助管理的事务加强指导；
5. 法律、政策规定由甲方享有的其他权利、义务。

三、乙方权利、义务：

1. 乙方协助甲方管理本协议书规定的事项；
2. 乙方依法在本区域开展各类协助事项的管理工作，在协助管理过程中遇到困难，乙方应及时向甲方提出，共同商讨解决办法和措施；
3. 定期向辖区群众通报工作情况，接受群众的监督，收到群众意见后及时通报给甲方，做好群众工作；
4. 根据甲方的要求及自身工作需要，有计划、有措施、有总结，健全各类管理活动的台账；
5. 法律、政策规定由乙方享有的其他权利、义务。

四、经费及支付方式：

甲方根据协助管理事项完成情况，支付乙方协助管理经费（以支付人员报酬的方式，全部完成每年支付10万~20万元，具体根据评估情况确定支付额度）。支付方式：年底根据评估情况进行经费的结算。

五、其他：

1. 协议期限：2010年1月1日起至2010年12月31日止，协议规定的期限届满，本协议自然终止。如需续订，则期满前一个月向对方提出书面意见。
2. 协议中未尽事宜，由甲乙双方协商解决，所签订的补充协议为本协议的组成部分，具有同等法律效力。
3. 甲乙双方履约情况接受同级党组织的监督。
4. 本协议一式四份，甲乙双方各执一份，甲乙双方同级党组织各备案一份；本协议经双方盖章及法定代表人签字生效，甲乙双方同意将协议书效力追溯至2010年1月1日。
5. 本协议书评估细则及评估方法另行制定。
6. 协议执行中如果发生争议，双方应首先通过友好协商解决。如果双方不能协商解决，可通过相关的法律途径解决。

甲方（盖章）：	乙方（盖章）：
法定代表人（签字）：	法定代表人（签字）：
年　月　日	年　月　日

城厢镇各社区居民委员会的协助政府管理协议书（见表2－3），确定的社区居民委员会协助政府管理事项为20大项，比太仓市制定的基层群众自治组织协助政府行政管理事项“清单”少8大项（古村落资源普查、代征房屋出租及提供家庭装修劳务税收、扫除文盲工作3项，以及涉及农村事务的农村公路建设、行政村船舶安全、基本农田保护、抗旱措施落实、动物疫情应急处理事项5项），亦新增了“其他依法协助管理的事项”1项。

表2－3　城厢镇的社区居民委员会协助政府管理协议书

城厢镇基层群众自治组织协助政府管理协议书

甲方：太仓市城厢镇人民政府　　　　法定代表人：胡　捷
乙方：　　　社区居民委员会　　　　法定代表人：

为维护甲乙双方合法权益，经甲乙双方友好协商，乙方协助甲方做好本协议书规定的相关政府工作事项。特订立如下条款，明确双方的权利和义务，供双方共同遵守履行。

一、协助政府管理事项：

按照相关法律法规的规定，乙方协助甲方管理的事项主要包括：

1. 维护社会治安、未成年人保护、禁毒防范和社区戒毒、协助查处赌博、暂住人口管理、租赁房屋的安全防范和治安管理；
2. 养犬管理；
3. 开展消防宣传教育、群众性消防工作；
4. 计划生育工作和流动人口婚育登记、查验等；
5. 社会抚养费征收；
6. 优抚救济、五保供养、居民最低生活保障和城乡社会救助；
7. 出具收养证明；
8. 建立劳动保障服务站，做好基本保障工作；
9. 劳动争议调解；
10. 建立价格监督服务点；
11. 对依法被剥夺政治权利的居民进行监督、教育、管理；
12. 辖区内卫星地面接收设施管理；
13. 公共卫生和传染病预防与控制、艾滋病防治、组织居民受种疫苗；
14. 药品质量监督；
15. 经济、污染源普查；
16. 青少年教育，督促适龄儿童、少年入学；
17. 设立安全生产工作小组，开展安全生产活动，落实安全生产措施；
18. 兵役登记及政审；
19. 气象灾害防御知识宣传和应急演练；
20. 其他依法协助管理的事项。

二、甲方权利、义务：

1. 甲方根据本协议规定将部分工作事项交给乙方协助管理；

续表

2. 甲方须提供给乙方协助管理经费；

3. 甲方每年制定各协助管理事项的具体工作目标要求和管理结果的评定标准，并对乙方的管理情况实施评估，对其管理结果进行评定，评定结果与支付的协助管理经费挂钩；

4. 甲方应对乙方协助管理的事务加强指导；

5. 法律、政策规定由甲方享有的其他权利、义务。

三、乙方权利、义务：

1. 乙方协助甲方管理本协议书规定的事项；

2. 乙方依法在本区域开展各类协助事项的管理工作，在协助管理过程中遇到困难，乙方应及时向甲方提出，共同商讨解决办法和措施；

3. 定期向辖区群众通报工作情况，接受群众的监督，收到群众意见后及时通报给甲方，做好群众工作；

4. 根据甲方的要求及自身工作需要，有计划、有措施、有总结，健全各类管理活动的台账；

5. 法律、政策规定由乙方享有的其他权利、义务。

四、经费及支付方式：

甲方根据协助管理事项完成情况，支付乙方协助管理经费。全部完成每年支付 20 万 ~ 30 万元，具体根据评估情况确定支付额度。支付方式：每季度经甲乙双方协商后，甲方预付乙方部分经费；年底根据评估情况进行经费的结算。

五、其他：

1. 协议期限：2010 年 1 月 1 日起至 2010 年 12 月 31 日止。协议规定的期限届满，本协议自然终止。如需续订协议，则期满前一个月向对方提出书面意见。

2. 协议中未尽事宜，由甲乙双方协商解决，所签订的补充协议为本协议的组成部分，具有同等法律效力。

3. 甲乙双方履约情况接受同级党组织的监督。

4. 本协议一式四份，甲乙双方各执一份，甲乙双方同级党组织各备案一份；本协议经双方盖章及法定代表人签字生效，甲乙双方同意将协议书效力追溯至 2010 年 1 月 1 日。

5. 本协议书评估细则及评估方法另行制定。

6. 协议执行中如果发生争议，双方应首先通过友好协商解决。如果双方不能协商解决，可通过相关的法律途径解决。

甲方（盖章）：　　　　乙方（盖章）：
法定代表人（签字）：　　　　法定代表人（签字）：
年　　月　　日　　　　年　　月　　日

应该看到，城厢镇在基层群众自治组织协助政府管理的事项中，增加了“其他依法协助管理的事项”，这与“政社互动”改革试点的总体精神有一定的出入。城厢镇作为“政社互动”的先行试点单位，以“其他事项”为以后调整具体工作安排预留了一定的空间。但是在“政社互动”工作全面铺开之后，城厢镇已经去掉了“其他依法协助管理的事项”的表述，村民委员会协助政府管理事项由 25 项减少为 23 项（取消了“建立健全行政村和船主的船舶安全责任制”、“农业、经济、污染源普查”和“其他依法协助管理的事项”3 项，增加了“制止违法建筑行为及报告”1 项；由村民委员会改建为社区居民委员会的，协助管理事项仍与村民委员会相同），社区居民委员会协助政府管理事项由 20 项减少为 19 项（取消了“经济、污染源普查”和“其他依法协助管理的事项”2 项，增加了“制止违法建筑行为及报告”1 项）。[①] 这样的改动，使“清单”以外的工作事项没有“下基层”的可能，切实有效地限定了镇政府的行为。

六 “政社互动”试点的双向评估

城厢镇根据太仓市的要求，采用双向评估体系对“政社互动”的履职履约情况进行评估，即镇政府对村民委员会、居民委员会履职履约情况进行评估，村民委员会、居民委员会对镇政府和镇政府各工作部门的工作进行评估。为使村民委员会、居民委员会的履职履约更加规范和有序，城厢镇于 2011 年出台了《2011 年度城镇社区工作履职履约评估办法》、《2011 年度城厢镇村级科学发展观工作履职履约评估办法》以及《关于进一步加强村级规范化管理的通知》、《关于进一步规范社区财务管理的办法》、《城厢镇政社互动履职履约评估实施办法》等数份文件，并着手研究制定双向履约评估细则，使双向评估机制更趋完善。

城厢镇基层群众对村民委员会、居民委员会履职履约情况的评估，既需要对村、居“班子”的工作情况打分，也要对村、居党组织书记和主任的个人工作情况打分。从评估结果看（见表 2－4），22 个村、社区“班子”平均得分为 92.69 分，得分最高的是东林村（96.75 分），得分最低的是伟阳社区（88.84 分）；22 个村、社区党支部书记平均得分为 92.30 分，得分最高的是东林村书记（96.23 分），得分最低的是伟阳社区书记（89.32 分）；8 个村、社区主任（其他村、社区均为书记兼主任）平均得分为 91.50 分，得分最高的是东林村主任（96.75 分），得分最低的是永丰村主任（89.11 分）；22 个村、社区履职履约的平均得分为 92.32 分，得分最高的是东林村（95.61 分），得分最低的是永丰村（89.43 分）。

① 2012 年《城厢镇村委会协助政府管理协议书》、《城厢镇社区居委会协助政府管理协议书》。

表 2－4　城厢镇村、社区政社互动履职履约工作测评表结果*

单　位	职务	满意	比较满意	不满意	不了解	得分	平均得分
新农村	班子	96	48	0	2	90.41	90.07
屠振岐	书记	92	53	0	1	90.24	
朱惠林	主任	94	49	0	3	89.55	
永丰村	班子	95	47	2	2	89.76	89.43
周惠林	书记	96	45	2	3	89.42	
钱志刚	主任	94	46	4	2	89.11	
胜泾村	班子	119	25	0	1	94.76	93.62
薛文明	书记	117	25	0	3	93.39	
虞炳华	主任	110	33	0	2	92.71	
电站村	班子	125	21	0	0	96.40	95.09
王义平	书记	122	24	0	0	95.89	
沈建忠	主任	108	37	0	1	92.98	
万丰村	班子	116	28	0	2	93.84	92.92
全永芳	书记	114	30	0	2	93.49	
钱凤华	主任	105	38	0	3	91.44	
东林村	班子	130	15	0	1	96.75	95.61
苏齐芳	书记	127	18	0	1	96.23	
张耀忠	主任	113	32	0	1	93.84	
太丰社区	班子	114	30	1	1	93.77	92.83
钱大奎	书记	116	27	2	1	93.87	
浦文耀	主任	100	43	1	2	90.86	
伟阳社区	班子	98	38	8	2	88.84	89.89
严金秋	书记	98	40	6	2	89.32	
朱炳良	主任	105	36	4	1	91.51	
梅园社区	班子	108	36	0	2	92.47	91.87
高　为	书记	101	43	0	2	91.27	
南区社区	班子	107	37	0	2	92.29	91.95
吴友根	书记	100	45	0	1	91.61	
康乐社区	班子	117	27	0	2	94.01	93.5
凌燕秋	书记	111	33	0	2	92.98	
西区社区	班子	97	25	0	2	93.08	92.74
童艳萍	书记	95	26	1	2	92.40	
德兴社区	班子	88	34	0	2	91.28	91.08
沈永林	书记	86	36	0	2	90.88	
西郊社区	班子	89	34	0	1	92.08	92.28
张学文	书记	88	36	0	0	92.48	
东区社区	班子	93	29	0	2	92.28	92.48
陈敏红	书记	92	31	0	1	92.68	
中区社区	班子	98	26	0	0	94.48	94.48
王金亚	书记	98	26	0	0	94.48	
县府社区	班子	97	26	0	1	93.68	93.58
张　焱	书记	96	27	0	1	93.48	

续表

单　　位	职务	满意	比较满意	不满意	不了解	得分	平均得分
弇山社区	班子	92	30	0	2	92.08	91.78
朱 亚 萍	书记	89	33	0	2	91.48	
桃园社区	班子	88	34	0	2	91.28	91.04
许 惠 明	书记	87	34	1	2	90.80	
南园社区	班子	93	29	0	2	92.28	91.88
杨 春 芳	书记	89	33	0	2	91.48	
府东社区	班子	97	25	0	2	93.08	92.76
倪 永 平	书记	94	28	0	2	92.48	
新毛社区	班子	84	37	1	2	90.20	90.22
蔡 蕴 芳	书记	87	32	3	2	90.24	

* 据《城厢镇村、社区政社互动履职履约工作测评表》、《城厢镇村、社区政社互动履职履约工作测评结果分析》提供数据制表。

城厢镇2011年的“政社互动”评估还涉及镇党政各部门对各村民委员会、居民委员会履职履约情况的评估，该镇14个社区的评估结果见表2-5-1和表2-5-2。

表2-5-1　2011年城厢镇各社区履职履约情况条线部门评分结果（一）*

序号	评估部门	标准分	镇条线部门评分						
			中区	东区	县府	南园	府东	桃园	弇山
1	组织	8	8	8	8	8	8	8	8
2	纪检	6	6	5.5	5.5	5.5	5.5	5.5	5.5
3	宣传	6	6	6	6	5.9	5.9	5.9	6
4	统战	4	4	4	4	4	4	4	4
5	人武	4	4	4	4	4	4	4	4
6	妇联	3	3	3	3	3	3	3	3
7	团委	3	3	3	3	3	3	3	3
8	民政	8	8	7.9	7.95	7.95	7.95	7.95	8
9	文体	6	6	6	6	6	6	6	6
10	卫生	6	6	6	6	6	6	6	6
11	环保	6	6	6	6	6	6	6	6
12	建管	4	4	4	4	4	4	4	4
13	安全	6	6	6	6	6	6	6	6
14	综治	10	10	10	10	9.7	10	10	9.8
15	企管	2	2	2	2	2	2	2	2
16	计生	6	6	5.36	6	5.69	5.99	5.98	5.98
17	社保	6	6	6	6	6	6	6	6
18	统计	6	6	6	6	6	6	6	6
合计	—	100	100	98.76	99.45	98.74	99.34	99.33	99.28

* 据城厢镇《2011年度城市社区履职履约情况条线部门评分汇总》整理而成。

表 2-5-2　2011 年城厢镇各社区履职履约情况条线部门评分结果（二）*

序号	评估部门	标准分	镇条线部门评分						
			德兴	南区	梅园	康乐	西区	西郊	新毛
1	组织	8	8	8	8	8	8	8	8
2	纪检	6	5.5	6	5.5	6	5.5	5.5	5.5
3	宣传	6	5.9	5.9	5.9	6	6	5.8	5.8
4	统战	4	4	4	3.9	4	4	4	3.9
5	人武	4	4	4	4	4	4	4	4
6	妇联	3	3	3	3	3	3	3	3
7	团委	3	3	3	3	3	3	3	3
8	民政	8	7.95	7.9	7.95	8	7.9	7.9	7.9
9	文体	6	6	6	6	6	6	6	6
10	卫生	6	6	6	6	6	6	5.5	6
11	环保	6	6	6	6	6	6	6	6
12	建管	4	4	4	4	4	4	4	4
13	安全	6	6	6	6	6	6	6	6
14	综治	10	10	10	10	10	10	10	9.5
15	企管	2	2	2	2	2	2	2	2
16	计生	6	5.4	6	5.98	5.99	5.7	5.7	6
17	社保	6	6	6	6	6	6	6	6
18	统计	6	6	6	6	6	6	6	6
合　计	—	100	98.75	99.8	99.23	99.99	99.1	98.4	98.6

* 据城厢镇《2011 年度城市社区履职履约情况条线部门评分汇总》整理而成。

由评估结果可以看出，城厢镇所辖各社区 2011 年"政社互动"的履职履约得到了镇党政部门的认可，所有社区均得到了 98 分以上的高分，其中中区社区更是获得 100 分的满分。18 个参与评估的党政部门中，组织、人武、妇联、团委、文体、环保、建管、安全、企管、社保和统计 11 个部门对所有社区给了满分，纪检、宣传、民政、计生 4 个部门则较少给社区满分。

2011 年城厢镇还发动村、居民委员会成员及村、居民代表等对政府部门的工作进行评估，11 个政府工作部门中有 9 个获得了 100 分的满分（只有卫生和计生两个部分未获得满分），镇政府也获得了 99.29 分的综合得分（见表 2-6-1、表 2-6-2）。

表 2－6－1　2011 年社区对城厢镇政府整体工作综合评估结果*

政府	政府指导情况			服务情况			不干预			资金支付情况			综合得分
	满意	基本满意	不太满意	满意	基本满意	不太满意	满意	基本满意	不太满意	满意	基本满意	不太满意	
	14	0	0	14	0	0	14	0	0	12	2	0	99.29

＊据《2011 年度居委会对城厢镇政府工作综合评估汇总表》整理。

表 2－6－2　2011 年度居委会对政府各部门综合评估*

序号	部门	指导情况			服务情况			保障情况			不干预			综合得分
		满意	基本满意	不太满意	满意	基本满意	不太满意	满意	基本满意	不太满意	满意	基本满意	不太满意	
1	民政	14	0	0	14	0	0	14	0	0	14	0	0	100
2	文体	14	0	0	14	0	0	14	0	0	14	0	0	100
3	卫生	14	0	0	13	1	0	14	0	0	14	0	0	99.64
4	环保	14	0	0	14	0	0	14	0	0	14	0	0	100
5	建管	14	0	0	14	0	0	14	0	0	14	0	0	100
6	企管	14	0	0	14	0	0	14	0	0	14	0	0	100
7	综治	14	0	0	14	0	0	14	0	0	14	0	0	100
8	司法	14	0	0	14	0	0	14	0	0	14	0	0	100
9	计生	12	2	0	11	3	0	11	3	0	12	2	0	96.43
10	社保	14	0	0	14	0	0	14	0	0	14	0	0	100
11	统计	14	0	0	14	0	0	14	0	0	14	0	0	100

注：满意为 25 分，基本满意为 20 分，不太满意为 15 分。

＊据《2011 年度居委会对城厢镇政府工作综合评估汇总表》整理。

在城厢镇的“双向评估”中，评估对象普遍得到高分，在一定程度上反映出镇政府和基层群众自治组织的工作卓有成效，但是亦可能产生对评估指标和评估方式的一定质疑，既可能存在“互相照顾”或“盲目给分”的隐患，也难以形成必要的激励和惩戒机制。

随着“政社互动”工作的推进，“双向评估”工作亦逐步规范化。2012 年 4 月，中共城厢镇委员会和城厢镇人民政府发出《2012 年度城市社区工作履职履约评估办法》（城委发〔2012〕25 号），① 全文如下：

① 中共太仓市城厢镇委员会、太仓市城厢镇人民政府：《关于印发〈2012 年度城市社区工作履职履约评估办法〉的通知》（城委发〔2012〕25 号）。

为更好地厘清政府行政管理与群众自治组织的权力，充分发挥社会力量来推动和促进和谐社区建设和发展，结合政社互动的要求，特制定2012年度城市社区工作履职履约评估办法。

一、评估内容

根据评估细则要求完成2012年度城市社区依法履职和协助政府管理工作事项。评估采用百分制和工作成绩突出加分两部分组成。

（一）百分制评估

百分制评估内容共分三部分：

1. 社区履职评估；

2. 社区履约评估；

3. 社区勤廉指数测评。

以上三部分评估内容在百分制中的所占比例分别为40%、30%和30%。

（二）工作成绩突出加分

1. 获得荣誉。社区在2012年度获得上级部门和条线表彰予以加分。获得镇党委政府表彰加1分，太仓市级加2分，苏州市级加4分，省级加6分，国家级加8分。市级以上条线表彰减级加分。

2. 宣传报道。社区各项好的做法、活动在媒体上被报道予以加分。在太仓市级媒体上被报道10次以下（含10次）加2分，报道10次以上20次以下（含20次）加3分，20次以上加4分；在苏州市级媒体上被报道一次加1分；在省级媒体上被报道一次加2分；在国家级媒体上被报道一次加3分。如同一件事情在本年内被各级媒体报道，则取高者，不重复统计。

3. 重点工作。根据党委、政府中心工作要求，社区所做的如社区环境整治、老小区改造、拆迁安置配合、慢病防治等工作，根据当年工作量酌情加1~5分。其他各条线另设加分标准的，根据条线下发的通知执行。

4. 特色工作。社区在社区管理、社区服务、社区活动、群众自治组织建设等方面取得良好成效的，并受到上级肯定的特色工作，酌情加1~5分。每新登记注册一个社区公益性社会组织加2分。

二、评估办法

1. 百分制评估办法。社区履职、履约工作由镇各相关部门根据各自的工作事项，年终组织评估打分；若无镇级部门考核的请市相关部门给予打分，镇民政科负责汇总；社区勤廉指数测评，年终根据市纪委文件通知要求，由镇纪委、民政科组织测评。

2. 工作成绩突出加分办法。社区获得荣誉、被报道项目由各社区上报，镇民政科审核；重点工作、特色工作由镇民政科会同相关部门共同确定。

社区工作履职履约评估结果汇总后提交镇党委审定后再通报各社区。

三、评估结果与奖金挂钩

2012年社区工作履职履约评估结果与社区工作人员的奖金挂钩。各社区对社区工作人员应制定出相应的目标管理细则，年终按绩效和分配系数（主任1.3、副主任1.1、工作人员0.9）结算奖金。

本评估办法由镇民政科负责解释。

与城厢镇2011年度已进行的城市社区履职履约情况评估办法相比，这份《评估办法》有两点明显的变化。一是在评估内容上，除原有的百分制评估外，增加了“工作成绩突出加分”的评估内容。“工作成绩”由“获得荣誉”、“宣传报道”、“重点工作”和“特色工作”四部分组成，从具体的加分方法上看，这部分内容侧重鼓励各个社区抓住当年的工作重点，并注重形成自己的工作特色和服务特色，而且要注意宣传自己的工作方法和成绩。这样，各个社区在各具特色的基础上，可以相互学习并相互促进。二是在百分制评估中，除“社区履职评估”和“社区履约评估”外，增加了“社区勤廉指数测评”内容，由城厢镇纪委和镇民政科负责测评。可以预期，勤廉指数测评将有助于进一步规范城市社区自治组织的行为，符合“政社互动”工作的初衷。

七　城厢镇“政社互动”试点中的重要案例

“政社互动”是政府行政管理和基层群众自治相互衔接和互动的新探索，城厢镇作为“政社互动”的先行试点单位，结合本镇的实际情况，将

“政社互动”的精神融入各项政府工作中，并在实践中涌现出了一些重要案例，可介绍三个有代表性的案例。

（一）城厢镇卫生科农村生活垃圾收集工作新思路[①]

在落实“政社互动”工作中，城厢镇政府卫生科选取了农村生活垃圾收集运行管理为突破点，根据“政社互动”的工作要求和工作思路，力求扭转农村环境卫生长效管理不到位的局面。

（1）开展调研，示范引路。卫生科首先在新毛的万丰村开展调研，尝试在《农村环境卫生长效管理协议书》中增加实质性内容。卫生科与万丰村党委、村民委员会一道走访了村垃圾保洁收集员、镇垃圾运转工人、村民等涉及农村生活垃圾定量考核评估的各项指标统计分析工作的人员。通过半年的统计与实践，形成了初步的工作方案，即按照村行政区域范围内生活垃圾收集量，试行定量考核评估，按“每户每天 2.5 公斤 ×365 天 × 村户籍保洁户数”得出的生活垃圾数量，作为考核评估指标，镇政府按每户每天 0.5 元 ×365 天 =182.5 元/户年的标准，提供村级生活垃圾收集工作经费。如果村生活垃圾收集量超出协议数量，每吨按 15 元进行奖励；未完成协议数量收集的，每吨扣工作经费 30 元。

（2）制定政策，履职履约。根据调研结果，卫生科建议镇政府出台了《关于〈城厢镇农村环境卫生长效管理工作意见〉和〈城厢镇农村环境卫生长效管理考核实施细则〉的通知》（城政发〔2011〕3 号），镇政府根据各村及村改社区的河道、农路、农户数的情况，提出了实施全镇各村全覆盖保洁的目标。

为确保镇政府文件精神落实到实处，确保财政投入资金不流于形式并确保“政社互动”的实质性试行，卫生科采取的具体措施：一是签订好一份农村环境卫生长效管理协议书；二是使“协议书”取代了“责任书”，规范了履职履约的执行；三是每季度由镇政府牵头，卫生、农技、农经、水利、建管、城管、财政等部门参与，对协议内容的履职履约情况进行考核评估，

① 本节材料来自城厢镇卫生科《试行“政社互动”管理新模式，提升农村生活垃圾收集运行水平——农村生活垃圾收集工作的思考与实践》（2012 年 1 月）。

考核评估后将资金补贴金额直接支付到各村。

（3）全面铺开，加大投入。根据协议书内容，各村积极响应，群策群力，2011 年上半年，各村新建垃圾中转房 6 个，新建公厕 5 座，改建公厕 10 座，政府新添垃圾桶 1000 只，垃圾收集车 5 辆。各村加大了垃圾收集量，垃圾全覆盖收集，垃圾收集量较上年大幅上升。全镇村庄生活垃圾收运体系的运转，采用村级垃圾日清运制，以保证城厢镇农村环境的卫生整治清理到位，并以垃圾数量月报制和奖励制，调动所有参与垃圾收运工作人员的工作积极性和责任心。

据统计，2011 年第一季度城厢镇共收集了 4367 户农户所产生的生活垃圾，政府向各村及村改社区支付考核金额 179990 元，其中奖励金额 24364 元，确保了财政资金用到了实处，百姓得到了实惠。

在这个案例中，城厢镇卫生科通过收集农村生活垃圾这一实际工作，诠释了“政社互动”工作的实质。首先，以“协议书”取代“责任书”，通过定量考核评估农村生活垃圾收运情况，直接与协议书管理内容挂钩，既改变了原来政府无偿或部分占用村及组织人力、物力、财力的现象，又释放出了村及组织自我管理的潜力。同时，党员干部积极投身于垃圾收集工作，得到群众的普遍赞誉，党群干群关系更加密切。其次，加强对农村集中收集生活垃圾过程的管理，使村庄卫生有了极大改善，优化了农民群众的生存环境，解决了农村村民与外来暂住人员产生的生活垃圾收集全覆盖问题。再次，农民群众在直接参与垃圾集中收集的过程中受到了教育，增强了环境卫生意识，培养了良好的卫生习惯，提高了文明素质。最后，通过“政社互动”工作实践，促使基础设施配套到位，管理经费保障到位，长效管理的监督机制到位，实现了农村生活垃圾收集全覆盖，为今后进一步提升垃圾收集管理的运行质量置留了必要的空间，奠定了可持续发展的基础。

（二）政府购买服务

“政社互动”工作开展以来，城厢镇政府相关部门与村、居民委员会协商，确定工作要求和落实项目经费，签订委托和购买服务协议，明确工作要求、目标任务和经费支付方式。城厢镇政府购买服务的项目十分广泛，除上述购买卫生清洁服务外，还包括由基层群众自治组织协助的调查统计工作、社会事务管理工作、承办政府活动项目、老年人服务补贴以及职业技能培训补贴等。2010 年，城厢镇推进社会化居家养老服务，通过整合社会资源，依托村和社区志愿者，对部分符合政府重点帮扶对象的老年人实行买单服务，2010 年政府共支出该类服务费用近 35 万元；在 2010 年上半年全社会残疾人资料普查和全国第六次人口普查中，镇政府支付相应资金近 50 万元，用于委托购买基层群众自治组织的协助服务。在承接市政府部门布置的“低收入家庭住房调查”等 4 项调查任务中，城厢镇政府不再使用以往“工作摊派”的方式，而是采取直接购买服务的方式，支付经费委托社工人员完成调查任务。镇残联还委托各村、居民委员会对残疾人托养服务需求进行调查，已于 2011 年支付委托调查经费 4 万元。自 2010 年起，城厢镇农技站与各村、社区签订禁止秸秆焚烧协议，2010 年支付相应资金六十多万元，2011 年支付资金近四十多万元。

（三）组织拆迁

随着城乡一体化的快速推进，在农民动迁过程中，城厢镇政府根据“政社互动”工作的要求，将决定权和主动权还给自治组织的群众。从意愿调查、宣传发动到组织实施、评估签约，村民委员会、党员议事组、村民代表共同参与、共同决策，很好地发挥了政府与社会的联动效应。以电站村为例，该村组建了由全体村干部、党员议事小组成员、村民联络员、村民代表等一百多人的城乡一体化工作小组和工作网络，短短 2 个月时间，完成了四百多户农户的动迁，取得了单一行政行为难以达到的效果。

特别值得一提的是金仓湖生态园建设项目，工程涉及 520 多户农民的拆迁和 3100 多个坟墓的搬迁，工作量大，任务艰巨。城厢镇没有简单地下行政命令进行强制拆迁，而是将收集村民意见、消除拆迁户的疑虑等前期工作交给了所在地东林村。东林村采取由下而上的工作方法，先通过村民小组长、村民代表向村民传递建设“城市氧吧”的重要意义，宣传拆迁户农民集中居住公寓房、老年人直接进入城镇居民养老保险的好处，把如何拆迁以及拆迁协议条款等具体事项交给村民代表大会讨论实施，从而妥善处理了建设与拆迁的矛盾。其中有 2 户人家长期不住在村里，同组的二十多位村民就一同进城串门，耐心细致做工作，保证了项目按时签约，工程准时开工。全部搬迁工作耗时不到半年。

八 城厢镇“政社互动”先行试点的特点

“政社互动”是太仓市的首创，并无成功先例可循，只能在推进“政社互动”的最初阶段，以少量单位试点的方式来摸索工作路径。考虑到城厢镇良好的经济基础以及以往基层治理工作的经验等诸多有利条件，太仓市选定城厢镇作为“政社互动”的两个先行试点单位之一，截至撰写本文之际，城厢镇开展“政社互动”工作已满两年，所形成的一些自己的工作特点，可概括于下。

（一）遵守程序，落实保障

被确定为“政社互动”试点单位后，城厢镇依据太仓市发出的文件，制定了《城厢镇“政社互动”工作实施方案》。《实施方案》包括动员部署、签订委托协议、落实责任、履职评估和总结提高五大阶段和二十余项具体的工作步骤，与太仓市拟定的“政社互动”工作步骤基本吻合，并未作出大的调整。在2010年5月至2010年12月的8个月中，城厢镇各部门、各单位依据拟定的工作方案，按部就班地开展“政社互动”的各项工作，总体上讲，顺利地完成了“政社互动”试点工作。

为了确保“政社互动”试点工作的顺利开展，城厢镇在组织、经费和技术等方面提供了相应的保障。首先，成立了推进“政社互动”工作领导小组，设立了“政社互动”工作办公室，专门配备了工作人员，明确了工作职责，为全镇开展试点工作提供了组织上的保障。其次，在经费方面，严格按照协议中提出的支付金额及支付方式按时足额支付相应的经费，将过去的无偿协助转变为有偿服务，保障基层群众自治组织的利益，提高基层群众自治组织工作积极性。再次，在技术支持方面，城厢镇邀请太仓市市委政法委、市民政局、市政府法制办的专家和领导，对政府、基层自治组织和基层群众等相关人员进行“政社互动”的专业知识培训，使其能够深入理解“政社互动”的要旨，并形成对“政社互动”的必要支持。

（二）明确职责，形成互动

“政社互动”的一大亮点就是明确并规范政府和基层群众自治组织各自的职责范围，而变“行政责任书”为“委托协议书”则是这一精神的具体体现。城厢镇作为试点单位，更是将这一工作摆在了重中之重的位置。城厢镇政府拟定《基层群众自治组织协助政府管理协议书》之后，在村（居）民主决策日上，请村、居民代表对该协议书进行审议并通过，最后由各村、居民委员会主任代表自治组织与镇政府进行集中签约。从协议书的内容上看，无论是《城厢镇村民委员会协助政府管理协议书》，还是《城厢镇居民委员会协助政府管理协议书》，均与太仓市拟定的“清单”出入不大，可以说比较好地贯彻执行了太仓市关于“政社互动”的工作精神。

“委托协议书”签订之后，城厢镇各政府部门和群众自治组织的工作思路、工作方式和工作效果都发生了变化。就政府而言，不再动用行政手段干预属于自治范围内的事情，不再随意用行政命令的方式下达指标任务，不再违反法律规定擅自设定超越自治权利义务的规定，这都是政府行为的重大变革。就基层群众自治组织而言，变“被动”为“主动”，并在“主动”的基础上与政府部门形成“互动”，充分尊重民意，以各种形式和渠道了解群众心声，倾听群众意见，顺应群众诉求，解决群众困难，不仅较好地代表和保障了村、居民的利益，亦为自治行为的规范提供了重要的契机。

（三）抓住重点，突出服务

“政社互动”试点工作启动以来，城厢镇结合本镇实际情况，充分调动辖区内各种社会资源，选择以“购买服务，推进合作”作为践行“政社互动”的工作重点和工作特色。具体而言，城厢镇政府相关部门与村、居民委员会协商，签订委托和购买服务协议，明确目标任务、工作要求和经费支付方式；村、居民委员会亦可以借助各种社会力量（较有代表性的是爱心服务站、社区骨干以及各种专业团队等）为村民和居民提供服务。从城厢镇的经验可以看出，借助“政社互动”这个平台，政府既可以从繁重的行政管理工作和琐碎的服务工作中抽出身来，转而将精力放在宏观性的指导和监督上；基层群众自治组织也可以充分发挥自主性，享受自主权，包括群众在内的各种社会力量亦可能有效地参与不同的公共服务。

（四）形成机制，注重创新

城厢镇作为试点单位，在开展“政社互动”工作的两年中，已将部分成功的做法形成固定的工作机制，既保证了以后工作的制度化和规范化，又为其他的兄弟单位提供了参考样板。城厢镇具有代表性的机制应包括以下几项：（1）“一揽子契约服务”机制，政府以签订协助管理协议书的方式，将政府工作委托给基层群众自治组织；（2）购买公共服务机制，政府以经费支付的方式，将提供公共服务的职能转交给群众自治组织、志愿者以及各种社会组织；（3）双向评估机制，政府和基层自治组织进行履约情况互评，并邀请部分群众代表参加；（4）定期沟通机制，通过建立例会制度，让政府部门和自治组织对双方的履约情况进行及时分析，并针对问题及时提出解决方法。

太仓市的“政社互动”工作已经全面铺开，苏州市也已经开始推进“政社互动”的试点工作。作为最早一批实行“政社互动”的单位，城厢镇需要思考未来的工作方向和具体任务。笔者认为，城厢镇至少可以将以下两个方面作为未来的工作重点：一是进一步完备现有工作机制，如在“双向评估”环节，镇政府与居民自治组织之间的相互评估已逐步规范，但镇政府与村民自治组织的双向评估工作仍有待加强。二是不断更新工作重点和工作方法，一方面需要结合本镇实际，整合本镇资源，为村、居民提供更优质的服务；另一方面也要注重在工作思路上不断创新，特别是要思考如何更加有效地调动各方参与的积极性，不断为“政社互动”注入新的活力。

第三章

太仓市双凤镇“政社互动”的先行试点情况*

太仓市双凤镇是实行“政社互动”的两个试点乡镇之一。双凤镇位于太仓市区的西北面，距市区十分钟左右车程，面积62平方公里，约占太仓市总面积的1/10。2010年本地户籍人口33567人，9803户，在太仓市7个镇中人口排名第六，辖9个村民委员会和2个社区居民委员会。[①] 值得注意的是，双凤镇并没有像太仓市其他乡镇那样出现人口倒挂现象，在5.8万的总人口中，外来人口约为2.5万。[②] 双凤镇2010年地区生产总值为20.6亿元，比上年增长22%；完成全口径财政收入2.67亿元，完成地方一般预算收入12371万元（国地税地方一般收入11650万元），分别比上年增长27.59%和30.10%；双凤镇地区生产总值在太仓三区七镇里排名倒数第一，人均值倒数第二。[③] 虽然双凤镇在太仓市各区镇中经济发展水平相对落后，但是其发展速度非常强劲，工业化、现代化的发展速度很快。2008～2011年，全镇地区生产总值年均增长18.98%，全口径财政收入年均增长23.44%，其中地方一般预算收入年均增长27.15%，工业总产值、销售收入年均增幅都超过了31%，利税总额年均增长21.12%，累计完成全社会固定资产投入66.47亿元，年均增长20.26%。[④] 如此快的发展速度，产生了日

---

* 本章由程文侠执笔。

① 《太仓市统计年鉴2010》。

② “江苏人口网”2010年6月12日载文《太仓市双凤镇“两个到位”，确保集宿区流动人口计生服务管理取得实效》。

③ 《太仓市统计年鉴2010》。

④ 《太仓市双凤镇2012年政府工作报告》。

益繁多的新型公共事务，使得对社会管理创新和政府职能转变的要求强烈。既有的政府规模和行政管理方式不能很好地解决双凤镇在快速实现城乡一体化过程中碰到的拆迁、社会治安、环境、社会保障服务等问题，如何转变政府职能，利用社会力量实现“善治”，在双凤镇并不是一个漂亮的口号，而是一个现实的问题。基层群众自治组织以其相对成熟的组织和机制，自然成为政府意图“互动”以实现善治的首选。双凤镇具有较好的基层群众自治基础，自治工作成绩突出，基层群众自治组织具备能力和政府进行“互动”，以更好地解决双凤镇在快速城市化和现代化过程中碰见的各种问题。

一　双凤镇实施“政社互动”的过程和内容

2010 年 4 月 30 日，太仓市“政社互动”试点工作会议召开，双凤镇被选为太仓市开展“政社互动”工作首批两个试点镇之一，启动了“政社互动”改革试点工作。

（一）建立“政社互动”组织机构，保障试点工作顺利推行

2010 年 5 月 5 日，双凤镇正式成立了由镇党委书记为组长的双凤镇推进“政社互动”工作领导小组，领导小组成员见表 3－1。

表 3－1　双凤镇“政社互动”工作领导小组成员表

组内职务	姓　名	党政机关职务
组　长	韩　飚	镇党委书记
副组长	潘红忠	镇党委副书记、镇长
	王莉萍	镇党委副书记（兼办公室主任）
	邬锦良	副镇长（兼办公室副主任）
成　员	周丽清	政府秘书、政府法制员
	吴宪法	综治办专职副主任、依法治镇联络员
	许金根	民政助理
	施建国	派出所教导员
	蔡海良	劳动和社会保障所所长
	王云鹏	司法所副所长

双凤镇还同时明确了各村（社区）“政社互动”负责人与信息员，保证“政社互动”工作在全镇范围内有序开展。

（二）制定“政社互动”先行试点实施方案，做好“政社互动”在双凤镇正式启动的准备工作

2010年5月11日，太仓市人民政府办公室印发了《太仓市“政社互动”试点工作实施方案》。而后，双凤镇人民政府发布《关于印发〈双凤镇“政社互动”工作实施方案〉的通知》。双凤镇印发的实施方案与太仓市的实施方案除了时间有所变动和个别词句有所变动之外，基本上继承了市里的文件全貌，全文如下：

为切实抓好我镇“政社互动”工作，进一步推进基层群众自治组织协助政府工作事项的落实，规范政府行政行为，保障基层民主权利，特制定本实施方案。

一、工作目标

按照党的十七大和《国务院关于加强市县政府依法行政的决定》的要求，全面落实市政府《关于建立政府行政管理与基层群众自治互动衔接机制的意见》，着力推进政府行政管理方式创新。对需要基层自治组织协助政府工作事项实施委托管理，实现政府调控同社会协调互联、政府行政功能与社会自治功能互补、政府管理力量同社会调节力量互动，形成统筹城乡发展的“政社互动”的行政管理新格局，以新的机制提高全镇依法行政工作水平，以新的举措提升基层群众自治能力。

二、工作主要内容

在市政府组织清理并公布《基层群众自治组织协助政府工作事项》和《基层群众自治组织依法履行职责事项》的基础上，对基层群众自治组织协助政府工作事项试行委托管理，通过签订委托管理协议书形式落实工作责任。除法定要求外，不再签订行政责任书。

整个工作分为动员部署阶段、委托协议拟定阶段、签订委托协议阶段、落实责任阶段、履职评估阶段、总结提高阶段6个阶段。

（一）动员部署阶段（2010 年 4 ~ 5 月）

1. 建立工作班子和工作领导小组。根据我镇工作实际，建立以镇推进依法行政建设法治政府工作领导小组办公室、镇民政办、镇综治办等组成的工作班子以及镇党委、政府和有关部门人员组成的工作领导小组，明确工作职责，落实工作人员。

2. 确定工作方案。研究确定开展“政社互动”工作实施方案，明确工作目标和主要工作内容、实施时间等。

3. 进行工作部署。召开全镇“政社互动”工作动员会议，对工作进行动员部署，落实工作任务。

4. 进行骨干培训。组织开展针对镇政府相关部门人员以及村（居）书记、主任等骨干的“政社互动”专业培训工作，帮助基层群众提高自治能力。

（二）委托协议拟定阶段（2010 年 6 月）

1. 确定需要委托给基层群众自治组织管理的具体项目。镇政府与市政府有关部门研究确定需要委托给基层群众自治组织管理的具体项目，并对委托管理项目做到三个明确：明确委托管理项目的目标要求；明确年度履约评估方法；明确政府提供的必要条件、委托管理经费和支付方式。

2. 拟定委托协议书文本。根据镇政府与有关部门协商的情况，实行“一揽子契约”方式，拟定委托管理协议书文本。协议书明确委托事项名称和具体目标要求、年度履约评估方法、政府提供的条件和经费支付方式、违约责任、协议产生争议的解决方式等。

3. 对协议内容进行协商。由镇政府与基层群众自治组织对协议书内容进行专门协商，基层群众自治组织可以通过召开村（居）民代表会议征求意见。召开村（居）主任、各相关部门和各条线分管领导等三个层级专题座谈会商讨协议内容。

（三）签订委托协议阶段（2010 年 7 月上旬）

举行委托协议签订仪式，组织委托管理协议书集中签约，由镇政府主要领导与各村（居）委会主任进行协议签订。

（四）落实责任阶段（2010 年 7 ~ 10 月）

建立政府与基层群众自治组织的双向责任机制，提高双方履职能力，确保协助政府工作事项和依法履行职责事项的落实和完成。各级党组织对政府和基层群众自治组织履职情况进行监督，对双方在履职过程中存在的问题及时提出整改意见，并组织整改。

1. 落实政府责任，提高依法行政能力，保障自治权利，并遵循“费随事转、权随责走”的原则，按照协议书规定的要求，为基层群众自治组织在工作上创造条件，方法上积极指导，经费上予以保障。

2. 落实基层群众自治组织责任，提高承接能力，增强自治功能，确保按照协议要求，完成协助政府工作任务。

（五）履职评估阶段（2010 年 11 ~12 月）

1. 成立多元化评估主体。根据协议确定的履职评估方法，成立以镇党委、政府以及各有关部门人员、村（居）干部、群众代表等组成的多元化评估主体。

2. 评估主体对政府和基层群众自治组织双方履约情况进行全方位评估。评估结果向社会进行公示。

3. 根据评估结果兑现经费和实施奖惩。根据最后评估结果兑现经费和进行违约责任追究。对工作实绩好、群众满意度高、积极协助政府开展的基层群众自治组织，评为先进并给予奖励。

（六）总结提高阶段（2010 年 12 月）

我镇对“政社互动”工作开展情况进行全面回顾，总结成功的经验，分析遇到的困难和存在的问题，提出下一步改进措施和方法。

在发布实施方案前后，双凤镇也做了一些具体准备工作。一是举办专题培训，明确互动双方的职责。通过举办“政社互动”专题培训班，邀请市委政法委、市政府法制办、市民政局等部门的领导前来为政府相关部门负责人以及各村民委员会、社区居民委员会主任进行培训，通过培训，使镇、村两级干部对“政社互动”的内涵有一定的认识，对今后各自的工作职责增加了解，为开展试点工作打下思想理论基础。二是召开“三级”研讨会，拟定委托协议。镇“政社互动”领导小组召开了领导班子研讨会、条线部门研讨会和村级研讨会，对需要委托给基层群众自治组织管理的具体项目进行了梳理和修改，最终完成了委托协议书和履约评估细则的拟定。

（三）集中签订委托管理协议书

2010 年 8 月 13 日，双凤镇政府与辖区内各基层群众自治组织进行了集中签约。值得注意的是，在委托书签订之前，各村、居民委员会利用了在太仓行之有效的“民主决策日”制度，具体做法是协议书拟定后，镇政府把协议书发给各村、居民委员会，由村、居民委员会组织群众进行讨论，在认识基本一致的情况下，由村、居民代表在民主决策日表决通过。此外，双凤镇实际签约日期比镇政府实施方案上规定时间晚了一个多月，比太仓市的方案规定时间晚了三个多月。就具体条款而言，各村、居民委员会与镇里所签订的委托协议书都是统一的（协议书样本见表 3－2）。

表 3－2　双凤镇政府行政事务托管协议书

双凤镇政府行政事务托管协议书

委托方：双凤镇人民政府　（以下简称甲方）
承接方：　　　　　　　　（以下简称乙方）

为了增强社会自治功能，保障基层民主权利，规范政府行政行为，实现政府行政管理与基层群众自治有效衔接和良性互动，经甲乙双方协商，特订立如下协议：

一、委托管理事项：

按照有关法律法规的规定，甲方委托乙方协助管理的事项主要包括：

（一）平安创建：维护社会治安、未成人保护、禁毒防范和社区戒毒、协助查处赌博、暂住人口管理、安全防范和治安管理；养犬管理；消防宣传教育和群众性消防工作。

（二）交管工作：农村公路的建设、养护和管理。

（三）计生工作：计划生育工作和流动人口婚育登记、查验等；建好社区世代服务站，按要求开展工作；协助社会抚养费征收。

（四）民政工作：优抚救济、农村五保供养、最低生活保障和社会救助工作；出具收养证明。

（五）国土资源：基本农田保护和土地调查。

（六）劳动保障：搞好劳动保障服务，事先社会保险及医疗保险基本全覆盖；鼓励农民参加多渠道多形式就业培训活动；加快实施城乡一体化的社会养老保障体系；协助劳动争议调解。

（七）物价工作：价格监督服务。

（八）司法工作：配合做好社区矫正和刑释解教人员安置帮教工作；积极创建民主法治村（社区）。

（九）文广工作：配合卫星地面接收设施管理，确保广播电视线路安全。

（十）卫生工作：公共卫生、传染病预防与控制、艾滋病防治和组织村（居）民受种疫苗；做好疾病预防控制和血地寄防工作；加强食品卫生安全的管理；做好垃圾收集工作。

（十一）教育和体育工作：青少年教育，督促适龄儿童、少年入学；做好群众性体育活动骨干的发展工作及组织、协调和服务工作。

（十二）统计工作：配合做好农业、经济、污染源普查。

续表

（十三）安全工作：协助落实安全生产责任制，组织开展对企业安全生产监督检查，协助职业卫生重点单位监督管理；开展事故隐患排查，定期向镇安委会报告事故隐患存在情况；加强社区及企业应急救援体系建设，配备好应急救援物资，提高突发事故应变处置能力；加强农机安全监督管理，排查社区主要交通要道事故隐患，确保交通安全；气象灾害防御知识宣传和应急演练。

（十四）水利工作：落实防汛、抗旱、防台措施；加强河道长效管理。

（十五）动物防疫工作：动物疫情应急处理。

（十六）征兵工作：兵役登记及政审。

（十七）环保工作：切实做好辖区内环境保护和监督管理工作；做好环境污染信访工作，控制越级信访，群访事件的发生；加强对畜牧养殖污染的治理和管理力度；协助完成河道水质监测。

（十八）其他依法协助管理的事项。

二、双方权利义务：

1. 甲方的权利义务：甲方将部分行政事务委托给乙方管理；甲方须提供给乙方委托管理的经费；甲方对乙方的管理情况实施评估（评估标准见评估细则），评估结果与支付委托管理经费挂钩；甲方须对委托给乙方管理的事务加强指导；法律规定由甲方享有的其他权利义务。

2. 乙方的权利义务：乙方承接甲方委托管理的事项；乙方依照甲方委托要求在本区域开展各类委托事项的管理工作，在管理过程中遇到困难，及时向甲方提出，共同商量找出解决的办法措施；乙方须定期向辖区群众通报工作情况，接受群众监督，收到群众意见及时通报甲方，做好群众工作；乙方根据甲方委托的事项，有计划、有措施、有总结，健全各类管理活动的台账；法律规定由乙方享有的其他权利义务。

三、托管费及支付方式：

1. 甲方所托管事项采用百分制计分，通过双向评估来确认受委托方（乙方）工作完成情况。

2. 托管费：评估分乘以分值，每年分值由签约时予以明确。

3. 分值及百分总值：2010 年托管事项分值　　元，按百分计算为　　万元。

4. 托管费使用：主要用于三个定工干部基础工资和全体村干部的嘉奖，同时作为评先的依据之一。

四、违约责任：

1. 乙方如因自己的原因，导致委托管理事项未达相应的目标要求，甲方有权扣除相应的委托管理经费。

2. 甲方如不按协议规定支付托管经费，乙方有权向甲方催付。

五、其他：

1. 委托期限：从 2010 年 1 月 1 日起到 2010 年 12 月 31 日止。

2. 本协议未尽事宜，由甲乙双方协商解决，所签订的补充协议为本协议的组成部分，具有同等法律效力。

3. 本协议一式四份，甲乙双方各执一份，双方党组织各备一份；本协议经双方法定代表人签字盖章生效。

4. 协议履行中发生争议，首先通过甲乙双方协商解决，如协商不能达成一致，也可以通过相关法律途径解决。

甲方（签字盖章）　　　　　　　乙方（签字盖章）

2010 年　月　日

（四）“政社互动”试点的双向评估

根据试点工作的要求，双凤镇运用了两套体系对“政社互动”履职履约情况进行评估。

第一套体系是对基层群众自治组织依法履行职责情况进行评估（评估表格式样见表 3－3），由人大代表、党员代表、村（居）民代表、镇村（居）两级党组织、镇政府及各职能部门等组成多元评估主体，首先听取村（居）民代表对基层群众自治组织依法履职情况的意见，然后各基层群众自治组织对各自履职情况进行自评，最后镇村（居）两级党组织、镇政府及各职能部门对基层自治组织履职情况进行业务评估。

表 3－3　2010 年度双凤镇“政社互动”基层群众自治组织履职评估表

评估对象：　　　　　　　村（社区）
填表对象（请在相应的序号上打√）：
○各级代表　　○镇、村（居）两极党组织　　○职能部门　　○镇政府

项目	编号	内　　容	测评等次				得分
			满意	较满意	一般	不满意	
履职事项	1	管理集体土地、财产	8	7	6	5	
	2	发展农村经济、维护村（居）民的合法权利和利益	10	9	8	7	
	3	办理本地区的公共事务和公益事业；开展突发事件应急演练，组织群众开展自救和互救；动员和组织适龄公民参加献血	10	9	8	7	
	4	宣传法律、法规和国家政策	8	7	6	5	
	5	发展文化教育，普及科技知识，开展社会主义精神文明建设活动；推动、帮助村农业技术推广服务组织和农民技术人员开展工作；组织开展全民健身活动	10	9	8	7	
	6	调解民间纠纷；做好家庭暴力、遗弃家庭成员调解工作；调解土地承包经营纠纷	14	13	12	11	
履职事项	7	保护和改善生态环境	8	7	6	5	
	8	开展社区服务	12	11	10	9	
	9	组织召开村（居）民会议并向村（居）民会议报告工作；督促村民遵守村民自治章程、村规民约	10	9	8	7	
	10	预防未成年人犯罪，做好妇女、老年人权益保护，残疾人工作；担任未成年人、无民事行为能力或者限制民事行为能力的精神病人的监护人	10	9	8	7	
合　计			100				

2011年1月，双凤镇对2010年度“政社互动”试点中基层群众自治组织依法履职事项评估的综合得分为97.02分（各村、居民委员会的具体得分情况见表3－4）。

表3－4　2010年度双凤镇各村、居民委员会依法履职情况评分结果*

事项编号	满分	庆丰村	黄桥村	凤中村	勤力村	维新村	泥泾村	新湖村	新卫村	新闾村	双凤居委	湖川桥
1	8	7.61	7.41	7.42	7.46	7.88	8	7.61	8	8	7.67	7.77
2	10	9.59	9.29	9.4	9.35	9.85	9.84	9.68	10	9.87	9.83	9.85
3	10	9.55	9.47	9.52	9.19	9.79	9.68	9.6	10	9.82	9.89	9.63
4	8	7.82	7.82	7.42	7.42	7.93	7.53	7.65	8	7.89	8	7.95
5	10	9.77	9.78	9.39	9.24	9.82	9.47	9.6	10	9.84	9.94	9.58
6	14	13.63	13.54	13.45	13.07	13.79	13.68	13.55	14	13.89	13.94	13.85
7	8	7.52	7.22	7.35	7.49	7.85	7.84	7.55	8	7.95	7.67	7.46
8	12	11.8	11.61	11.48	11.51	11.8	11.71	11.74	12	11.84	12	11.9
9	10	9.4	9.53	9.53	9.42	9.87	9.97	9.52	10	9.92	9.94	9.93
10	10	9.79	9.77	9.51	9.38	9.85	9.89	9.56	10	9.87	9.94	9.46
合计	100	96.48	95.44	94.47	93.53	98.43	97.61	96.06	100	98.82	98.83	97.38

*据《2010年度双凤镇政府“政社互动”评估汇总表》提供数据制表，“事项编号”与表3－3的履职项目编号相同。

从表3－4所列11个村、居民委员会的履职得分情况看，总体上得分较高，只有2个村（凤中村、勤力村）得分在95分以下，其他村、居民委员会的得分都在95分以上，并有1个村（新卫村）得到了100分的满分。从基层群众自治组织10类职能的综合得分情况看，得分率（据表3－4提供数据计算）由高到低的排序是：（1）开展社区服务（第8项，综合得分11.76分，得分率98.00%）；（2）调解民间纠纷（第6项，综合得分13.67分，得分率97.64%）；（3）组织召开会议报告工作（第9项，综合得分9.73分，得分率97.30%）、预防犯罪（第10项，综合得分9.73分，得分率97.30%）；（4）宣传法律、法规和国家政策（第4项，综合得分7.77分，得分率97.13%）；（5）发展农村经济（第2项，综合得分9.69分，得分率96.90%）；（6）发展文化教育（第5项，综合得分9.68分，得分率96.80%）；（7）办理本地区公共事务和公益事业（第3项，综合得分9.65分，得分率96.50%）；（8）管理集体土地、财产（第1项，综合得分7.71分，得分率96.38%）；（9）保护和改善生态环境（第7项，综合得分7.63分，得分率95.38%）。

第二套体系是对委托管理事项进行评估（评估表格式样见表3－5和表3－6），具体做法是：（1）成立以甲方党组织、甲方以及下属有关部门工作人员、乙方党组织、乙方以及乙方干部、群众代表等组成的多元评估主体。（2）镇政府（甲方）和村（居）民委员会（乙方）履约情况填表打分，乙方就甲方指导协调工作和经费拨付情况打分。其中，对乙方的评估要求更为具体，首先对甲方托管事项履约情况要求听取群众代表意见，其次协议期满乙方对甲方托管事项履约情况需要进行自评，再次甲方相关部门对乙方履约情况进行业务上的评价。对甲方的评估，则没有具体的要求。

表3－5　2010年度双凤镇“政社互动”行政委托事项评估表

评估对象：　　　　　　　村(社区)

填表对象(请在相应的序号上打“√”)：

○各级代表　　○镇、村(居)两极党组织　　○职能部门　　○镇政府

项目	编号	内　　容	测评等次				得分
			满意	较满意	一般	不满意	
行政委托事项	1	(综合治理)维护社会治安、未成人保护、禁毒防范和社区戒毒、协助查处赌博、暂住人口管理、安全防范和治安管理;养犬管理;消防宣传教育和群众性消防工作	14	13	12	11	
	2	(计划生育)计划生育工作和流动人口婚育登记、查验等;社会抚养费征收	10	9	8	7	
	3	(民政)优抚救济、农村五保供养、最低生活保障和社会救助工作;出具收养证明	10	9	8	7	
	4	(国土资源)农田保护工作	6	5	4	3	
	5	(劳动保障)劳动保障服务;劳动争议调解	10	9	8	7	
	6	(司法)社区矫正工作	7	6	5	4	
	7	(文教卫生)公共卫生、传染病预防与控制、艾滋病防治和组织村(居)民受种疫苗;药品质量监督;青少年教育,督促适龄儿童、少年入学	14	13	12	11	
	8	(安全生产)设立安全生产工作小组,开展安全生产活动,落实安全生产措施;气象灾害防御知识宣传和应急演练	10	9	8	7	
	9	(统计)农业、经济、污染源普查	6	5	4	3	
	10	(人武部)征兵及政审	7	6	5	4	
	11	(水利站)落实抗旱措施	3	2	1		
	12	(动物防疫)动物疫情应急处理	3	2	1		
合计			100				

表 3－6　2010 年度双凤镇政府“政社互动”履约评估表

填表对象(请在相应的序号上打√):○各级代表　　○村(居)干部

<table>
<tr><th rowspan="2">项目</th><th rowspan="2">编号</th><th rowspan="2">内　　容</th><th colspan="4">测评等次</th><th rowspan="2">得分</th></tr>
<tr><th>满意</th><th>较满意</th><th>一般</th><th>不满意</th></tr>
<tr><td rowspan="13">行政委托事项</td><td>1</td><td>(综合治理)指导协调维护社会治安、未成人保护、禁毒防范和社区戒毒、查处赌博、暂住人口管理、安全防范和治安管理;养犬管理;消防宣传教育和群众性消防工作</td><td>10</td><td>9</td><td>8</td><td>7</td><td></td></tr>
<tr><td>2</td><td>(计划生育)指导协调计划生育工作和流动人口婚育登记、查验等;社会抚养费征收</td><td>9</td><td>8</td><td>7</td><td>6</td><td></td></tr>
<tr><td>3</td><td>(民政)指导协调优抚救济、农村五保供养、最低生活保障和社会救助工作;出具收养证明</td><td>9</td><td>8</td><td>7</td><td>6</td><td></td></tr>
<tr><td>4</td><td>(国土资源)指导协调农田保护工作</td><td>4</td><td>3</td><td>2</td><td>1</td><td></td></tr>
<tr><td>5</td><td>(劳动保障)指导协调劳动保障服务;劳动争议调解</td><td>8</td><td>7</td><td>6</td><td>5</td><td></td></tr>
<tr><td>6</td><td>(司法)指导协调社区矫正工作</td><td>6</td><td>5</td><td>4</td><td>3</td><td></td></tr>
<tr><td>7</td><td>(文教卫生)指导协调公共卫生、传染病预防与控制、艾滋病防治和组织村(居)民受种疫苗;药品质量监督;青少年教育,督促适龄儿童、少年入学</td><td>10</td><td>9</td><td>8</td><td>7</td><td></td></tr>
<tr><td>8</td><td>(安全生产)指导协调安全生产活动,落实安全生产措施;气象灾害防御知识宣传和应急演练</td><td>8</td><td>7</td><td>6</td><td>5</td><td></td></tr>
<tr><td>9</td><td>(统计)指导协调农业、经济、污染源普查</td><td>4</td><td>3</td><td>2</td><td>1</td><td></td></tr>
<tr><td>10</td><td>(人武部)指导协调征兵及政审</td><td>6</td><td>5</td><td>4</td><td>3</td><td></td></tr>
<tr><td>11</td><td>(水利站)指导协调落实抗旱措施</td><td>3</td><td>2</td><td>1</td><td></td><td></td></tr>
<tr><td>12</td><td>(动物防疫)指导协调动物疫情应急处理</td><td>3</td><td>2</td><td>1</td><td></td><td></td></tr>
<tr><td>13</td><td>(镇政府)托管经费的支付情况</td><td>20</td><td>19</td><td>18</td><td>17</td><td></td></tr>
<tr><td colspan="2">合计</td><td></td><td>100</td><td></td><td></td><td></td><td></td></tr>
</table>

2011 年 1 月，双凤镇对 2010 年度“政社互动”试点中基层群众自治组织完成行政委托事项评估的综合得分为 96. 67 分（各村、居民委员会的具体得分情况见表 3－7）。

表 3－7　2010 年度双凤镇各村、居民委员会完成行政委托事项情况评分结果*

事项编号	满分	庆丰村	黄桥村	凤中村	勤力村	维新村	泥泾村	新湖村	新卫村	新闯村	双凤居委	湖川桥
1	14	13.6	13.63	13.49	13.36	13.7	13.95	13.66	14	13.89	13.94	13.45
2	10	9.66	9.82	9.57	9.62	9.85	10	9.75	10	9.92	10	9.78
3	10	9.82	9.65	9.52	9.49	9.83	9.92	9.75	10	9.95	10	9.7
4	6	5.51	5.43	5.33	5.43	5.85	5.66	5.52	6	5.81	5.77	5.5
5	10	9.9	9.77	9.48	9.36	9.93	9.58	9.66	10	9.95	9.88	9.82
6	7	6.67	6.59	6.47	6.62	6.88	6.66	6.72	7	6.97	6.94	6.82
7	14	13.6	13.66	13.36	13.43	13.8	13.71	13.64	14	13.92	13.77	13.22
8	10	9.49	9.86	9.42	9.42	9.9	9.87	9.67	10	9.97	9.72	9.37
9	6	5.55	5.81	5.46	5.27	5.91	5.84	5.66	6	5.95	5.77	5.85
10	7	6.89	6.95	6.58	6.67	6.96	6.92	6.79	7	4	6.94	6.9
11	3	2.6	2.92	2.46	2.6	2.93	2.87	2.66	3	2.97	2.94	2.65
12	3	2.6	2.94	2.43	2.61	2.91	2.89	2.69	3	2.92	2.88	2.6
合计	100	95.89	97.03	93.57	93.88	98.45	97.87	96.17	100	96.22	98.55	95.66

*据《2010 年度双凤镇政府"政社互动"评估汇总表》提供数据制表，"事项编号"与表 3－5 的行政委托项目编号相同。

从表 3－7 所列 11 个村、居民委员会完成委托行政事项的得分情况看，亦有 2 个村（凤中村、勤力村）得分在 95 分以下，其他村、居民委员会的得分都在 95 分以上，并有 1 个村（新卫村）得到了 100 分的满分。从行政委托的 12 类事项的综合得分情况看，得分率（据表 3－7 提供数据计算）由高到低的排序是：（1）计划生育（第 2 项，综合得分 9.82 分，得分率 98.20%）；（2）综合治理（第 1 项，综合得分 13.7 分，得分率 97.86%）；（3）民政（第 3 项，综合得分 9.78 分，得分率 97.80%）；（4）劳动保障（第 5 项，综合得分 9.76 分，得分率 97.60%）；（5）文教卫生（第 7 项，综合得分 13.65 分，得分率 97.50%）；（6）安全生产（第 8 项，综合得分 9.7 分，得分率 97.00%）；（7）司法（第 6 项，综合得分 6.76 分，得分率 96.57%）；（8）统计（第 9 项，综合得分 5.73 分，得分率 95.50%）；（9）人武部（第 10 项，综合得分 6.6 分，得分率 94.29%）；（10）国土资源（第 4 项，综合得分 5.62 分，得分率 93.67%）；（11）水利站（第 11 项，综合得分 2.78 分，得分率 92.67%）；（12）动物防疫（第 12 项，综合得分 2.77 分，得分率 92.33%）。

二　双凤镇“政社互动”试点中的特色做法

在“政社互动”试点中，双凤镇尝试了两种新做法，一是设立“政社互动”联络员，二是建立“四日制度”。①

为更好地了解和反映民意，双凤镇在各村、居民委员会聘请了380多名“政社互动”联络员，主要是村民代表、居民代表或社区中的老党员、老同志，作为镇政府与基层群众之间交流互动的桥梁，并专门建立了“政社互动”活动室。

为巩固村民自治和居民自治成果，搭建“政社互动”沟通平台，畅通群众利益诉求渠道，提升村、居民委员会规范化管理水平，协调、维护、落实事关群众切身利益的各项事务，双凤镇党委、政府还于2010年12月31日发布了实施“四日制度”的指导意见，要求建立四种制度：

（一）信息反馈日制度

村（居）党组织以党员中心户为平台，村（居）委会以村民小组、居民小组为单位，聘请“政社互动”活动联络员，广泛联系群众，每月定期进组入户，进行走访，收集群众提出的各项要求、建议、意见等情况。各村（居）委会将当月辖区内收集的情况及依法履行职责的情况进行疏理，以每月一表的形式通过书面、电话、网络等多种手段将涉及行政部门需要解释、答复的事项等信息及时反馈给镇政府“政社互动”工作办公室。原则上每月底最后一天为信息反馈日。

（二）情况通报日制度

对基层反馈给镇政府的有关情况，镇政府应形成书面材料适时进行通报。充分利用每年的“1月10日”和“7月10日”民主决策日活动，由镇政府有关领导或部门将政府政务及基层上报信息的阅处、办理情况直接向基层通报。也可采取委托村（居）委会将有关情况进行通

① 《双凤镇2011年政社互动工作总结》。

报。原则上一季度一通报。

（三）政务公开日制度

镇政府及村（居）委会要充分利用各类公开阵地，及时将政务进行公开。镇政府对于政府筹划或正准备进行的各项工作，如城镇建设、道路规划、医疗保健措施、事务处理等分类进行公开，并对各项工作内容及进程予以公开。村（居）委会对维护社会治安、优抚救济、劳动保障、食品安全等协助政府的27个工作事项开展情况予以公开。以政务公开栏为主，以电子屏、印发材料、网上公开等形式为辅，自觉接受群众查询、监督。

（四）信访接待日制度

政府借助信访接待日和政社互动办公平台，由镇三套班子领导和政社互动领导小组成员进行轮值，落实接访责任制。村（居）委会建立健全村民接待日制度，由两委会成员和市、镇两级人大代表进行轮值，落实责任，做好记录，及时回复。

2011年1月8日，“政社互动”四日制度的启动仪式在双凤镇凤中村举行。在启动仪式上，为“政社互动”联络员颁发了聘书。聘请联络员和建立“四日”制度，意欲畅通群众利益诉求渠道，维护和实现群众的参与权、监督权，提升群众自治组织自治能力和水平，实现以“四个民主”为核心内容的基层民主。联络员和“四日”制度既是对“政社互动”试点工作的补充和完善，也为政府与基层群众自治组织的良性互动提供了重要的制度保障。

三　双凤镇“政社互动”试点中的几个案例

在调研中，我们发现“政社互动”试点对于推进双凤镇政府工作，对于政府与基层群众自治组织互动渠道以及自治组织与村、居民互动渠道的进一步畅通，对于依法行政的落实，对于基层自治的加强，意义是重大的。下面提供中国社会科学院课题组在双凤镇调研访谈时反映的两个具体案例。

（一）双凤社区内断树挡道的处理

（2012年5月双凤社区座谈会）“政社互动”联络员：去年，有一次暴风雨后，把我们小区的一棵树给刮倒了。这棵树是种在小区内主干道上的，倒下之后挡住了路，给大家的出行带来很大的不便。发现这个问题后，我立即打电话给我们居委会主任，向她报告这个情况。她把这个情况告诉了镇里，镇里很快请了有关部门来处理了这个事情。

问：“政社互动”之前，这里应该也有碰见类似的事情发生，是怎么处理的呢？

“政社互动”联络员：这个通常是倒了之后好几天，有忍（受）不了（不便）的人自己跑到居委会去报告，居委会高兴了再给镇里反映情况，镇里高兴了再向市里反映，然后再派人下来处理。

居委会主任：现在的情况是我们与上级政府的关系调整了，以前上级政府时不时的要求做这个做那个，我们都无法拒绝，现在有两份清单在，政府自己也会收敛，即使出现那种没在清单上的事，我们也有权拒绝。所以，有更大的精力处理社区内群众的事了。另一方面，实行“政社互动”后有双向评估在，居民、居民代表都可以对我们打分，我们也可以对镇里打分。对这种群众反映的事，处理不及时的话肯定是有所顾忌的。

问：处理这件事是镇里自己找人来的，还是通过市级机关来处理的呢？

居委会主任：是由镇里相关部门到现场进行了妥善处理。

（二）新闾村“垃圾猪”养殖场的处理

（2012年5月双凤镇座谈会）新闾代表发言：垃圾猪问题是本村的一个老大难问题，垃圾猪的养殖以及养殖场所带来的环境污染、违法用地和违章建筑等问题，严重侵害了本村广大居民的权益。新闾村的人居环境在双凤镇辖区是最差的，猪粪堵塞河道，不但影响到排涝打水，而且破坏水质，影响到鱼塘养殖和农作物灌溉。我们村的许多群众已经多次向太仓和苏州等有关领导反映垃圾猪带来的问题，但是并没有得到有效的解决。实施“政社互动”后，村班子通过“政社互动”联络员动员广大村民群众，一方面向垃圾猪养殖场施加压力，另一方面向市里有关各部门集体反映意见。在市里有关领导的重视下，开展了专项整治活动，得到了村民积极有效的配合，圆满完成了任务。

政府与社会互动的一个中心问题就是回应性，否则就不是互动，而只是接触。基层工作往往是“上面千条线，底下一根针”，基层群众自治组织有时在确定事情的轻重缓急时确实有点不知如何下手。对于基层群众自治组织工作人员而言，经常要权衡政府的意愿和群众的要求。他们往往是在这两种力量的作用下做无重心的左右摇摆，而不是聚焦于一个中心，合力解决问题。从双凤镇的两个案例可以看出，双凤镇实施的是政府与社会的互动，而不是接触，因为它有回应性。政府在努力做到回应基层群众自治组织、回应群众的诉求。回应就势必涉及及时性和有效性的问题。就双凤社区而言，像断树挡道这种事情，如果没有实施“政社互动”当然也会被处理，只不过会拖更长的时间，造成周边居民更多的不便，引起人们更多的不满。它之所以能够很快被处理掉，可能有两点原因：(1)“政社互动”联络员的积极作用。联络员虽然不是专职的，但是他们对社区环境熟悉，他们对自己周边生活环境的便捷和优美有着切身的利害关系，对其中发生的变化很敏感。一旦发现了问题，他们会很自然地反映到他们被告知可以解决问题的地方。(2)“政社互动”评估的威慑作用。尽管“政社互动”评估方法在有些方面存在不足，然而就其存在一种自下而上的评估本身而言，就能够使相关职能部门产生一种对自己不作为的负面后果的预估；通过这种预估，重新调整自己的行为来回应要求发出方的需求。

如果说双凤社区的案例鲜明地体现了实施“政社互动”后回应的及时性的话，那么新闸村处理“垃圾猪”问题则是回应的有效性。新闸村能够在实施“政社互动”后解决“垃圾猪”问题，显然不是时间上的巧合。“垃圾猪”这个问题是老问题，是“政社互动”使得这个老问题有了新的解决方法。通过“政社互动”联络员及其联系左邻右舍的普通村民，产生了一种凝聚力。这种力量一方面指向污染源，向其施加舆论压力；另一方面指向执法机构，使得处理“垃圾猪”污染问题排上了他们的工作日程。在这里，我们看到的是“政社互动”增强了基层的自治活力，创造了政府回应有效性的重要条件。

四　双凤镇“政社互动”试点的基本评估

双凤镇的“政社互动”是在城乡一体化的大背景中推进的。2003 年，国家的土地政策调整。2004 年，双凤镇实施了大规模的村村合并，村民委员会数量从之前的 23 个减少到合并后的 10 个，并于 2006 年减少到 9 个。城乡一体化当然不只是区划的合并，更重要的是资源的整合。在农村，最主要的资源是土地。镇政府为了加快经济增长方式的转变和产业结构的调整，迫切需要整合各村的土地资源，实施“三个集中”。作为交换，政府必须要在所提供的公共服务的内容和方式上有所改进。然而，政府并没有那么多的时间和精力来直接面对个体的农民，只能通过基层群众自治组织来完成这一工作。可是，既有的基层自治组织架构很大程度上是源于落后地区的经验，它并不能直接运用到承担发展型和服务型的任务的先进发达地区，客观上需要某种机制上的创新。从双凤镇“政社互动”试点工作效果来看，它的作用是很明显的。2008 年，双凤镇全年完成评估拆迁 112 户，实际拆迁 63 户。2011 年全年完成评估 1292 户，实际拆迁 628 户。虽然说拆迁进度如此大差异可能跟工作阶段不同有关，但是从我们的实地调查和文献研究来看，① “政社互动”居功不小。拆迁安置、整合资源只是问题的一个方面，如何让村、居民适应新的生活环境、安居乐业是个看起来不明显却是更为重要的问题。在双凤镇“政社互动”中所出现的公共服务提供机制的一些新现象，是值得进一步研究的问题。

双凤镇实施“政社互动”以来，取得了不小的成绩，但是毕竟时间比较短，还存在一些不足之处。在 2012 年 2 月 27 日中国社会科学院政治学研究所调研组与双凤镇的镇领导座谈时，镇领导认为“政社互动”试点主要

① “民主与法制网”2011 年 9 月 21 日载文《“政社互动”的太仓模式》。

存在以下问题：（1）干部和群众对“政社互动”的认识还不到位，了解不透，还没有上升到行政改革的“第二次革命”的高度；（2）行政管理委托书与责任书如何衔接，还是有待解决的问题，因为责任书涵盖的面更广，不可能用“一揽子协议”全部替代；（3）行政管理委托书与村、居民委员会干部的利益相关性不强，可能影响他们的工作积极性，但如何建立利益关系，还没有找到有效的办法；（4）“政社互动”很难为基层群众自治组织的工作“减负”，因为各种台账并没有减少，委托书以外的工作还是不能不做。

调研组在调查过程中也发现了双凤镇“政社互动”的几点不足。

一是委托协议书弹性条款指向不明。在镇与村、居民委员会签订的委托协议书中都有一条“其他依法协助管理事项”，这就给未来镇政府向村、居民委员会增加工作任务埋下了伏笔。太仓市政府下发的基层自治组织协助政府工作事项表里可没有这一条。考虑到签订的委托协议书是一揽子条款，村、居民委员会所得经费根据一揽子评估结果确定，那么即使镇政府运用这一弹性条款，增加向村、居民委员会委托协助的事项，不会相应的增加成本，镇政府就有足够的理由为了方便自身的工作推进而运用这一条款。虽然这一弹性条款有个“依法”的限制，但是这个“依法”我们并不清楚是谁确定的。如果我们考虑到“政社互动”经费是从镇政府下拨给村、居民委员会的，评估很大程度上又是镇政府掌控的，那么，事实上村、居民委员会与镇政府争论协议书条款上没有载明的新增工作事项是否“依法”的可能性微乎其微。

二是评估工作还不够认真。在双向评估中，百分制的得分普遍超过96分。这是评估指标本身有问题呢？还是“政社互动”做得很好，很少有改进的空间呢？或者是评估过程中一团和气、敷衍了事呢？并且评估主体模糊，评估程序不规范，确实容易引起人们对评估结果的质疑。

三是普通民众参与意愿不是很高，基层群众自治组织工作人员对“政社互动”理解不到位。虽然说“政社互动”目标是促进基层群众自治组织的功能发挥和转变行政管理方式，但是我们从双凤镇的访谈和问卷得出的结论表明，这个目标在目前这个阶段实现的并不是很好。当然，“政社互动”推行的时间不长，普通居民和相关工作人员有所保留和怀疑都是正常的。我们谈论的不足也不是指这一事实，而是一种意愿和兴趣，即基层相关工作人员是否有改进和完善“政社互动”的意愿，普通民众是否有参与“政社互动”的兴趣。这个问题如果不得到足够重视的话，会对“政社互动”的长远发展造成消极影响。

这次对双凤镇的调研虽然增加了我们对“政社互动”的认识，但是由于我们能力的有限和时间的不足，也发现了一些想要了解但是没有了解的问题，以及一些需要进一步深入研究的问题。

一是“政社互动”经费情况。我们并没有了解到双凤镇政府为“政社互动”直接投入了多少经费，村、居民委员会拿到镇政府的钱到底是如何分配的。

二是人大制度在“政社互动”中所起的作用。除了委托协议书规定要发挥人大代表在双向评估中的作用外，我们并没有看到双凤镇的“政社互动”与人大制度有其他的关系。人大在“政社互动”中的角色，应该是一个值得进一步研究的问题。

三是市级职能部门和镇政府的关系。镇政府并不是一级具有完整权力的政府，公共服务和行政执法职能并不完备，在上文所提供的案例中已有所体现。“政社互动”意欲构造新型的政府与社会关系，势必带来政府之间关系的改变；不同层级政府的协作和“互动”，可能是“政社互动”下一阶段需要重点关注的问题。

第四章

太仓市沙溪镇“政社互动”推进情况*

2011 年 4 月 9 日，太仓市召开全面推进“政社互动”工作动员会，市委、市政府出台了两份指导性文件，[①] 沙溪镇的“政社互动”工作随之启动，可根据相关材料及实地调查了解的情况，说明沙溪镇一年多来推进“政社互动”工作的基本情况。

一　沙溪镇的基本情况

沙溪镇位于太仓市中部，全镇总面积 132.41 平方公里，建成区面积 4.2 平方公里，下辖 20 个村民委员会、8 个社区居民委员会。全镇本地户籍人口 86000 人，常住人口 13 万人。沙溪镇是“全国环境优美乡镇”、“省级园林小城镇”、“中国民间艺术（舞蹈）之乡”、“国家卫生镇”，是全省 20 个行政管理体制改革试点镇之一。2008 年以来，沙溪镇在经济和社会发展取得了显著成绩。[②]

---

* 本章由涂锋、李国强执笔。

① 这两份文件分别是中共太仓市委、太仓市人民政府：《关于全面推进“政社互动”实践的实施意见》（太委发〔2011〕28 号）；市委办公室、市政府办公室：《关于印发〈太仓市“政社互动”推进工作实施方案〉的通知》（太仓办〔2011〕25 号）。

② 本章所述沙溪镇经济发展、城乡发展和民生建设方面的数据，均引自龚文彬《沙溪镇政府工作报告》（2012 年 4 月 6 日）。

（一）经济发展

2011 年沙溪镇地区生产总值 104.88 亿元，年均增长 17.4%（2008 ~ 2011 年，下同）；完成地方一般预算收入 4.19 亿元，年均增长 24%；工业总产值达到 295 亿元，年均增长 19.7%；2008 ~ 2011 年完成全社会固定资产投资 92.06 亿元；2011 年农民人均纯收入达到 18870 元，年均增长 13.4%。2008 ~ 2011 年，累计开工开业项目近百个，总投资额达到六十多亿元。

在招商引资方面，2008 ~ 2011 年累计新增注册外资 7.15 亿美元，实际利用外资 2.44 亿美元。新增注册内资 17.48 亿元，新增民营企业 528 家，净增注册资本 21 亿元。

在工业园区建设方面，2011 年沙溪镇工业载体总面积达 13 平方公里，形成了以“台资科技创新产业园”、“生物医药产业园”、“新材料产业园”为特色的三大工业园区。

2008 年以来，沙溪镇的产业布局进一步优化，自主创新能力不断提高，经济发展方式加快转变。2011 年全镇生物医药、新型高分子材料、精密电子等新兴产业产值占经济总量比重提升到 48.3%；全镇新增省级高新技术企业 8 家，省级高新技术产品 31 只，高新技术产业产值占比提高到 25% 以上，组织申请专利两千多件；2011 年实现服务业增加值 40.7 亿元，年均递增 23.2%。以现代物流、服务外包、古镇旅游、房产开发等为重点，累计服务业固定资产投资 25.1 亿元，建立和完善了与城镇发展相适应的商贸服务体系。在旅游发展方面，沙溪古镇已成为太仓接轨上海的重要集散地，年接待游客近 20 万人次，荣获苏州十大魅力旅游乡镇称号。

（二）城乡发展

2008 ~ 2011 年，沙溪镇在统筹城乡发展、实现城乡经济社会一体化发展方面取得了重要成绩。一是现代农业得到优化提升。沙溪镇按照现代农业园区化、农场化、合作化发展方向，不断推进高效农业和高标准农田建设，2011 年全镇高效农业占比达 68.7%，形成了一批以塘桥绿色蔬菜为主的现代农业设施栽培示范基地和以绿阳蔬果专业合作社增资扩股为方向的合作农场基地，8 个村级示范基地、21 个合作农场在发展中得到提升，实现了基地品牌化、农场特色化。农村新型合作经济组织的规范化建设不断加强，累计组建五大合作经济组织 129 个。二是大力推进农民集中居住。沙溪镇在城乡一体化改革发展的政策框架内，规划农民集中居住点 13 个，开工建造 19.1 万平方米公寓房，全镇累计新增集中居住农户 4090 户，农民集中居住率达到 25%；新农村建设示范村 18 个，占比达到 90%；落实并实施农村重点建设项目 162 个，总投资达 33770 万元。村级集体经济不断壮大，村级可支配收入总额从 2007 年的 3008 万元增长到 2011 年的 9715 万元，年均增长 34%。

（三）民生建设和社会发展

2008～2011 年，沙溪镇在民生建设和社会发展也取得了巨大发展。一是社会保障体系不断完善。2008 年以来，就业和再就业工作有所加强，共举办劳动力市场 247 期，累计提供就业岗位 11.3 万个，建立了农村劳动力就业培训基地，社会保险参保率提升到 99.4%。扶贫帮困工作力度不断加大，共发放扶贫、救助等款项 2287.86 万元。二是社会事业迅速发展。公共财政对社会事业的投入力度不断加大，镇文化中心建设和村级文化阵地通过达标验收，实施了各管理区便民服务中心项目建设。岳王、直塘、归庄等社区的卫生服务分中心整体改造全面完工，总投资 1.5 亿元的沙溪人民医院开始启动；投资 1 亿元高标准建设的沙溪第一中学正式启用，校舍安全工程有序推进。沙溪镇社会福利中心被江苏省民政厅评为“江苏省示范性养老机构”和“省文明敬老院”。计划生育综合服务能力不断提高，完成了凡山村、涂松村等 13 个村级世代服务站建设。体育事业取得新发展，28 个村、居民委员会的“体育健身俱乐部”全部达标。

二　沙溪镇“政社互动”的组织机构

为推进“政社互动”工作，沙溪镇成立了专门的组织机构。2011 年 4 月 26 日，中共沙溪镇委员会和沙溪镇政府联合发文，成立镇推进“政社互动”工作领导小组。[①] 工作领导小组由镇党委书记楼晓舟任组长，副组长包括1名镇党委副书记、1名镇党委委员和一名副镇长（领导小组的具体成员名单见表4-1）。领导小组还包括22名小组成员，分别来自镇里的财政、民政、综治、文卫、环保等系统。由此可见，“政社互动”的实践覆盖了全镇的几乎所有部门，并由此进入到政府工作的方方面面。领导小组办公室设在镇民政办，由工作领导小组的1名副组长（即副镇长）任办公室主任，镇民政助理任办公室副主任。

表4-1　沙溪镇推进“政社互动”工作领导小组成员表

组内职务	姓　名	党政机关职务
组　长	楼晓舟	镇党委书记
副组长	吴建国	镇党委副书记、副镇长
	沈玉峰	镇党委委员
	黄海松	副镇长（兼办公室主任）
成　员	李泉龙	镇财政分局局长
	冯建良	镇民政助理（兼办公室副主任）
	熊晓东	镇政府秘书（兼办公室成员）
	周志刚	镇综治助理（兼办公室成员）
	季春芳	镇文卫助理
	汪燕清	镇环保助理
	周　鹰	镇文化站站长
	奚健红	镇经发中心常务副主任
	汤　磊	镇统计站站长
	马国康	镇农技站站长
	张国华	镇劳动和社会保障所所长
	马建康	镇建管所所长
	顾琴芳	镇计生助理
	戴兴元	沙溪水利站站长
	郭平原	沙溪派出所所长
	吴　强	岳王派出所所长
	浦剑宏	沙溪工商分局局长
	沈福根	沙溪国土资源分局局长
	陆振华	沙溪国税分局局长
	李永生	沙溪地税分局局长
	刘　军	沙溪中心交管所所长
	徐　健	城管沙溪执法中队队长

① 中共沙溪镇委员会、沙溪镇人民政府：《关于成立沙溪镇推进“政社互动”工作领导小组的通知》（沙委发〔2011〕17号）。

三　沙溪镇的“政社互动”实施方案

工作领导小组和组织机构建立之后，沙溪镇随即为“政社互动”出台了专门的工作实施方案。[①] 该方案为沙溪镇的“政社互动”工作提出了工作目标和主要的工作内容。

在工作目标上，沙溪镇提出要按照国务院和太仓市的相关要求，“对需要基层自治组织协助政府工作事项实施委托管理，实现政府调控同社会协调互联、政府行政功能与社会自治功能互补、政府管理力量同社会调节力量互动”。因此，“政社互动”的目标也被定位于“提高全镇依法行政工作水平”、“提升基层群众自治水平”和形成“行政管理新格局”三个方面。

在工作内容方面，沙溪镇将“政社互动”工作分为五个阶段，即动员部署阶段、签订协助管理协议阶段、履行协议阶段、履职评估阶段和总结提供阶段。

第一，动员部署阶段。该阶段从2011年4月中旬至5月中旬，主要的工作内容包括四点：(1) 建立工作班子和工作领导小组。(2) 确定工作实施方案。(3) 召开全镇动员会议，进行工作部署。(4) 对相关部门和村、居干部进行骨干专业培训。

第二，签订协助管理协议阶段。该阶段在5月中下旬进行，主要的工作内容包括四点：(1) 确定基层群众自治组织协助管理的具体项目。这方面重点是做到“三个明确”，即明确协助管理项目的目标要求、评估方法和经费支持。只有这三个方面都落实明确，才能实现协助管理项目的可操作性。(2) 拟定协助协议书文本。协议书实行“一揽子契约”的方式，要求列明委托事项名称、具体目标要求、年度履约的评估方法、政府提供的条件和经费支付方式、违约责任以及协议产生争议的解决方式。从内容来看，该委托书基本采取了民事契约的原则，也比较全面地顾及了签约各方的责、权、利

① 中共沙溪镇委员会、沙溪镇人民政府《关于印发〈沙溪镇“政社互动”工作实施方案〉的通知》(沙委发〔2011〕24号)。

匹配。(3)对协议内容进行协商。主要是召开村、居民代表会议，对协议书内容进行意见征求和表决通过。通过这个环节，才能确保群众对委托事项的民主参与，进而确保委托协议书具备必要的民意支持与合法性。(4)协议书签约。协议书由镇政府主要领导和各村、居民委员会主任分别代表协议双方签订，这样将充分体现基层政府和基层群众自治组织的新型互动关系，也达成建立“行政管理新格局”的目标。

第三，履行协议阶段。该阶段从5月至11月，主要是通过协议的执行，确保各个协议事项的落实和完成。主要的工作内容包括两点，分别是对政府和自治组织提出相关的要求。(1)对于政府，要求其落实职责，遵循“费随事转、权随责走”的原则，尤其是确保经费的落实。(2)对于基层群众自治组织，则要求其履行法定职责，提高承接能力，全面完成协议事项。需要强调的一点是，方案还提出，在履行协议阶段中，各级党组织对政府和基层群众自治组织双方负有监督、提出意见和组织整改的职责。

第四，履职评估阶段。该阶段从12月上旬开始，至下旬结束，主要的工作内容包括三点：(1)成立评估主体，并且强调评估小组成员构成的多元化。在双向评估中，政府一方的评估小组由镇党委、镇政府和相关部门成员构成，基层群众自治组织一方的评估小组则由村、居干部和群众代表构成。两方分别评估对方的履约情况。(2)评估内容是全方位的，并且向社会进行公布，这就确保了双向评估的公开性，特别是有利于群众的民主监督。(3)根据评估结果兑现经费和实施奖惩，将评估和激励机制联系起来，使得评估结果真正发挥作用。

第五，总结提高阶段。该阶段从12月下旬开始，主要是进行经验总结，同时分析工作中的困难和问题，并且提出改进的措施和方法。

四　沙溪镇“政社互动”的运行过程

随着实施方案的出台，沙溪镇的“政社互动”工作进入实际运行过程。我们主要从“政社互动”的启动、协议书内容、执行和评估几个方面对运行过程加以分析。

（一）“政社互动”的启动

在建立工作机构和确定实施方案之后，要真正启动“政社互动”工作，主要面临两项具体任务。

其一是确定协议书的事项。为此，沙溪镇“政社互动”工作领导小组在成立之后，就通过召开“三级”研讨会的形式，对需要委托给基层群众自治组织管理的事项加以确定。“三级”研讨会包括领导班子研讨会、条线部门研讨会和基层群众自治组织研讨会。实际上，这三方也是委托事项所牵涉到的利益相关方。

其二是签订协议书。沙溪镇于2011年5月21日召开全镇签约大会，镇政府同下辖的20个村民委员会和8个居民委员会签订了委托协议。[①] 这标志着沙溪镇“政社互动”活动的正式启动。这一协议书的签订，也标志着沙溪镇政府和各个村民、居民自治组织之间的关系进入一个新的阶段。按照沙溪镇领导的说法，政社互动实践的“最大亮点是改变了行政化管理方式，政府和自治组织之间恢复到了指导关系”。[②] 因此，在签订协议书之后，在政府向基层群众自治组织委托行政事务方面形成了切实有效的规则约束。政府行政行为得到规范，基层群众自治组织的能力得到提升，这也正是“政社互动”的本意。

（二）协议书的内容

沙溪镇“政社互动”的协议书按照村民委员会和居民委员会分成两类。从形式上看，(1) 协议书都统称为“沙溪镇基层群众自治组织协助政府管理协议书”，其中协议书的甲方为沙溪镇人民政府，乙方则为某村民委员会或某居民委员会。(2) 协议书中一般都约定协助政府管理事项若干项、甲方权利义务、乙方权利义务、经费支付方式以及其他等方面的内容。(3) 协议书有签订双方的盖章和代表人的签字，形成正式的文件。

就具体内容而言，我们分村、居民委员会分别举例介绍，首先是村民委

---

① 参见沙溪镇人民政府《政社互动年度工作总结》（2011年11月25日）。

② 调查访谈1，2012年5月21日，沙溪镇政府，访谈对象为沙溪镇副镇长兼“政社互动”工作领导小组办公室主任黄海松，访谈人为涂锋、郑建君。

员会的协议书。①

第一，在协助管理事项方面，包括28项内容，大致涉及社会综合治理、民政事务、劳动保障、教育医疗、环境卫生等几大类。这些事项的具体内容，见表4－2。

表4－2　沙溪镇村民委员会协助政府管理事项

1	维护社会治安、未成年人保护、禁毒防范和社区戒毒、协助查处赌博、暂住人口管理、租赁房屋的安全防范和治安管理
2	养犬管理
3	开展消防宣传教育、群众性消防工作
4	农村公路的建设、养护和管理
5	建立健全行政村和船主的船舶安全责任制
6	计划生育工作和流动人口婚育登记、查验等
7	社会抚养费征收
8	优抚救济、农村五保供养、居民最低生活保障和城乡社会救助工作
9	出具收养证明
10	基本农田保护、土地调查
11	建立劳动保障服务站，做好农村基本保障工作
12	建立劳动争议调解组织
13	建立价格监督服务点
14	对依法被剥夺政治权利的村民进行监督、教育、管理
15	古村落资源普查
16	辖区内卫星地面接收设施管理
17	公共卫生和传染病预防与控制、艾滋病防治、组织村民受种疫苗
18	药品质量监督
19	农业、经济、污染源普查
20	代征房屋出租及提供家庭装修税收
21	青少年教育，督促适龄儿童、少年入学
22	扫除文盲工作
23	设立安全生产工作小组，开展安全生产活动，落实安全生产措施
24	做好抗旱措施落实
25	动物疫情应急处理
26	兵役登记及政审
27	气象灾害防御知识宣传和应急演练
28	制止违法建设行为并报告

① 参见《沙溪镇人民政府和沙溪镇渠泾村签订的协议书》（样本），沙溪镇政府提供。

第二，协议书的甲方，即镇政府的权利和义务方面，包括5项内容。其重点是：（1）规定了镇政府提供给村民委员会的工作经费，这是甲方的基本义务；（2）明确了镇政府有权对村民委员会的工作实施评估，这是甲方的基本权利。协议书中的相关具体内容，见表4－3。

表4－3　沙溪镇政府（甲方）的权利、义务

1	甲方根据本协议规定将部分工作事项交给乙方协助管理
2	甲方根据本协议要求提供给乙方协助政府管理工作经费约10万~20万元
3	甲方应在签订协议的同时，制定协助管理事项的具体评估细则或标准，并对乙方的管理情况实施评估，对其管理结果进行评定。评定结果与支付的协助管理经费挂钩
4	甲方不得干涉乙方依法进行的管理，同时对乙方协助管理的事务加强指导
5	法律、政策规定由甲方享有的其他权利、义务

第三，协议书的乙方，即村民委员会的权利、义务方面，也是包括5项内容。其重点是：（1）村民委员会在管理过程中遇到困难，镇政府要予以帮助；（2）村民委员会可以对镇政府的指导、服务和保障工作实施评估。这两点是村民委员会的基本权利。（3）村民委员会要定期向辖区群众通报工作情况，并将意见反馈给镇政府；（4）村民委员会要健全其管理活动的台账。这两点是村民委员会的基本义务。协议书中的相关具体内容，见表4－4。

表4－4　村民委员会（乙方）的权利、义务

1	依照本协议做好依法协助管理事项
2	乙方依法在本区域开展各类协助事项的管理工作，在管理过程中遇到困难，乙方应及时向甲方提出，甲乙双方共同商量，找出解决的办法和措施
3	定期向辖区群众通报工作情况，接受群众的监督，收到群众意见后及时通报给甲方，做好群众工作；并对甲方的指导、服务、保障等情况实施评估
4	根据甲方的要求，有计划、有措施、有总结，健全各类管理活动的台帐
5	法律、政策规定由乙方享有的其他权利、义务

第四，协助管理经费及其支付方面，规定项目进行细化，资金纳入财政预算，支付与评定结果相挂钩。

第五，违约责任方面，规定村民委员会未完成目标，镇政府有权扣除经费。同时，也要求镇政府按照协议的要求付款。

第六，其他方面，主要是规定协议书的有效期限、续约条件、存档以及争议解决途径等。其中比较重要的一点是，规定协议一式五份，除了签约的镇政府和村民委员会各一份外，双方的党组织也各有一份，太仓市推进政社互动领导小组办公室也有一份。这应该表明，党组织和上级政府对该协议有一定的监督职责。

镇政府与居民委员会的协议书,[①] 主要内容包括协助管理事项、甲方权利义务、乙方权利义务、经费及支付方式、其他等五个部分。与村民委员会的协议书相比，主要的区别在于。第一，在协助管理事项方面，包括 21 项内容。与村民委员会相比，一共减少了 8 项事务，即“农村公路的建设”(村民委员会协议第 4 项，下同)、“船舶安全责任制”(第 5 项)、“基本农田保护、土地调查”(第 10 项)、“古村落资源普查”(第 15 项)、“代征房屋出租及提供家庭装修劳务税收”(第 20 项)、“扫除文盲”(22 项)、“做好抗旱措施落实”(第 24 项)、“动物疫情应急处理”(第 25 项)。同时，也增加了一项，即“其他依法协助管理的事项”(社区协议第 21 项)。第二，在管理经费的数额方面，居民委员会每年可以获得 20 万 ~30 万元，比村民委员会要高 10 万元。此外，在支付方式方面，约定每个季度镇政府先预付部分经费，到年底再根据评估情况进行结算。

(三)“政社互动”的执行

根据实施方案和协议书，沙溪镇的“政社互动”在 2011 年 12 月 31 日已经完成了第一个年度计划，目前已经进入了 2012 年的协议期限。

在 2011 年度的协议执行过程中，主要有如下几个方面值得关注。

首先，“政社互动”的协议书虽然是镇和村、居民委员会之间签订，但背后其实是市里的大力支持。市法制办对原有的诸多村、居任务都进行了清理，并且对协议书中的协助事项都进行了审查。按照沙溪镇领导的说法，“过去下行政命令是不用动脑子的”。因此，协议实际上给镇里的领导方式也提出了新的要求。[②]

---

① 参见《沙溪镇人民政府和沙溪镇沙东社区签订的协议书》(样本)，沙溪镇政府提供。

② 访谈 1。

其次，在镇里看来，反倒是部分村、居民委员会干部在思想上还没有转过来。这主要是因为在过去接近行政上下级的关系模式下，村、居干部会觉得很多事都有乡镇可以依靠。现在有了协议书和清单，就全都明确为村、居干部的责任，这反而造成部分村干部的不习惯。①

再次，政社互动的启动，使得村、居干部的工作补助获得了一定的改善，提高了工作积极性。举例来说，在民政事务方面，要对村里的困难户进行调查，此时村民委员会主任是兼任的民政协助员。为此，市里和镇里各提供100元和50元的补助。此外，村、居民小组长过去每年只有300～500元的补助，现在则增加到每个月有150～200元的补助。②

（四）协议履行的评估

整个“政社互动”工作的一大亮点就是协议双方的双向评估，即根据协议书所约定的各自权利义务，镇政府和村、居民委员会就对方的履约状况进行评估打分。根据市政府的实施方案，对村、居自治组织的评估由镇政府及相关部门人员组成，对镇政府的评估则由村、居干部和群众代表共同组成。基于此，沙溪镇政府也制定了详细的双向评估方案。

首先是镇政府各部门对自治组织协助事项完成情况的评估报告。其主要内容包括：第一，该报告是分部门印制的，并且对应相关的协助事项。比如说，安监部门对各村的评估报告是针对村民委员会协助事项的第23款，即“设立安全生产工作小组，开展安全生产活动，落实安全生产措施”。而文广部门的评估则是针对协助事项的第16款，即“辖区内卫星地面接收设施管理”。第二，各部门的相关协助事项都有对应的分值，而且分值根据事项的重要程度也呈现一定的差异。总分值为100分，其中，分值最高的是派出所主管的“维护社会治安”（第1项）和安监主管的“安全生产活动”（第23项），各占12分；其次是司法方面的“对依法被剥夺政治权利的村民进行监督、教育、管理”（第14项），占8分；再次是计生、民政和基本农田保护，各占6分；以及药品治理监督，占5分；其他项目则分别为1～3分。

① 访谈1。

② 访谈2，2012年5月21日，沙溪镇胜利村，访谈对象为胜利村的汤主任，访谈人为涂锋、郑建君。

由这一评估报告中的分值，我们也可以看出农村工作的重点内容，以及“政社互动”活动对相关事项的重视程度。各个协助事项的具体分值及其负责部门，见表4－5。①

表4－5　村民委员会协助政府管理事项的分值

事项编号	事　项　内　容	主管部门	分值
1	维护社会治安、未成年人保护、禁毒防范和社区戒毒、协助查处赌博、暂住人口管理、租赁房屋的安全防范和治安管理	派出所	12
2	养犬管理	派出所	1
3	开展消防宣传教育、群众性消防工作	消防队	2
4	农村公路的建设、养护和管理	交管所	3
5	建立健全行政村和船主的船舶安全责任制	交管所	2
6	计划生育工作和流动人口婚育登记、查验等	计生办	6
7	社会抚养费征收	计生办	1
8	优抚救济、农村五保供养、居民最低生活保障和城乡社会救助工作	民　政	6
9	出具收养证明	民　政	2
10	基本农田保护、土地调查	国　土	6
11	建立劳动保障服务站，做好农村基本保障工作	社　保	3
12	建立劳动争议调解组织	社　保	2
13	建立价格监督服务点	物　价	2
14	对依法被剥夺政治权利的村民进行监督、教育、管理	司　法	8
15	古村落资源普查	文　广	1
16	辖区内卫星地面接收设施管理	文　广	2
17	公共卫生和传染病预防与控制、艾滋病防治、组织村民受种疫苗	文　卫	2
18	药品质量监督	文　卫	5
19	农业、经济、污染源普查	统　计	2
20	代征房屋出租及提供家庭装修税收	地　税	2
21	青少年教育，督促适龄儿童、少年入学	教　育	3
22	扫除文盲工作	教　育	1
23	设立安全生产工作小组，开展安全生产活动，落实安全生产措施	安　监	12
24	做好抗旱措施落实	水　利	3
25	动物疫情应急处理	农　技	3
26	兵役登记及政审	征　兵	3
27	气象灾害防御知识宣传和应急演练	农　技	2
28	制止违法建设行为并报告	城　管	3
分值总计			100

① 参见《沙溪镇政府各部门对各村2011年度协助事项完成情况评估报告》，沙溪镇政府提供。

在各居民委员会的评估报告中，总分值也是 100 分。其中，分值最高的仍然是社会治安和安全生产工作，各占 12 分。同时司法工作也仍然是 8 分。但与村民委员会相比，居民委员会在民政（11 分）、计生（7 分）和公共卫生（7 分）等方面的分值则更高。[①] 这也部分地反映社区居民委员会工作的工作重心。

镇政府各部门对基层群众自治组织协助事项完成情况进行评估时，针对扣分的事项要具体指出“扣分原因”。这一点是值得肯定的，它对于深入具体的评估工作是非常重要的。

2011 年沙溪镇各部门对各村、居民委员会协助政府管理事项的评估情况，见表 4－6－1 和表 4－6－2。

表 4－6－1 沙溪镇对各村、居民委员会 2011 年度协助事项完成情况评估结果（一）

单位	国土	人社	物价	司法	统计	地税	安监	水利站	农技	人武部	计生办
涂松	6	5	3	8	2	2	12	3		3	6
印北	6	5	3	8	2	2	12	3		3	7
洪泾	6	5	3	8	2	2	12	3		3	6
半径	6	5	3	8	2	2	11	3		3	6
中荷	6	5	3	8	2	2	12	3		3	7
松南	6	5	3	8	2	2	12	3		3	7
胜利	6	5	3	8	2	2	12	3		3	7
泥桥	6	5	3	8	2	2	12	3		3	6
泰西	6	5	3	8	2	2	12	3		3	3
虹桥	6	5	3	8	2	2	12	3		3	6
太星	6	5	3	8	2	2	12	3		3	7
岳星	6	5	3	8	2	2	12	3		3	6
新建	6	5	3	8	2	2	12	3		3	7
岳镇	6	5	3	8	2	2	12	3		3	7
塘桥	6	5	3	8	2	2	12	3		3	6
项桥	6	5	3	8	2	2	12	3		3	6
庄西	6	5	3	8	2	2	11	3		3	7
凡山	6	5	3	8	2	2	12	3		3	7
香塘	6	5	3	8	2	2	12	3		3	7
渠泾	6	5	3	8	2	2	12	3		3	3
新北		9	2	8	2		12			4	7

① 参见《沙溪镇政府各部门对各居 2011 年度协助事项完成情况评估报告》，沙溪镇政府提供。

续表

单位	国土	人社	物价	司法	统计	地税	安监	水利站	农技	人武部	计生办
东市		9	2	8	2		12			4	9
西市		9	2	8	2		12			4	9
利泰		9	2	8	2		12			4	7
直塘		9	2	8	2		12			4	9
岳王		9	2	8	2		12			4	9
归庄		9	2	8	2		12			4	4
沙东		9	2	8	2		12			4	9

表 4-6-2 沙溪镇对各村、居民委员会 2011 年度协助事项完成情况评估结果（二）

单位	沙溪镇派出所	岳王派出所	沙溪城管中队	交管所	民政办	广电站	文卫	教育	消防队	合计
涂松	13		2	5	8	2	7	4	2	93
印北	13		3	5	8	2	7	4	2	95
洪泾	13		3	5	8	2	7	4	2	94
半径	13		3	5	8	2	7	4	2	93
中荷	13		3	5	8	2	7	4	2	95
松南	13		2	5	8	2	7	4	2	94
胜利	13		2	5	8	2	7	4	2	94
泥桥	13		2	5	8	2	7	4	2	93
泰西	13		3	5	8	2	7	4	2	91
虹桥	13		3	5	8	2	7	4	2	94
太星	13		3	5	8	2	7	4	2	95
岳星	13		3	5	8	2	7	4	2	94
新建	13		2	5	8	2	7	4	2	94
岳镇	13		2	5	8	2	7	4	2	94
塘桥	13		3	5	8	2	7	4	2	94
项桥	13		3	5	8	2	7	4	2	94
庄西	13		3	5	8	2	7	4	2	94
凡山	13		3	5	8	2	7	4	2	95
香塘	13		3	5	8	2	7	4	2	95
渠泾	13		3	5	8	2	7	4	2	91
新北	13		5		11	2	12	5	4	96
东市	13		5		11	2	12	5	4	98
西市	13		5		11	2	12	5	4	98
利泰	13		5		11	2	12	5	4	96
直塘	13		5		11	2	12	5	4	98
岳王	13		5		11	2	12	5	4	98
归庄	13		5		11	2	12	5	4	93
沙东	13		5		11	2	12	5	4	98

从表 4－6－1 和表 4－6－2 列出的评估结果可以看出，除农技部门外，共有 19 个部门参与对各村、居民委员会协助政府管理事项情况的评估。其中，国土、人社、物价、司法、统计、地税、水利站、农技、人武部、派出所、交管所、民政办、广电站、文卫、教育、消防队 16 个部门对各村、居民委员会协助事项完成情况均打了满分，只有安监、计生、城管 3 个部门对个别村、居民委员会有所扣分。

“政社互动”双向评估的另一方面是村、居民委员会对镇政府及其各个部门进行评估。评估的主要内容包括：第一，列出了各项协助事项以及相关的主管单位。第二，每项事项都有四个评估等次，分别是满意、较满意、一般和不满意；每个等次对应的分值为 10～7 分，总分值则为 100 分。第三，进行评估的主体分为两类，即“填表对象”一栏，既有村、居干部，也有群众代表。①

2011 年度沙溪镇 28 个村、居民委员会对沙溪镇政府及其各部门的综合评估情况，见表 4－7。

表 4－7　2011 年度沙溪镇政府“政社互动”履约评估结果

编号	项目	分值	满分	得分	平均分	得分率(%)
1	综合治理	10	280	265	9.5	94.64
2	计划生育	9	252	244	8.7	96.83
3	民政	9	252	252	9.0	100.00
4	国土资源	4	112	102	3.6	91.07
5	劳动保障	8	224	211	7.5	94.20
6	司法	6	168	161	5.8	95.83
7	文教卫生	10	280	263	9.4	93.93
8	安全生产	8	224	217	7.8	96.88
9	统计	4	112	103	3.7	91.96
10	人武部	6	168	164	5.9	97.62
11	水利站	3	84	81	2.9	96.43
12	动物防疫	3	84	76	2.7	90.48
13	镇政府	20	560	544	19.4	97.14
合　计		100	2800	2683	95.9	95.82

① 参见《2011 年度沙溪镇政府“政社互动”履约评估表》，沙溪镇政府提供。

表4－7列出的评估结果显示，政府“政社互动”履约评估的综合得分为95.9分，得分率为95.82%；镇政府的综合得分为19.4分，得分率为97.14%；12个政府部门的得分率由高到低的排序是：（1）民政（100.00%）；（2）人武部（97.62%）；（3）安全生产（96.88%）；（4）计划生育（96.83%）；（5）水利站（96.43%）；（6）司法（95.83%）；（7）综合治理（94.64%）；（8）劳动保障（94.20%）；（9）文教卫生（93.93%）；（10）统计（91.96%）；（11）国土资源（91.07%）；（12）动物防疫（90.48%）。

在“政社互动”的双向评估中，以协助事项为核心，镇政府（部门）和基层群众自治组织（群众）给对方打分，从而考核彼此在协议履约方面的绩效，评估得分作为自治组织年终考核评奖标准之一。按照沙溪镇政府的观点，双向评估不仅规范了政府行政行为，提高了依法行政能力，同时也增强了自治组织的自我管理意识，提高了其自我管理能力。①

五 沙溪镇“政社互动”案例一：居家养老服务体系

养老问题是当前的一个重要社会问题。中国社会最主要的养老模式是居家养老。但是，随着人口结构老龄化的逐渐到来，家庭养老的能力逐渐减弱。对农村而言，青壮年劳动力的外流使得居家养老的困难更加凸显。在既有的居家养老模式中，政府和基层群众自治组织如何发挥作用，如何将居家养老纳入公共服务体系中来，已经成为和谐社会建设亟待解决的问题。沙溪镇以“政社互动”活动为契机，整合各方面力量，建立了镇、村（社区）二级的居家养老服务体系，在农村养老方面做出了有益的尝试。

（一）居家养老服务体系的基本框架

沙溪镇的居家养老服务体系分为镇和村民委员会（居民委员会）两个

① 沙溪镇人民政府：《政社互动年度工作总结》（2011年11月25日）。

层级，包括乡镇一级的服务中心和日间照料所，村（居）一级的服务站，以及相应的配套机制。

（1）镇居家养老服务中心

镇居家养老服务中心是沙溪镇养老服务体系的核心机构。中心扮演的基本角色是居家养老服务的提供方。中心通过就近招聘服务人员，为符合相关条件的镇里各村（居）的老人提供助餐、助洁、助行等多项服务。中心在2011年建立，受镇党委、政府以及太仓市居家养老办公室指导，其所需的服务资金也纳入了镇财政预算。① 可以看出，沙溪镇居家养老服务的基本逻辑是“政府出资照顾居家老人”，因此已经具有较强的公共服务性质。

（2）居家养老服务站

沙溪镇建立了28个村（居）一级的居家养老服务站。服务站的基本角色是协助镇居家养老服务中心的工作，以确保政策和服务的有效落实。相应的，镇政府则在镇里的“社会化养老事业专项经费”中，分配给各村（居）养老服务站一定的经费，作为其工作和服务的补贴。②

与此同时，各村（居）民委员会副主任兼任居家养老服务站的站长，具体职责是受理相关的服务申请，监督服务的过程和质量等。一些村（居）还以服务站为载体，组织党员和村（居）民组成志愿者队伍，发放爱心服务联系卡，为老年人提供优质服务。可以看出，在这一养老服务体系中，村（居）起到了重要的协助功能，并因此获得经费支持，同时也对镇服务站的服务给予监督。这显然都符合“政社互动”的基本原则。

（3）配套机构

除主体结构的养老服务中心和居家养老服务站外，还有两个日间照料服务中心，一个建在镇里，一个建在香塘村。其中，镇日间照料服务中心在2011年建成，由镇里投入了80万元，在原沙溪镇社会福利院的基础上改建而成。日间照料的功能包括休息、娱乐、吃饭等。镇里的老人在白天可以到服务中心来，也可以一起活动，增加交流。日间照料服务可以成为居家养老

---

① 《沙溪镇2011年居家养老服务中心工作总结》，沙溪镇居家养老服务中心提供。

② 沙溪镇民政办：《关于上级下拨2011年上半年度社会化养老事业专项经费使用方案》，沙溪镇居家养老服务中心提供。

服务的重要补充。①

（4）居家养老服务的运作模式

沙溪镇居家养老服务体系的核心是镇居家养老服务中心。该中心的居家养老服务的基本模式是：政府主导、村级报送、镇居家养老服务中心上门评估、上报市级审批资料、三方（镇服务中心、服务对象、服务人员）签订协议、提供服务、加强管理。② 在这一模式中，公共服务的出资方和主要提供方是政府，服务项目要签订协议，基层群众自治组织则协助事项的完成。很明显，“政社互动”所具有的公共服务委托制的特征基本具备。

（二）服务对象

居家养老服务是为农村老人提供必要的照顾。但是在目前，中国社会最主要的养老方式仍然是由家庭承担。由政府提供的养老服务必须有合适的覆盖面，因此也必须明确其服务对象。

首先，沙溪镇建立了全镇范围内的老年人数据库，这是明确服务对象的基础。为此，镇服务中心对全镇 28 个村、居民委员会进行了全方位的摸底调查，掌握了全镇老年人的一些基本数据。根据 2011 年 6 月的数据库信息，沙溪镇在总共 85679 名户籍人口中，60 周岁以上的老人达到了 23182 名，老龄化程度达到了 27.06%。在 60 周岁以上的老年人中，有服务需求的对象共有 3250 人。

其次，确定标准资格，并以此筛选服务对象。总的来说，沙溪镇居家养老服务中心是根据太仓市居家养老工作的相关规定，确定了“三无”、“五保”对象、市级劳模、烈士遗属等老年人符合其服务对象的基本资格，具体条件见表 4－8。根据这一资格条件加以筛选，到 2011 年底全镇总共有 130 位老人成为了养老服务中心的服务对象。③

① 访谈 3，2012 年 5 月 21 日，沙溪镇居家养老服务中心，访谈对象为服务中心工作人员刘某，访谈人为涂锋、郑建君。

② 参见《沙溪镇 2011 年居家养老服务中心工作总结》。

③ 《整合资源、搭建平台全面推进我镇居家养老服务工作——龚建兴在居家养老会议的工作报告》，沙溪镇居家养老服务中心提供。

表 4－8　沙溪镇居家养老服务对象的资格要求

1	年满 60 周岁，日常生活需要介助或介护的“三无”、“五保”对象，低保或低保边缘孤寡老人
2	年满 60 周岁，日常生活需要介助或者介护的市级以上劳动模范
3	日常生活需要介助或者介护的离休干部
4	年满 60 周岁，日常生活需要介助或者介护的烈士遗属，因公牺牲军人遗属，病故军人遗属、残疾军人、参战退役军人、在乡退役军人、在乡复员军人和带病回乡退伍军人
5	年满 60 周岁，日常生活需要介助或者介护的归国华侨
6	年满 60 周岁，日常生活需要介助或者介护的收入在低保标准两倍以内，并持有有效证件的独生子女父母
7	日常生活需要介助或者介护的 100 周岁以上老人
8	年满 80 周岁，日常生活需要介助或者介护的当地无子女照顾或子女残疾的老年人

最后，为每一位服务对象建立其自身的档案库。① 每份档案的基本内容包括六大项。（1）由太仓市居家养老服务中心统一印制、申请人填写的《居家养老服务政府援助申请表》，这是服务对象所提交的要求服务的证明。（2）身份证复印件。（3）《太仓市居家养老服务需求评估表》，这是服务中心的评估员对申请人的生活自理能力等方面进行评估，以确定其是否符合居家养老服务的程度。这份资料是提供服务的基本依据。（4）由镇居家养老服务中心发出的《准予服务援助告知书》，这表明之前的申请经过审核，符合相关条件，得到批准。（5）《太仓市居家养老服务协议》，在该协议中，镇服务中心和服务对象分别是甲方和乙方，表明所提供的居家养老服务正式生效。（6）《居家养老服务援助记录卡》，这是一份由服务对象持有和填写的材料。该卡每月一张，主要是记录该月每一次的上门服务，包括具体时间和服务时长。对于每一次服务，都有服务人员和被服务人员，或者其代理人的签名。显然，这是一份详细记录每一次居家养老服务的档案，同时也是对服务内容做出评价和监督的基本依据。关于这些档案的更详尽的内容，后文会结合整个服务流程予以具体介绍。

（三）服务内容

居家养老服务是满足服务对象相应的需求。根据镇服务中心提供的资

---

① 以下的资料来自《居家养老服务政府援助申请表》等，均由沙溪镇服务中心提供。

料，所确定的服务内容包括六大项。[①]

（1）助餐。为老人提供上门助餐、送餐、喂饭等服务。

（2）助洁。为老人提供上门打扫、收衣服、洗衣服、理发、剪指甲、扦脚、晨间护理等服务。

（3）助急。为老人提供家电维修、下水道疏通等服务。

（4）助行。为老人提供代购商品、代缴公共事业费、陪同散步、陪同购物等服务。

（5）助浴。为老人提供上门助浴、擦浴、洗头等服务。

（6）助医。陪同老人就诊、代购药、按摩及康复指导、测量血压、家庭诊治、上门治疗服务、心理慰藉等服务。

由以上列出的项目可以看出，镇服务中心提供的服务基本覆盖了老人生活中衣、食、住、行的方方面面。就老人的居家生活而言，这也是一份相当完整的清单。

（四）服务人员

居家养老服务是由镇服务中心派出服务人员，到老人家里提供各种服务。因此，服务人员是居家养老服务的具体执行者。如何聘用、管理好这些服务人员，就成为整个服务体系有效实施的关键因素。

根据我们的调研，镇服务中心对服务人员的管理是比较完善的。[②] 全镇总共聘用了 53 名服务人员。每位服务人员有一份档案，包括以下资料。（1）《太仓市居家养老护理员聘用合同》，该合同由镇服务中心（甲方）与服务人员（乙方）签订。合同的主要内容：一是合同期限与试用期限，前者为一年或者数月，后者一般为一个月；二是工作内容和工作时间，主要是列明乙方的岗位职责，即居家养老的服务内容，工作时间经双方确定，“执行不定时工作制”，这也符合居家养老服务的工作性质；三是劳动报酬，根据合同，镇服务中心每月 10 日向服务人员支付工资，工资的数额则按照“计件工资制”，即根据具体的服务量来确定劳动报酬，这种报酬形式也是

① 《沙溪镇居家养老服务中心服务内容》，沙溪镇服务中心提供。

② 以下的资料来自《居家养老护理员聘用合同》、《居家养老服务援助记录卡》、《沙溪镇居家养老服务人员 10 月份工资发放表》，均由沙溪镇服务中心提供。

符合居家养老服务自身特点的，与此同时，合同还列明镇服务中心为服务人员缴纳相关社会保险；四是合同的解除、违约等，一方面服务人员无法胜任工作，需提前20天告知镇服务中心；另一方面，镇服务中心也可以根据对服务人员的考核，有解除合同的权利。该合同一式三份，除了甲乙双方外，还有一份留太仓市居家养老服务中心。可以看出，这份聘用合同非常正规。它确认了镇服务中心对服务人员的聘用关系，同时也是服务人员的上岗证明。(2) 服务人员的身份证复印件，这是一般的存档证明材料。(3)《居家养老服务援助记录卡》，记载每一次服务的信息，其中包括服务人员以及服务时间等。此外，还有一份每个月的工资发放表，每名服务人员的相关信息都登记在册，包括其序号、姓名、村居、服务人数、服务时间以及应得金额等。

这套对于服务人员的管理方式，有效地确保了养老服务的质量，并且保障了服务对象的权益。服务中心会对新上岗的护理员进行培训，包括请市里的专家来讲座，传授护理专业知识。同时，除了每一次服务的日常记录之外，服务中心还会对服务对象家庭进行跟踪回访，并根据老人反馈的意见，按照“好中差”三个等级对护理员进行考评。如果一名护理员连续三个月得“差”，就会被更换。①

(五) 资金投入

居家养老服务是由政府主导的公共服务项目。为此，政府投入了充分的资金，使得这项服务有了较为充实的物质保障。

根据调研中获得的数据，以2011年上半年为例，沙溪镇民政办一共获得上级下拨的“社会化养老事业专项经费”36.17万元。其中，15万元用于建设日间照料中心，镇居家养老服务中心工作经费1.5万元，村（居）一级的养老服务工作站获得经费3万元。另外，还有16.67万元用于支付服务人员的工资。② 从这一资金分配来看，除了日间照料中心的建设支出外，大部分经费用于支付服务人员的工资，同时村、居也获得了一定的经费。根据服务人员的工资发放表，服务人员的报酬，根据不同的护理程度，大约是

① 《整合资源、搭建平台全面推进我镇居家养老服务工作——龚建兴在居家养老会议的工作报告》。

② 沙溪镇民政办：《关于上级下拨2011年上半年度社会化养老事业专项经费使用方案》。

每小时 5～10 元不等。以 10 月份为例，总共为 53 名服务人员发放了 26760 元的工资，其中月收入最高的是 1700 元，最低的为 150 元。[①]

从 2011 年全年看，在沙溪镇的全部民政预算中，居家养老服务中心总共获得了 30 万元的经费。[②] 与此同时，2011 年全年用于服务人员的工资支出总数达到 60.86 万元。到 2012 年，市镇财政的支出预算更是达到 100 万元。[③] 由此可见，政府所投入的资金逐步增加，其对居家养老服务的重视程度也在进一步提升。

（六）服务流程：个案介绍

上文中的服务体系、服务对象和内容、服务人员以及资金投入等都是从静态维度来说明沙溪镇的居家养老服务工作。借助较为完整的档案卷宗，接下来将结合个案，从动态维度来说明整个服务流程。该个案取自沙溪镇泥桥村 41 组，服务对象为生于 1938 年的 A，服务人员为 D，[④] 整个流程包含以下几个阶段。

（1）老人提出援助申请。服务流程的启动是从 A 提出申请开始的。由 A 填写并提交一份《居家养老服务政府援助申请表》（《申请表》的式样见表 4－9，填写内容以加粗体表示，涉及个人信息用“×××”省略，下文各图同此）。在该表中，A 要填写的内容除了其本人的性别、年龄、身份证号等基本信息外，还包括其监护人及联系电话。此外，还要提交明确的“申请事由”和“申请服务项目”。对于前者，A 填写的是“低保”，这显然是供资格审查所用。对于后者，A 填写的是“助洁”，即他所需要的服务类别。

（2）各级机构对申请进行评估和审查。对于这份申请表，需要经过三道审查。首先是村里的居家养老服务站填写意见，其次是镇居家养老服务中心填写意见，最后到市居家养老中心审批。从这份表上来看，A 的申请在三个层级都通过。其中，村里盖了村民委员会的公章，镇里和市里盖的都是服务中心的公章。该《申请表》一式四份，分别由市居家养老中心、镇养老服务中心、村服务站和申请人各执一份。

---

① 《沙溪镇居家养老服务人员 10 月份工资发放表》，镇居家养老服务中心提供。

② 沙溪镇民政办：《关于 2011 年民政所需经费的预算》，镇居家养老服务中心提供。

③ 《沙溪镇 2011 年居家养老服务中心工作总结》。

④ 以下的相关资料，均由镇居家养老服务中心提供。

表 4-9 村民 A 的《居家养老服务政府援助申请表》

太仓市居家（机构）养老服务政府援助申请表

编号××××

申请人	A	性别	男	出生年月	1938.9	照片
所属村（社区）	泥桥	申请时间		2011 年 4 月		
家庭住址及电话	太仓市沙溪镇泥桥村 41 组					
身份证号	××××					
监护人	×××	联系电话		×××		
申请事项	居家养老援助（√）			机构养老援助（ ）		
申请事由	低保					
生活自理能力	介助（ ）			介护（√）		
申请服务项目及服务时间	助洁 申请人签名 A 2011 年 4 月 3 日					
村（社区）居家养老服务站意见	（公 章） 经办人签名××× 2011 年 4 月 3 日					
镇（区）居家养老服务中心意见	（公 章） 经办人签名××× 2011 年 5 月 20 日					
市居家养老中心审批意见	（公 章） 经办人签名××× 2011 年 6 月 28 日					

养老服务的审查程序主要由镇一级把关。为此，镇服务中心专门派出了评估员，针对 A 的申请完成了一份《居家养老服务需求评估表》（见表 4-10）。在该表中，评估员从“生活自理能力”、“认知能力”、“情绪行为”、“视觉能力”这四个方面对 A 进行评估，其中第一项为“轻度依赖”，而后三者都为正常。以此为依据，评估员在表中的“照料程度”一栏中填写了“轻度”，并在“介助”和“介护”这两个照料等级中选择了前者。

表 4－10　村民 A 的《居家养老服务需求评估表》

申请人姓名　A	性别　　男	所属镇(区)　沙溪镇	
身份证号码　　×××			
生活自理能力	认知能力	情绪能力	视觉能力
正常　□ 轻度依赖　√□ 中度依赖　□ 重度依赖　□	正常　√□ 轻度缺失　□ 中度缺失　□ 重度缺失　□	正常　√□ 轻度异常　□ 中度异常　□ 重度异常　□	正常　√□ 轻度障碍　□ 中度障碍　□ 重度障碍　□
照顾程度		评估总结	
轻度　√□ 日常生活自理能力欠佳,需要提供一些帮助		照料等记	介助　√□ 介护　√□
中度　□ 日常生活自理能力较差,需要提供较大帮助			
重度　□ 日常生活自理能力很差,需要提供很大帮助			
评估员姓名:×××		(公章)	
评估日期:2011. 5. 20			

从审批的进度来看，该份申请是在 2011 年 4 月 3 日提交的，村里当天即同意，镇里 5 月 20 日同意，市里在 6 月 28 日审批通过，整个审查程序用了 80 多天，似乎仍有改善的空间。

(3) 镇服务中心告知服务对象。在评估和审查都完成之后，镇居家养老服务中心向 A 发放了《准予服务援助告知书》(见表 4－11)，这是对服务提供的确认。

表 4－11　村民 A 的《准予服务援助告知书》

准予服务援助告知书

编号:×××

A ＿:

您递交的《太仓市居家(机构)养老服务政府援助申请表》我们已收悉,经审核,您符合太仓市居家养老服务援助条件,同意对您实行政府援助服务。

特此公告

太仓市　沙溪镇　镇(区)居家养老服务中心

(公　章)

2011 年 6 月 30 日

（4）双方正式签订服务协议。在协议中，甲方为沙溪镇居家养老服务中心，乙方为服务对象 A。协议主要是约定双方的权利义务，其中重要的几条分别是：第一，服务提供前，乙方应如实向甲方告知其病史及身体健康现状。第二，服务人员的服务质量差或者缺勤严重，乙方有权向甲方提出意见，甲方则进行整改。第三，作为政府援助对象，乙方的服务费用由甲方结算。但对于超出部分，由乙方按照实际支出付费。第四，服务过程中如发生意外，服务人员应第一时间告知家属，所发生费用则由乙方承担。第五，对于服务人员的不规范服务，造成服务对象发生意外，乙方有权申诉。由相关条款可以看出，该份协议的内容比较详尽，确保了双方的权益。这是因为，居家养老服务是一项相对特别的公共服务内容，涉及对老年人的细致照顾。在这一服务过程中，一方面要给予服务对象以监督权，以实现服务的高质量。另一方面，也要防止出现可能的意外和争议，以维持居家养老服务机构的合理运作。这两点既是该份协议书的内在思路，也体现了居家养老服务的基本原则。

（5）服务的实施。协议书签订生效之后，服务就开始实施。镇居家养老服务中心为 A 配备了一名服务人员 D。从其聘用合同看，D 也是沙溪镇本地人，是一名 60 岁左右的妇女。合同是 2011 年 6 月 30 日签署的，这实际上也是 A 获得援助服务资格的时间。合同中规定服务从 7 月 1 日开始，期限为一年，并且有一个月的试用期。从档案资料来看，D 通过了试用期。

我们可以从 A 的援助记录卡（见表 4－12）中，了解 D 向 A 所提供的居家养老服务的具体内容。

以 2011 年 10 月为例，服务卡记录了每一次服务的日期、服务内容、起止时间、服务时长、服务费用以及双方的签名。从服务内容来看，种类很多，既包括一般的聊天、测血压等，也有比较专业化的推拿、拔罐、针灸等。由此可见，作为服务人员，D 的服务能力还是比较全面的。从每一次的签名来看，也说明服务对象的日常监督比较到位，记录卡还是发挥了作用。另外，我们还从 10 月份的工资发放表上看到，D 在 10 月份总共的服务时间是 29 个小时，全部为照顾 A，总共获得了 150 元的工资。

表 4－12　村民 A 的《居家养老服务援助记录卡》

居家养老服务援助记录卡

援助对象类型　　1
姓名:A　　年龄:74　　身份证号:XXX
联系电话:×××　　服务时间:2011 年 10 月

服务日期	服务内容	服务起止时间	服务时长（小时）	服务费用	被服务人员或代理人签名	服务人员签名
……						……
10.16	测血压 聊　天	13:10～14:10	1 小时		A	D
10.17	推　拿	12:20～1:10	50 分钟		A	D
10.18	针　灸 聊　天	13:00～14:00	1 小时		D（下同）	D（下同）
10.19	按　摩	12:00～13:00	1 小时		……	……
……						

总的来看，整个服务流程从 A 提出申请开始，经过各级机构仔细地评估和审查，再签订服务协议书，最后进入到具体的服务实施和日常管理，形成一个相对完整的过程。其各个阶段环节也基本确保了居家养老服务的质量，使得服务对象能够真正地获益。更进一步的，沙溪镇的居家养老服务凸显了“政社互动”的基本逻辑，即政府购买公共服务，为民众办实事。同时在这一过程中，积极发挥群众自治组织的作用，也激发了群众自身的参与。从整个居家养老服务的政策过程来看，政府、自治组织和群众分别都发挥了各自的作用。其中，政府有主导，自治组织有参与，群众有监督。只有这三者之间的协作互动，才能够真正顺利地办好居家养老事业，真正实现“政社互动”的实质。

六　沙溪镇“政社互动”案例二：环境卫生整治

环境卫生是农村重要的公共服务项目，也一直是村民委员会的重点工作之一。在过去，环境卫生的整治任务往往是由市布置到乡镇，再由乡镇以行政方式下派到村里。由于没有形成激励机制，村里往往视这项工作为负担，缺乏工作的积极性。这也是农村长期“脏乱差”的原因之一。沙溪镇实行

“政社互动”活动之后，环境卫生成为了基层群众自治组织协助政府管理事项，并且获得了经费保障，这项公共服务由乡镇和自治组织共同承担，使得农村的卫生状况有了很大的改观。

（一）“国家卫生镇”

在太仓市沙溪镇调研期间，我们发现镇上环境卫生状况很好，经了解才得知，该镇已经评上了“国家卫生镇”，接下来工作的一个重点就是迎接“国家卫生镇”复查，力保复查顺利通过。为此，沙溪镇出台了《沙溪镇2011年农村大环境卫生长效管理工作的意见》，确定2011年全镇农村大环境建设的总体目标就是“增覆盖面，提档升级，打造亮点”，巩固并提高镇管理区“省级卫生镇”达标成果，确保“国家卫生镇”复查全面达标，“通过全国爱卫办、省爱卫办组织的明察暗访”。

沙溪镇政府根据环境卫生工作的现状，重点抓了四个方面的工作：一是开展城乡环境卫生整洁行动，加大城郊结合部、老旧居民区、“镇中村”等重点场所的治理，清除各类垃圾、平整道路、整治河塘，保洁面达到90%以上，河道保洁覆盖面达到100%。二是完善农村卫生基础设施，改造农村家庭厕所和道路两侧公厕。三是加大病媒生物防治力度，重点清除病媒生物滋生地，改善生态环境。四是推进健康生活方式，建设健康教育园，抓好烟草控制，加强宣传教育工作。[①]

为了更好地推进环境卫生整治工作，沙溪镇决定建立“领导组织、属地管理、部门联动、条块结合、全民参与”的工作机制。具体而言，这一工作机制包括三个方面：一是目标分解，即把工作任务细分到村（居）和各部门，实行责任制管理；二是资金配套，太仓市和沙溪镇拨出专款，按照需要分配给责任主体；三是严格考核，由镇上按季度对责任主体进行评比和考核。有明确的目标，有配套的资金，有考核，也有政府与基层群众自治组织的良好互动，机制设计总的来看比较合理。

认真审视沙溪镇的做法，其实质就是由政府面向社会购买公共服务并实行目标管理，基层群众自治组织主动承担工作任务，人民群众积极参与。这

---

① 《太仓市沙溪镇2011年农村大环境卫生长效管理工作的意见》。

种政府和社会合力推进社会公共事业的做法，充分发挥了社会力量的积极性和创造性，改变了过去由政府“唱独角戏”的尴尬情况，体现出近年来太仓市“政社互动”改革试验的新精神。

（二）大环境整治项目

沙溪镇这次环境整治工作，主要以“大环境整治项目”为着力点，具体做法是要求各村上报至少两个以上大环境整治项目，镇里设立农村大环境卫生长效管理补助资金，各村也投入相应的配套资金和宝洁费用。镇里项目补助经费主要以卫生基础设施投入、打造环境亮点工程为主要依据。

根据每个村的卫生状况，规划了各式各样的具体项目，表4－13列出了各个村的项目情况。其中4个村的项目投入超过了30万元，以投入最多的印北村为例，茆漕河、周泾河生态河坡、绿化项目，投入6万元；长浜泾、河坡水生植物、绿化，投入10万元；建造小公厕2个，投入10万元；购买垃圾桶200只，投入6万元。印北村总投入32万元，其中市级补助2.53万元，镇级补助12.396万元。在太星村，仅小区配套绿化一项，就投入30万元。观察洪泾、虹桥、太星等村，投资建设的方向大致相同，主要是生活垃圾处理、公厕建设和环境绿化。

表4－13　2011年各村（社区）农村大环境整治项目*

村　名	项　目　名　称	投入资金（万元）	总投入（万元）
涂松村	河道整顿，种植水生植物和绿化，张公堰800米，小区新开河250米，投资15万元	15	15
印北村	茆漕河、周泾河生态河坡、绿化	6	32
	长浜泾、河坡水生植物、绿化	10	
	建造小公厕2个	10	
	购买垃圾桶200只	6	
洪泾村	洪泾小区东面建垃圾中转站1座	12	30
	增加垃圾桶80只	2	
	生态河坡2000米	16	
半泾村	中泾河河坡整治1000米	12	17.5
	新增塑料垃圾箱150只	4	
	新增清运拖拉机一辆、电瓶车一辆	1.5	

续表

村名	项目名称	投入资金（万元）	总投入（万元）
中荷村	新增生态公厕2个	17	20
	新增垃圾桶120只	3	
松南村	油槽河整治、油槽河坡整治及河坡绿化种植，河道整治长度1000米，河坡整治长度800米	17	19.5
	新增垃圾桶100只	2.5	
胜利村	新增垃圾桶300只	9	18
	新增垃圾清运车2辆	1	
	建造公厕1个	8	
泥桥村	对新建河全长1000米，进行拉坡种植绿化，官材经西段300米进行拉坡种植绿化	10	13
	新增垃圾桶100只	3	
虹桥村	新建公厕1个	5	31.7
	新增垃圾清运车6辆	4.8	
	新增垃圾箱300只	6.9	
	河坡沿岸绿化，面积30亩	15	
泰西村	新增垃圾箱100只	2.5	20.9
	新增垃圾清运车1辆	0.4	
	泰西（洞星）生态河坡、水生植物	10	
	建造泰西小区公厕1所	8	
太星村	小区配套绿化	30	31
	小区及工业化配套的垃圾桶更换	1	
岳星村	河道、河坡的提档、改造及管理	18	24
	增设及更换垃圾箱200只及小区污水处理	4	
	公厕修理	2	
新建村	新增垃圾桶200只、垃圾清运车2辆	7	21
	长卜乱河坡、水生植物绿化	6	
	岳南小区主干道两侧绿化	8	
岳镇村	河道整治拉坡种植1200米	10	16
	新增垃圾桶200只	6	
塘桥村	横沥河、瓦削泾河坡改造及种植水生植物	15	25
	新增公厕1个，垃圾桶100只	10	
项桥村	新增垃圾桶150只	4.5	16.5
	种植绿化景点，钱长浜的西侧，梅林站两侧的河坡，农户龚雅萍东侧河坡，钱长浜浜底，以及全长为2012米的中心路两侧	12	
庄西村	新增垃圾桶300只，垃圾清运车3辆	12	12

续表

村　名	项　目　名　称	投入资金（万元）	总投入（万元）
凡山村	沙鹿路沿线新增垃圾箱200只	5	9
	新增垃圾清运车4辆	2	
	凡山老村委会到穿山路两边绿化项目	2	
香塘村	新增塑料垃圾桶100只	5	28
	新增垃圾清运车4辆	15	
	凡山老村委会到穿山路两边绿化项目	8	
渠泾村	新增垃圾桶300只	9	23.7
	改造11、12组沿线农户的厕所（生态厕所）	9.1	
	对香归路沿线（北鱼池河道）进行生态河坡改造工程，长度约1000米	5.6	
利　泰	新增垃圾清运车1辆	0.8	9.3
	重建垃圾中转站	8.5	
累计投入资金		433.1	433.1

*《太仓市沙溪镇2011年各村（社区）农村大环境政治项目统计表》。

作为沙溪镇唯一的社区，利泰社区共投入资金9.3万元，其中新增垃圾清运车1辆，投入0.8万元；重建垃圾中转站，投入8.5万元。

从全镇总体看，2011年各村（社区）大环境整治工作累计投入资金433.1万元，市级和镇级补助共计299万余元（市、镇两级对村社环境卫生整治的具体补助情况见表4－14）。政府财政补助是一种向基层群众自治组织购买公共服务的重要举措，从侧重于发展经济到舍得投入公共服务，这是一个很重要的转变。对于村（社区）来讲，这些补助数额较大，对于完成任务具有重要意义，可以说发挥着正向激励作用。

表4－14　市、镇两级对村社环境卫生整治的补助情况

	市级考核与补助经费	镇级补助经费
补助项目	长效管理考核	长效管理奖励
	长效管理经费	长效管理经费
	改厕	改厕
	健康村/行动先进村/达标小区	国家卫生镇复审以奖代补
	设施以奖代补	设施以奖代补
	公厕长效管理	项目以奖代补
补助合计	70.48万元	229.252万元

表 4 – 14 列出了市级考核与补助经费、镇级补助经费的具体类别，两者都分为六类。两者最大的不同在最后一项，市级补助项目是公厕长效管理，镇级补助项目则是项目以奖代补。这一差异可能源自市、镇两级施政侧重点的不同，市一级更关注社区建设和公共卫生设施，而镇一级则把重点放在了环境卫生项目建设上。从补助金额上看，2011 年市级补助共计 70.48 万元；镇级补助约为市级的 3 倍，达到了 229.252 万元，投入力度还是比较大的。

（三）考核标准

大环境整治项目是沙溪镇政府的着力点，借助于掌控项目配套资金，镇里不但对下属各村（居）的亮点工程、卫生基础设施工程进行考核，还把考核扩展到其他常规卫生项目上。在沙溪镇针对各村（居）制定的满分为 100 分的考核标准中，关于工程项目的考核（包括亮点工程和卫生基础设施建设两类）仅占 30 分，其他方面却占了 70 分。换言之，工程项目的实施和考核是镇政府工作的有力杠杆，用 30 分的力量撬动了 100 分的工作。这种做法是非常精明的。

对农村的考核分为六大方面，除了大环境项目亮点工程、卫生基础设施两项之外，还有组织管理、环境卫生全覆盖、村级河道全覆盖、健康教育等四类内容（见表 4 – 15 和表 4 – 16）。亮点工程占 20 分，其中又细分为四项：（1）及时上报两个以上整治项目；（2）有工作措施和推进时间表；（3）筹措项目资金并落实到位；（4）落实第一责任人和具体责任人。卫生基础设施占 10 分，也包括四项：（1）农村厕所改造率达到 90% 以上；（2）主要道路两侧无露天粪坑；（3）垃圾中转站和垃圾桶配备合理；（4）公共厕所管理良好。[①]

组织管理是考核的第一类，占 9 分，其中又细分为四项：（1）建立长效管理领导小组且定期开会（2 分）；（2）专人分管相关工作（2 分）；（3）实行岗位目标责任制，有考核和奖惩措施，有卫生督察人员，至少每月检查一次（3 分）；（4）保洁人员按总人口 5‰配备（2 分）。

---

① 《2011 年沙溪镇农村大环境长效管理第四季度督查评分表》。

表 4－15　2011 年沙溪镇农村大环境长效管理第四季度督查评分表

<table>
<tr><th>序号</th><th>内容</th><th>考核要求</th><th>标准分</th><th>评分标准</th></tr>
<tr><td rowspan="4">1</td><td rowspan="4">组织管理（9 分）</td><td>1. 有长效管理领导小组，定期召开工作会议。</td><td>2</td><td>无领导小组成员花名册扣 1 分；无会议记录、签到扣 1 分。</td></tr>
<tr><td>2. 有专人分管长效管理经费落实。</td><td>2</td><td>无专职分管领导具体负责，工作网络不健全，分工不明确，措施不到位，扣 2 分。</td></tr>
<tr><td>3. 有岗位目标责任制，有考核细则，有奖惩措施；有大环境卫生督查人员，并定期检查，每月不少于 1 次。</td><td>3</td><td>分工不明确，责任未落实，无考核细则和奖惩措施，扣 2 分；无定期督查记录扣 1 分。</td></tr>
<tr><td>4. 保洁人员（含河道保洁人员）按村总人口 5‰配备。</td><td>2</td><td>未按村总人口 5‰配备扣 2 分。</td></tr>
<tr><td rowspan="7">2</td><td rowspan="7">环境卫生全覆盖（30 分）</td><td>1. 村容村貌整洁，辖区内道路、绿地无暴露垃圾和乱堆放，无臭水潭，无污水横流。</td><td>7</td><td>村容村貌不整洁，房前屋后杂物乱堆放、污水横流，有暴露垃圾扣 3 分；主干路、河、桥边有白色垃圾扣 4 分。</td></tr>
<tr><td>2. 农户庭院整洁卫生，柴草、物料堆放整齐，无暴露垃圾。</td><td>7</td><td>农户庭院不整洁、不卫生，扣 3 分；柴草、物料堆放无序，扣 2 分；有暴露垃圾扣 2 分。</td></tr>
<tr><td>3. 农民住宅小区绿化、亮化、美化和卫生保洁等同步跟进。</td><td>4</td><td>小区无绿化扣 1 分，宅前宅后乱堆放、乱搭建扣 2 分；小区美化、亮化建设无工作计划和规划扣 1 分。</td></tr>
<tr><td>4. 工业集中区和周边地区环境优美。</td><td>3</td><td>企业无专职保洁员扣 1 分；集中区和周边地区有白色垃圾、乱堆放和乱搭建扣 2 分。</td></tr>
<tr><td>5. 村域内绿化覆盖率达 25 以上。</td><td>3</td><td>绿化覆盖率未达标扣 3 分。</td></tr>
<tr><td>6. 无乱贴乱挂，无破损户外广告。无车辆乱停放，无乱设谈点，无破墙旧壁。</td><td>3</td><td>村庄内有乱贴乱挂和破损广告扣 2 分；乱设摊点，车辆乱停放，有破墙旧壁扣 1 分。</td></tr>
<tr><td>7. 除“四害”工作责任落实，用药安全可靠。</td><td>3</td><td>除“四害”工作不正常开展，未使用国家规定许可药物扣 3 分。</td></tr>
<tr><td rowspan="2">3</td><td rowspan="2">村级河道全覆盖（25 分）</td><td>1. 有一支专业保洁队伍，工作实效和报酬挂钩，保洁工作制度化、经常化，运作良好。</td><td>4</td><td>无专业保洁队伍、运作不正常扣 4 分；村域内河道未得到有效整治扣 3 分；保洁工作不到位扣 1 分；（查看 1～2 个村民小组河道）。</td></tr>
<tr><td>2. 河岸无生活生产垃圾、建筑垃圾及其他杂物堆放；河面清洁，无水生杂物和漂浮物。</td><td>8</td><td>河道未实行全面保洁的扣 2 分；河岸有生活生产垃圾、建筑垃圾及其他杂物堆放扣 3 分；河面清洁，有水生杂物和漂浮物扣 3 分。</td></tr>
</table>

续表

序号	内容	考核要求	标准分	评分标准
3	村级河道全覆盖(25分)	3. 村主要道路两侧、河坡全面实施绿化、美化，完成河坡整治工程不少于1000米。	5	河坡未整治，未种绿化、未种水生植物不得分，少于1000米的酌情扣分。
		4. 无沉船和废弃船只等；保持河道通畅，无乱占河面、河岸现象，无乱挖、乱填河道现象。	4	每发现沉(废)船一只扣1分。
		5. 河水清洁，无工业污水、有毒有害物质、畜禽粪便排入河内。	4	河道水质严重污染未得到遏制的扣3分，每发现一处污染源扣1分。
4	大环境项目亮点工程(20分)	上报2个以上大环境整治项目。	6	上报项目未启动未落实扣4分。
		有工作措施和推进时间表。	7	无工作措施；项目已开工，但未竣工未验收的扣4分。
		筹措项目资金，并落实到位。	4	
		落实第一责任人和具体责任人。	3	
5	卫生基础设施(10分)	1. 农村改厕工作有序推进，改厕率达90%以上；因地制宜，合理规划生态户厕建设。	2	无工作计划、措施，未落实专项资金扣1分；生态户厕建设未列入两委会全年工作计划，无工作措施，未落实具体负责人扣1分。
		2. 市级公路、村主要干道两侧，村委会和居民住宅小区周边无露天粪坑。	2	主要干道两侧、村委会和小区住宅周边有露天粪坑扣2分。
		3. 村卫生基础设施布局合理，垃圾中转房、垃圾箱(桶)按规定标准配备；垃圾中转站管理有序，垃圾入中转站，无乱填埋现象；垃圾筒、垃圾箱有门有盖，日产日清。	4	垃圾中转房、垃圾箱(桶)不按规定标准配备酌情扣分(查看1~2个村民小组)；垃圾箱(桶)无门无盖，破损严重扣1分；垃圾中转站管理不规范扣1分。
		4. 公厕布局合理，设施完好，有专人管理，无臭、无蝇、无尿垢。	2	公厕卫生管理不规范，有蝇蛆，有异味，有尿垢扣1分；公厕化粪池不密闭，有渗漏扣1分。
6	健康教育(6分)	1. 宣传栏每两个月刊出一期，全年不少于6次，健康讲座不少于4次。	2	厨窗板报每两个月更换一次，每缺一次扣0.5分，健康讲座每缺一次扣0.5分。
		2. 健康资料入户率、知识知晓率、行为形成率达标。	1	以随机抽样为准。
		3. 无烟草广告，公共场所有禁烟标志。	1	公共场所没有禁烟标志扣1分。
		4. 相关记录完整、规范。	1	相关资料记录不完整，不规范扣1分。
		5. 有宣传66条健康素养核心信息内容，不少于2处。	1	无核心信息宣传内容，每缺一处扣0.5分。

表 4-16　2011 年沙溪镇农村大环境督查打分表

单位	组织管理（9 分）		环境卫生全覆盖（30 分）		村级河道全覆盖（25 分）		大环境项目亮点工程（20 分）		卫生基础设施（10 分）		健康教育（6 分）		总得分
	扣分	得分	扣分	得分	扣分	得分	扣分	得分	扣分	得分	扣分	得分	
××村													
××村													
××村													
××村													
……													

环境卫生全覆盖和村级河道全覆盖是分值最重的两大类，分别为 30 分和 25 分。环境卫生全覆盖细分为 7 项内容，包括庭院卫生、村容村貌、绿化亮化、除四害等很常见的项目，也纳入了符合苏南工商业发达的特点的项目，如专门要求工业集中区和周边环境优美，无破损户外广告，无车辆乱停放，无乱设摊点等。评分标准规定的比较细，例如，关于“农户庭院”一项，总分 7 分，规定“农户庭院不整洁、不卫生，扣 3 分；柴草、物料堆放无序，扣 2 分；有暴露垃圾，扣 2 分”；“除四害”一项，还明确规定必须使用国家许可药物，否则扣分。

沙溪镇雨水充沛、河流众多，但由于工商业比较发达，河流污染比较严重，所以村级河道全覆盖这个考核类别就很有必要，占分值也很高，达 25 分，具体要求是：（1）村里有专业保洁队伍，实行绩效工资；（2）河岸和水面上没有固体垃圾；（3）河道、河坡完成绿化和美化；（4）无沉船和废气船只，无乱占、乱挖河道等现象；（5）河水洁净，无污水、粪便等排放。关于沉船和废船的考核标准很有趣，规定每发现一条沉（废）船要扣 1 分，看来原先沉船和废船现象不少。

沙溪镇还对管理区进行考核，考核内容分为 9 大类，即组织管理、环境卫生、城管环卫队伍建设、基础设施建设、水环境综合整治、疾病预防与控制、美化绿化、居民住宅小区管理、集贸市场管理等（具体标准见表 4-17）。分值最高的两类是环境卫生和基础设施建设，分别为 20 分和 15 分。对社区的考核标准是根据管理区的特点制定的，如要求店铺整洁，城管环卫队伍建设，道路平整，设立居民活动场所和绿化小公园，集贸市场管理等，大致类似于小乡镇卫生管理。

表 4－17　沙溪镇社区卫生管理考核标准

考核项目	组织管理	环境卫生	城管环卫队伍建设	基础设施建设	水环境综合整治	疾病预防与控制	美化绿化	居民住宅小区管理	集贸市场管理	合计
分值	10	20	10	15	10	8	7	10	10	100

（四）考核机制和结果

沙溪镇环境卫生整治工作主要按季度考核，镇里成立环境卫生长效管理督查组，每个季度结束时都对农村和管理区进行卫生督查。计算全年得分时，前三个季度的得分分别占 20%，第四季度的得分占 40%。2011 年全年的考核结果，见表 4－18。

表 4－18　沙溪镇 2011 年度农村大环境长效管理督查结果*

序号	单位	第一季度督查		第二季度督查		第三季度督查		第四季度督查		总得分
		督查得分	占权重 20%	督查得分	占权重 20%	督查得分	占权重 20%	督查得分	占权重 40%	
1	太星村	96	19.2	97	19.4	96	19.2	98	39.2	97
2	香塘村	96	19.2	97	19.4	95	19	97.5	39	96.6
3	岳星村	94	18.8	95	19	94	18.8	94.5	37.8	94.4
4	虹桥村	94	18.8	94	18.8	94	18.8	93	37.2	93.6
5	印北村	93	18.6	94	18.8	93	18.6	93	37.2	93.2
6	渠泾村	93	18.6	93.5	18.7	93	18.6	93	37.2	93.1
7	项桥村	93	18.6	93.5	18.7	93	18.6	92.5	37	92.9
8	岳镇村	91	18.2	94	18.8	92	18.4	92.5	37	92.4
9	泰西村	91	18.2	92	18.4	91	18.2	92	36.8	91.6
10	塘桥村	91	18.2	91	18.2	92	18.4	91.5	36.6	91.4
11	洪泾村	89	17.8	90	18	90	18	92	36.8	90.6
12	半泾村	91	18.2	87	17.4	88	17.6	91	36.4	89.6
13	涂松村	88	17.6	89	17.8	88	17.6	91	36.4	89.4
14	庄西村	86	17.2	88.5	17.7	88	17.6	88	35.2	87.7
15	中荷村	87	17.4	85	17	88	17.6	89	35.6	87.6
16	新建村	87	17.4	87	17.4	87	17.4	88	35.2	87.4
17	胜利村	84	16.8	80.5	16.1	89	17.8	90	36	86.7
18	泥桥村	84	16.8	83	16.6	89	17.8	88	35.2	86.4
19	利泰社区	87	17.4	83	16.6	85	17	87	34.8	85.8
20	凡山村	83	16.6	85	17	85	17	85	34	84.6
21	松南村	84	16.8	83	16.6	84	16.8	83	33.2	83.4

*据《太仓市沙溪镇 2011 年度农村大环境长效管理督查结果汇总表》提供数据制表。

根据督查得分情况，镇上把各村分为达标单位、一等奖（流动红旗单位）、二等奖、三等奖等几类，对于管理区则主要是排名。第一季度的评奖结果见表4－19。

表4－19　关于2011年第一季度农村和管理区环境卫生督查情况的通报*

各村、管理区及有关单位：

为了进一步加强农村和管理区环境卫生长效管理工作，切实改善农村和管理区的环境卫生状况，4月15～16日，镇农村环境卫生长效管理督查组组织了第一季度农村和管理区环境卫生督查，现将督查情况通报如下：

一、达标单位

太星村　香塘村　岳星村　虹桥村　印北村　岳镇村

二、一等奖（流动红旗单位）

渠泾村　项桥村　塘桥村　半径村　泰西村

三、二等奖

洪泾村　涂松村　中荷村　新建村　利泰社区　庄西村

四、三等奖

松南村　胜利村　泥桥村　凡山村

五、管理区

第一名　岳王管理区

第二名　直塘管理区

第三名　归庄管理区

希各村和管理区再接再厉，抓住第二季度有利时机，加大工作力度，把农村和管理区环境卫生长效管理真正落到实处，确保完成全年工作任务。

沙溪镇人民政府

2011年6月16日

* 太仓市沙溪镇：《关于2011年第一季度农村和管理区环境卫生督查情况的通报》。

2011年全年的考核结果，见表4－20。

表4－20　关于2011年度农村和管理区环境卫生督查情况的通报

各村、管理区及有关单位：

为了进一步加强农村和管理区环境卫生长效管理工作，切实改善农村和管理区的环境卫生状况，12月23～24日，镇农村环境卫生长效管理督查组组织了第四季度农村环境卫生督查，结合全年督查工作，现将督查情况通报如下：

一、达标单位

太星村　香塘村　岳星村　虹桥村　印北村　渠泾村　项桥村　岳镇村

二、一等奖（流动红旗单位）

泰西村　塘桥村　洪泾村　半径村　涂松村

续表

三、二等奖
庄西村　中荷村　新建村　胜利村　泥桥村
四、三等奖
利泰社区　凡山村　松南村
五、管理区
第一名　岳王管理区
第二名　直塘管理区　归庄管理区

希各村和管理区再接再厉，举一反三，做好 2012 年的工作计划，切实把农村和管理区环境卫生长效管理真正落到实处，创造一个适宜人居住的环境。

沙溪镇人民政府
2012 年 2 月 14 日

* 太仓市沙溪镇：《关于 2011 年度农村和管理区环境卫生督查情况的通报》。

从整体上看，沙溪镇在“政社互动”推进过程中已经尝试了一些行之有效的方法，并且已经认识到，深化“政社互动”改革，不仅要夯实基层基础建设，还要整合方方面面的力量，形成推进“政社互动”的合力。[①] 希望在新的实践中，沙溪镇能够结合本镇实际，创造出更多的样板和经验。

① 沙溪镇人民政府：《政社互动年度工作总结》（2011 年 11 月 25 日）。

第五章

城厢镇中区社区“政社互动”试点情况*

太仓市城厢镇中区社区位于太仓城区中心，社区居委会成立于1958年，辖区面积0.49平方公里。社区现有177幢居民住宅楼，常住居民2383户，7057人，分成36个居民小组，外来流动人口一千多人。中区社区的党组织为党委建制，现有党员173人，5个党支部，12个党小组和1个党员中心户，有3个各具特色的党员志愿者队伍。辖区内有行政、事业、企业单位18家，民营个体工商户420多家。近年来，中区社区先后获得全国和谐社区建设示范社区，江苏省和谐示范社区、民主法治示范社区、绿色社区、苏州市党建工作示范点、利用社区资源离退休干部服务工作示范点、未成年人思想道德建设工作先进社区、关心下一代工作先进集体、充分就业社区、巾帼文明岗、妇女工作先进基层组织、侨务工作先进集体、充分就业社区，太仓市十佳党建工作示范点、和谐社区建设标兵等荣誉称号。

中区社区所在的城厢镇是太仓市“政社互动”工作的首批试点镇，2010年4月开始试点。中区社区的“政社互动”工作，从试点至今已满两年。我们于2012年2月和5月对中区社区的“政社互动”工作进行了调研，通过实地观察、个别访谈、问卷调查等方式对该社区的“政社互动”工作的进展情况进行了全面考察和分析，现将有关情况概述于下。

---

* 本章由杨思派执笔。

一　中区社区“政社互动”基本情况

按照太仓市和城厢镇有关“政社互动”工作的总体部署和具体要求，中区社区在“政社互动”工作方面的基本做法如下。

（一）接受委托管理，做到三个明确

一是明确委托事项和管理目标要求。在“社区自治组织协助政府管理协议书”的拟定过程中，中区社区就委托管理事项与镇政府进行了反复协商，对工作目标要求进行反复研究，尽力做到工作事项合理清晰，操作办法简单可行。只有明确了具体的工作任务和目标，社区才可能在今后的全盘工作中，将委托管理事项纳入工作计划，统筹兼顾，穿插安排，取得工作的主动性。

二是明确保障条件。按照“权随责走、费随事转”的原则，在协议规定内的事项，政府实行委托支付，对协议之外的事项采取购买服务，谁入居谁购买。只有具备充足的经费保障，社区才可以针对委托管理的事项进行相应的物质准备、人员准备、技术准备，把各项服务资源落实到位。

三是明确评估方法和责任认定。在接受委托管理时，就要明确履职履约评估情况的具体细则，因为业绩评估与协助管理经费的到位和社区工作人员的工资报酬直接挂钩。

（二）处理委托协议，做到三次公开

第一，在政府委托管理协议协商起草之际，中区社区把政府委托管理的二十多项事项、权利义务以及经费保障、双向评估等具体内容，在社区公开栏进行公示，使社区居民对本年度居民委员会所承担的委托管理事项有初步的了解。

第二，在协议签订之前，对协议草案文本进行公示，召开社区居民代表会议进行民主讨论并投票表决，表决通过后方可进行签约，保障社区居民的民主决策权。2010 年 7 月 10 日，中区社区召开“民主决策日”活动，由居

民代表审议并通过了《委托管理协议书（讨论稿）》。2010 年 8 月 13 日，中区社区居民委员会主任与城厢镇镇长正式签署了《基层群众自治组织协助政府管理协议书》。

第三，协议签订后，定期向社区居民通报委托协议的履行情况，保障社区居民的知情权和监督权。中区社区主要通过“民主决策日暨政社互动通报会”的形式，向本社区居民通报“政社互动”工作的进展情况。“民主决策日暨政社互动通报会”每年召开两次，分别于年初（1 月 10 日左右）和年中（7 月 10 日左右）举行，参加会议的人员，包括居民代表、群众代表、党员代表、驻社区单位代表和社会组织代表。这些会议的主要内容包括向居民代表和其他与会人员通报“政社互动”协议委托管理事项清单、财务收支及其他相关情况等，同时听取政府对群众关心事项的通报和收集居民群众的意见和建议。如在 2011 年 7 月 8 日召开的“民主决策日暨政社互动通报会”中，居民代表提出了“整治农贸市场环境卫生”、“尽早开通老城区改造房天然气”、“整治马路乱停车乱摆摊”、“制止个别饭店夜间扰民”、“及时更换垃圾桶”等建议和意见。①

（三）明确成员分工，分解落实各项事务

委托协议签订后，社区对委托管理事项进行分门别类，同时对社区工作人员进行相应分工，把每项委托管理事项分解落实到具体工作人员，做到责任到人、工作到位，发挥各自优势，认真履行职责。同时社区居民委员会每月组织一次评估会，对政府委托管理事项工作的落实情况进行分析，对委托管理中遇到的困难，及时向政府或相关部门提出，协商解决办法和措施。

（四）认真履行委托协议，接受双向评估

实行“政社互动”以后，对基层群众自治组织的考核与之前明显不同。以前政府以行政命令的形式给基层群众自治组织指派工作任务，政府再对其进行单方面工作考核。如今社区工作做得好不好，到不到位，不只是由政府

① 《中区社区居委会会议记录》（2011 年 7 月 8 日）。

说了算，购买服务方和居民群众也参与评定。中区社区利用民主决策日活动，让居民代表从社区为民服务、关心弱势群体、社区文体教育等8个方面对社区的“政社互动”工作进行满意度测评（见表5－1）。中区社区的“政社互动”工作，在2010年和2011年两年的社区居民满意度测评中均为100分。

表5－1　社区居民满意度测评

序号	测评内容	分值	测评结果				小计
			满意	比较满意	不太满意	不满意	
1	社区为民服务	10					
2	关心弱势群体	10					
3	社区文体教育	5					
4	社区稳定工作	5					
5	社区环境卫生	5					
6	社区民主自治	5					
7	社工工作绩效	10					
8	社区综合评价	50					
合　计		100					

说明：

1. 本满意度测评采取无记名方式进行；考评者在“满意”、“比较满意”、“不太满意”、“不满意”中选一项打“√”。

2. 分值计算由考评小组负责（“满意”得100%、“比较满意”得85%、“不太满意”得70%、“不满意”得50%）。

3. 考评对象为社区居民组长10人左右、社区党员5～6人、社区残疾人或低保对象2～3人，社区居民代表5～7人，共20人。

此外，城厢镇政府于每年年终对各社区居民委员会和村民委员会就“政社互动”的履职履约情况进行评分。评估的分值由百分制和工作成绩突出加分两部分组成。百分制打分评估，是由城厢镇的各相关部门根据各自的工作事项进行打分，最后由镇民政办公室负责汇总。① 中区社区在2010年和2011年度“政社互动”履职履约评估中，得分分别是99.88分和100分（见表5－2）。

① 具体评估方法，参见《城厢镇城镇社区工作履职履约评估办法》。

表 5－2　城厢镇城市社区履职履约情况评分表（中区社区）

序号	考核部门	标准分	2010 年	2011 年
1	组织	8	8	8
2	宣传	6	6	6
3	纪检	6	6	6
4	统战	4	4	4
5	妇联	3	3	3
6	团委	3	3	3
7	人武	4	4	4
8	民政	8	8	8
9	文体	6	6	6
10	卫生	6	6	6
11	环保	6	6	6
12	建管	4	4	4
13	综治	6	5.88	10 *
14	司法	4	4	
15	安全	6	6	6
16	企管	2	2	2
17	统计	6	6	6
18	计生	6	6	6
19	社保	6	6	6
合　计		100	99.88	100

注：2011 年评估体系中“司法”和“综治”合并为“综治”一项，分值 10 分。

二　中区社区的特色做法

在实施“政社互动”过程中，县、镇一级政府把一些自身无法有效管理而群众又迫切需求的事项，通过委托协议的方式落实到了社区，这一方面为社区服务能力的提升提供了机遇，另一方面也对社区的服务能力提出了更高的要求。为顺利完成委托管理事项、提高社区服务能力，中区社区除了按照太仓市和城厢镇的统一部署安排外，还根据本社区的实际情况和特殊资源，充分发挥驻区单位、居民代表、社会组织的作用，形成了一些颇具特色的“政社互动”具体做法。

（一）充分发挥驻区单位的特色资源，提高社区服务能力

中区社区辖区内有行政机关、事业、企业单位18家，民营个体工商户420多家，这些单位作为社区的重要组成部分，是社区服务的潜在资源。中区社区党委发动辖区党建联席单位和“三进三为”挂钩单位①共同组织成立了“阳光爱心服务站”。成立阳光爱心服务站的目的就是要进一步加强社区服务工作的能力，改善以往因能力不足致使服务面狭窄的状态。为了把阳光爱心服务站打造成优质服务平台，发起者在服务站成立之初，就注重抓好“三个落实”。一是服务经费落实。通过与驻区单位协调沟通，在活动经费上得到了驻区单位的大力支持。18家驻区单位向阳光爱心服务站捐资4.3万元，作为爱心服务启动资金。这些资金实行专款专用，为许多无偿服务项目提供了有力的资金保障。二是志愿者队伍落实。中区社区全体工作人员是爱心服务站的当然成员，同时还向社会公开招募具备一定服务技能且有奉献精神的社会各界人士，壮大志愿者队伍。三是规章制度落实。爱心服务站作为一个为民服务的平台，既是服务机构，又是管理机构。发起者十分重视服务站的制度建设，制定了服务站工作制度，明确了服务站人员志愿者职责、服务站服务方式、志愿者服务积分考核办法，并定期召开志愿者会议，进行总结交流。此外，社区还成立了志愿者协会，以志愿者协会章程来约束和规范志愿者队伍。

阳光爱心服务站现有98名志愿者，分别来自18家驻区机关和企事业单位的党员志愿者、社区干部、社区民警、党员骨干、个私经营户、在职党员、驻区部队的官兵等。志愿者根据各自特长，分成扶贫帮困、医疗保健、家政服务、法律援助、信息咨询、上门理发和精神慰藉7个服务小组，开展经常性的爱心服务。社区为每个爱心服务志愿者建立个人档案，并设立爱心积分卡，把他们参加各种义务服务的内容、时间、效果用积分方式记入个人档案并储存在社区，形成以服务换服务的互惠、互利、循环运行机制。根据服务台账资料统计，自成立以来，阳光爱心服务站共发放爱心联系卡350多

---

① “三进三为”是指市级机关各单位党组织、各镇党委发动组织党员志愿者“进农村，为基层排忧解难；进企业，为发展建言献策；进社区，为群众热情服务”，太工委发〔2007〕8号文件《关于进一步深化“三进三为”主题实践活动的通知》。

张，分别在各个小区小巡回集中服务38次，医疗义诊1368人次，心理慰藉570人次，家政服务2280小时，免费理发268人，疏通管道4430米，维修防盗门137扇，水电维修116件，法律援助6人、咨询52人次，慰问困难户等弱势群体242人。阳光爱心服务站的活动深受社区居民的好评，居民对服务的满意率达到99%。①

除阳光爱心服务站外，中区社区还与共建单位开展了结对助学活动。中区社区居民委员会先后于2008年6月和2011年8月两次发动“红色1+3”联建单位与困难家庭学生签订帮困助学承诺书，共帮助贫困学生11名。②第一批7名受助学生均顺利完成学业走向工作岗位，其中5名学生毕业后加入社区志愿者协会，以回报社会对他们的关爱。

（二）依托群众骨干和专业化社会组织的力量，提供多样化服务

为丰富社区居民的文化娱乐生活，中区社区充分挖掘本社区的文艺人才，于2010年3月成立了以本社区群众为骨干的阳光艺术团，包括舞蹈队、合唱队、腰鼓队、健身队、拳操队等多支文体团队。艺术团定期为居民开展文艺演出，既满足了社区群众对文化服务的需求，又达到了自我教育、自我服务的目的。对一些需要专门知识的服务项目，中区社区则尝试通过社区内比较专业的社会组织或民间组织为居民提供有偿但价格优惠的服务。社区每周一下午，由原政法系统退下来的老同志组成的法律志愿者，为社区居民提供专业的法律咨询服务和矛盾调解。2011年，中区社区共为居民提供法律咨询80人次，调解矛盾纠纷4起。③

（三）创新工作方式，解决居民生活难题

在城市社区中，业主委员会“难产”和业主委员会得不到业主的广泛认可，是加强社区服务和管理过程中经常遇到的问题。针对这种情况，中区

① 《苏州日报》2010年11月7日载文《记太仓城厢镇中区社区党委书记王金亚》。

② “红色1+3”是指在机关（事业）、农村、企业和社区等四种类型党组织中，每种类型党组织分别联系其他三种类型党组织开展联建活动，做到“组织联合建设、活动联合开展、队伍联合培育、资源联合利用”，中区社区的“红色1+3”联建单位包括太仓市委组织部、市信访局、老干部局等10家单位，《中区社区居委会会议记录》（2011年8月17日）。

③ 见城厢镇中区社区居民委员会《2011年中区社区政社互动工作总结》。

社区通过耐心宣传和积极动员，以“海选”方式产生了令业主较为满意的业主委员会。人民二村小区 2010 年刚完成综合整治，按照预订计划，2011 年初要组成业主委员会，聘请物业管理公司。以往类似小区中的业主委员会成员通常只经过简单的自荐、公示、选举后产生，得不到业主的广泛认可，从而影响物业公司进驻和小区管理。为解决这一难题，社区工作人员加强了宣传和动员工作，从 2011 年 9 月开始，组织社区工作人员和志愿者挨家挨户敲门，进行耐心的宣传和摸底，了解居民想法。经过多次走访，在 257 户居民中，共征集到了 222 户居民的意见，居民家庭的参与率达到了 86%，居民推荐的候选人达到了八十多名。社区对这些推荐人选进行公示，并通过初选产生 9 名候选人，然后于 2011 年 11 月举行正式选举，最终产生了由 7 人组成的业主委员会。业主委员会委员中有机关工作人员、退休教师、社区志愿者等，他们在小区中都有一定威望，得到了大家的认可。业主委员会产生以后，很快就聘请物业公司开始工作，解决了 257 户居民的生活难题。①

三　中区社区“政社互动”效果评估

中区社区的“政社互动”工作，从试点至今已满两年，实施效果究竟如何，社区居民和干部对此有最直接的感受。社区干部和居民在座谈中表示，“政社互动”在以下几个方面发挥了积极作用。

第一，“政社互动”理顺了政府与基层自治组织的权责关系，解决了基层组织究竟做什么的问题。社区居民委员会王主任指出，过去自治组织的自治界限不明确，长期处于政府的行政隶属下，自治权利无法实施，政府叫我做啥我做啥，有许多我们想做的事却不敢做，许多我们不想做的事却也不敢不做，怕得罪了政府部门。现在，通过签署委托协议，社区的工作任务十分明确，相关的事项从过去的七十多项变为了现在的二十多项，政府部门不能随意下派额外的任务，有时候还能主动为社区挡住了一些部门的干涉。这在一定程度上减轻了社区干部的工作负担，使他们有更多的时

① “太仓热线”2011 年 11 月 15 日载文《太仓人民二村“海选”业委会委员》。

间和精力为普通社区居民服务。此外，通过“政社互动”，各个政府部门的工作作风也有所改变。①

第二，“委托协管”有了政府的经费保障，解决了想做不能做的问题。资金短缺是长期困扰社区工作的难题，无论是访贫问苦，救灾救助，还是基础设施修护，为民服务，都需要资金支持，因经费不足导致过去很多事情无法顺利开展。实行“政社互动”后，按照“费随事转”的项目经费管理原则，很多工作经费都由政府买单，资金有了比较可靠的保障。如 2011 年的人口普查工作，面广量大，质量要求高，但由于政府给予明确的经费保障，社区聘用了 45 名普查员，在规定的时间内，圆满完成了 10600 名居民的人口普查工作。②

第三，有助于提高社区服务水平，拓宽群众参与渠道。实行“政社互动”以来，由于政府各个条线部门下达的任务明显减少，加之有比较充足的经费保障，使得社区有较多的时间、精力和资源动员和整合各种社会力量，为社区居民提供更好的服务。中区社区在实行“政社互动”过程中，重视居民特别是居民代表对委托协议的讨论和对社区履职履约情况的评估，为基层自治的群众参与提供了一个新的渠道。

尽管“政社互动”的实行给社区工作确实带来了诸多好处和积极变化，但调研中仍可发现，“政社互动”工作还存在不少问题。

首先，“政社互动”对社区工作人员的“减负”效果比较有限。尽管政府与社区签订了委托协议书，对社区协助政府管理事项作了明确的规定，但是政府一些局委办的领导还是没有转变观念，有时候还是习惯性地以指令的方式给社区指派工作。社区工作人员对政府部门违约指派任务的做法，实际上没有办法也不敢拒绝。在调查中，我们就发现太仓市档案局要求社区对档案资料按统一规定的标准进行归类、整理、装订等，并限时进行验收检查，而这种任务并不在协议规定的事项之内，并且未给予相应的经费支持和报酬，实际上增加了社区干部的工作量和社区的负担。

其次，社会组织发展不健全，无法有效承接服务。中区社区的许多志愿

① 参见城厢镇中区社区居民委员会《2011 年中区社区政社互动工作总结》。

② 参见城厢镇中区社区居民委员会《参与政社互动实践　享受管理创新成果》（2011 年 4 月 9 日）。

工作和社区服务基本上是由社区工作人员和辖区内的企事业单位利用业余时间和单位资源提供的，而不是真正意义上的社会组织提供的。由于机关企事业单位的人数和资源的限制，他们提供服务的种类和服务对象的数量都是十分有限的，不可能满足全体居民的多元化需求。在其他农村和社区，根本没有类似的驻区资源，社会组织的培育和发展显得更加迫切。只有在社会组织充分发展成熟的情况下，政府放手的社会管理和公共服务才能在社区范围内得到较好的提供。

再次，社区服务水平的提高与“政社互动”并无必然联系。中区社区社区服务的重要载体阳光爱心服务站早在2008年就已经成立，阳光艺术团也是在“政社互动”前成立的。因此，我们可以说“政社互动”只是为已有的服务团体提供了新的资源和发展空间，但并没有催生新的服务平台，增加服务力量。

第六章

双凤镇凤中村“政社互动”实施情况*

2010年5月以来，太仓市、镇两级政府在双凤镇各村、社区进行了政府行政管理与基层群众自治有效衔接和良性互动的试点。自此，双凤镇和所辖各村、社区都围绕“政社互动”展开了积极的实践和大胆的探索。作为双凤镇政府所在地的凤中村，按照市政府、镇政府的要求，稳中求进，开拓创新，不仅落实了“政社互动”的做法，还在实践中摸索出具有凤中村特色的新路子，现根据实地调研，概述该村实施“政社互动”的基本情况。

一　凤中村概况

双凤镇凤中村是由原来的凤东村、凤北村、凤中村、缪泾村四村合并而成。村总面积7.8平方公里，流转土地4616亩，现有耕地面积2048亩，设有48个村民小组，1152户农户，常住人口3822人，吸纳外来人口4450多人。凤中村位于204国道双凤镇周边，东临太仓黄金水道盐铁塘，西靠吴塘河，南邻双凤镇黄桥村，北接沙溪镇直塘村，便捷的水陆交通使得凤中村的投资优势得天独厚。

近年来，凤中村各项事业均得到了快速发展。工业以针织、彩印、食品、五金、化工为主。迅速崛起的凤中工业园与富豪工业园、温州工业城形成

* 本章由王艳执笔。

“以工兴镇”三足鼎立之势，发展态势十分强盛。农业以发展温氏养鸡，水产养殖和蔬菜种植为特色，城郊型经济初步形成。服务业获得长足发展。全村三次产业协调发展，村级经济日益壮大，目前拥有净资产1162万元。

凤中村2010年村级可支配收入达600万元，[①] 2011年村级可支配收入800万元，农民收入不断提高，人均收入达到19120元。[②] 此外，党建、文教卫生、社会保障、环保绿化、扶贫救助等各项事业蓬勃发展。为此，凤中村先后获得了“太仓市文明单位”、“太仓市十佳推进农村十项实事工程先进村”、“江苏省卫生村”、“江苏省生态村”、“民主法治示范村”、“苏州市文明村”、“先锋村”等荣誉称号。

二　凤中村“政社互动”的实施

“政社互动”在凤中村的实施，主要经历了三个阶段。

（一）学习阶段

2010年4月，“政社互动”由以城市社区为主的城厢镇和以农村村民委员会为主的双凤镇先行试点。

2010年5月27日，双凤镇举办了一期“政社互动工作”专题培训，[③] 要求进一步推进政府行政管理与基层群众自治互动工作，将基层群众自治组织培育成为自治能力提升的“推进器”。时任凤中村村民委员会主任的潘雪荣参加了此次培训，并在培训后，在凤中村专门召开会议，将培训的内容传达给所有村民委员会成员。

2010年6月9日，双凤镇召开“政社互动”工作条线部门研讨会。[④] 该镇“政社互动”试点工作领导小组副组长、郳锦良副镇长对太仓市“政社互动”工作实施方案进行了详细解读，并对此后的推进工作进行了具体部

---

① 《2011年凤中村工作报告》。

② 《2012年凤中村情况介绍》。

③ “太仓民政网”2010年6月10日载文《双凤镇积极推动“政社互动”工作》。

④ “太仓民政网”2010年6月14日载文《双凤镇组织“政社互动”专题研讨》。

署。会上，各职能部门对该镇委托管理协议书（初稿）进行了认真讨论，并提出了相关修改意见和建议。

（二）签约阶段

2010年8月13日，在太仓市的娄东宾馆举行了“太仓市城厢镇、双凤镇《基层群众自治组织协助政府管理协议书》签约仪式”，由两镇的镇长分别与本镇的村民委员会、居民委员会主任签定协议书。[①] 凤中村的法定代表人、凤中村村民委员会主任潘雪荣与太仓市双凤镇人民政府法定代表人、双凤镇副镇长王莉萍签署了《双凤镇基层群众自治组织协助政府管理协议书》（见表6-1）。

表6-1　双凤镇凤中村基层群众自治组织协助政府管理协议书

双凤镇基层群众自治组织协助政府管理协议书
甲方：太仓市双凤镇人民政府　　　　法定代表人：王莉萍 乙方：凤中村村民委员会　　　　法定代表人：潘雪荣 为了规范政府行政行为，增强社会自治功能，保障基层民主权利，实现政府行政管理与基层群众自治有效衔接和良性互动，经甲乙双方协商，特订立如下协议： **一、协助政府管理事项：** 按照相关法律法规的规定，乙方协助甲方管理的事项主要包括： （一）社会治安工作： 1. 维护社会治安、未成年人保护、禁毒防范和社区戒毒、协助查处赌博、暂住人口管理、租赁房屋的安全防范和治安管理； 2. 养犬管理； 3. 开展消防宣传教育、群众性消防工作。 （二）交管工作：农村公路的建设、养护和管理。 （三）计生工作： 1. 计划生育工作和流动人口婚育登记、查验等； 2. 社会抚养费征收。 （四）民政工作： 1. 优抚救济、农村五保供养、居民最低生活保障、残疾人保障、老年人保障和社会救助工作； 2. 出具收养证明。 （五）国土资源工作：农田保护。 （六）劳动保障工作：劳动保障服务；劳动争议调解。 （七）物价工作：价格监督服务。 （八）司法工作：社区矫正工作。 （九）文广工作：卫星地面接收设施管理。 （十）卫生工作：

① 《太仓民政》第101期（2010年9月28日）载文《我市“政社互动”试点加快运行》。

续表

1. 公共卫生和传染病预防与控制、艾滋病防治、组织村民受种疫苗；
2. 药品质量监督。
（十一）教育工作：青少年教育，督促适龄儿童、少年入学。
（十二）统计工作：农业、经济、污染源普查及人口普查等。
（十三）安全工作：
1. 落实安全生产责任制及安全知识培训工作；
2. 组织开展对企业安全生产监督检查等安全活动；
3. 农机安全监督管理；
4. 农村道路交通安全；
5. 气象灾害防御知识宣传和应急演练。
（十四）环境治理工作：农村环境保护。
（十五）谁来工作：落实防汛、抗旱、防台措施，加强河道长效管理。
（十六）动物防疫工作：动物疫情应急处理。
（十七）征兵工作：兵役登记及政审。
（十八）其他依法协助管理的事项。

二、双方权利义务：

1. 甲方的权利义务：甲方应提供必要的乙方协助管理事项的所需经费；甲方对乙方的管理情况实施评估；评估结果与支付的协助管理经费挂钩；甲方应对乙方协助管理的事务加强指导；法律规定由甲方享有的其他权利义务。

2. 乙方的权利义务：乙方协助甲方管理本协议书规定的事项；乙方依照甲方要求在本区域开展各类协助事项的管理工作；在协助管理过程中遇到困难，及时向甲方提出，共同商讨解决办法和措施；乙方须定期向辖区群众通报工作情况，接受群众的监督，收到群众意见后及时通报给甲方，做好群众工作；乙方根据甲方的要求及自身工作需要，有计划、有措施、有总结，健全各类管理活动的台帐；法律规定由乙方享有的其他权利义务。

三、协助管理经费及支付方式：

1. 协助管理事项采用百分制计分，根据评估结果支付协助管理费。

2. 协助管理费：达到 80 分为合格，享受 2009 年下拨基数。80 分以上分值（不含 80 分）村为 2400 元/分，社区为 800 元/分。

3. 协助管理费的使用：主要用于定工干部基础工资和全体村干部的嘉奖，同时作为评选先进的依据之一。

四、其他：

1. 协议期限：2011 年 1 月 1 日起至 2011 年 12 月 31 日止。如需续订，则期满前一个月向对方提出书面意见。

2. 本协议未尽事宜，由甲乙双方协商解决，所签订的补充协议为本协议的组成部分，具有同等法律效力。

3. 本协议一式四份，甲乙双方各执一份，甲乙双方同级党组织各备案一份；本协议经双方盖章及法定代表人签字生效，甲乙双方同意将协议书效力追溯至 2011 年 1 月 1 日。

4. 本协议书评估细则及评估方法另行制定。

5. 协议履行中若发生争议，首先通过甲乙双方协商解决，如协商不能达成一致，也可以通过相关法律途径解决。

甲方（盖章）：	乙方（盖章）：
法定代表人（签字）：	法定代表人（签字）：
年　　月　　日	年　　月　　日

需要说明的是，双凤镇的协助管理费按照100分计算，达到80分的即由镇政府拨付全年协助管理费，81分及以上的得分则为奖励分，按每分2400元（村民委员会）或800元（居民委员会）拨付奖励费用。

（三）履约与评估阶段

2010年8～12月，凤中村按照协议开展与“政社互动”有关的各项工作。

2011年1月，双凤镇对“政社互动”进行双向评估，凤中村村民委员会的履职综合得分为94.47分（见表6－2），村民委员会履行基层群众自治组织10类职能的得分率由高到低的排序是：（1）调解民间纠纷（96.07%）；（2）开展社区服务（95.67%）；（3）组织召开会议报告工作（95.30%）；（4）办理本地区公共事务和公益事业（95.20%）；（5）预防犯罪（95.10%）；（6）发展农村经济（94.00%）；（7）发展文化教育（93.90%）；（8）管理集体土地、财产（92.75%）和宣传法律、法规和国家政策（92.75%）；（9）保护和改善生态环境（91.88%）。

表6－2　2010年度凤中村村民委员会“政社互动”履职评估结果

编号	履职项目内容	分值	得分	得分率(%)
1	管理集体土地、财产	8	7.42	92.75
2	发展农村经济、维护村(居)民的合法权利和利益	10	9.4	94.00
3	办理本地区的公共事务和公益事业；开展突发事件应急演练，组织群众开展自救和互救；动员和组织适龄公民参加献血	10	9.52	95.20
4	宣传法律、法规和国家政策	8	7.42	92.75
5	发展文化教育，普及科技知识，开展社会主义精神文明建设活动；推动、帮助村农业技术推广服务组织和农民技术人员开展工作；组织开展全民健身活动	10	9.39	93.90
6	调解民间纠纷；做好家庭暴力、遗弃家庭成员的调解工作；调解土地承包经营纠纷	14	13.45	96.07
7	保护和改善生态环境	8	7.35	91.88
8	开展社区服务	12	11.48	95.67
9	组织召开村(居)民会议并向村(居)民会议报告工作；督促村民遵守村民自治章程、村规民约	10	9.53	95.30
10	预防未成年人犯罪，做好妇女、老年人权益保护，残疾人工作；担任未成年人、无民事行为能力或者限制民事行为能力的精神病人的监护人	10	9.51	95.10
合计		100	94.47	94.47

2010年度凤中村完成镇政府各部门行政委托事项的综合得分为93.57分（见表6－3），行政委托的12类事项得分率由高到低的排序是：（1）综合治理（96.36%）；（2）计划生育（95.70%）；（3）文教卫生（95.43%）；（4）民政（95.20%）；（5）劳动保障（94.80%）；（6）安全生产（94.20%）；（7）人武部（94.00%）；（8）司法（92.43%）；（9）统计（91.00%）；（10）国土资源（88.83%）；（11）水利站（82.00%）；（12）动物防疫（81.00%）。

表6－3　2010年度凤中村村民委员会“政社互动”行政委托事项评估结果

编号	行政委托事项内容	分值	得分	得分率(%)
1	(综合治理)维护社会治安、未成人保护、禁毒防范和社区戒毒、协助查处赌博、暂住人口管理、安全防范和治安管理;养犬管理;消防宣传教育和群众性消防工作	14	13.49	96.36
2	(计划生育)计划生育工作和流动人口婚育登记、查验等;社会抚养费征收	10	9.57	95.70
3	(民政)优抚救济、农村五保供养、最低生活保障和社会救助工作;出具收养证明	10	9.52	95.20
4	(国土资源)农田保护工作	6	5.33	88.83
5	(劳动保障)劳动保障服务;劳动争议调解	10	9.48	94.80
6	(司法)社区矫正工作	7	6.47	92.43
7	(文教卫生)公共卫生、传染病预防与控制、艾滋病防治和组织村(居)民受种疫苗;药品质量监督。青少年教育,督促适龄儿童、少年入学	14	13.36	95.43
8	(安全生产)设立安全生产工作小组,开展安全生产活动,落实安全生产措施。气象灾害防御知识宣传和应急演练	10	9.42	94.20
9	(统计)农业、经济、污染源普查	6	5.46	91.00
10	(人武部)征兵及政审	7	6.58	94.00
11	(水利站)落实抗旱措施	3	2.46	82.00
12	(动物防疫)动物疫情应急处理	3	2.43	81.00
合计		100	93.57	93.57

2011年凤中村继续开展“政社互动”工作。2011年12月，凤中村对镇政府工作进行了综合评估，对政府总体工作给了100分的满分，政府各部门工作的平均得分为99.5分，在19个接受评估的部门中，人武、劳保、卫生、文体、统计、司法、企管、民政、财政9个部门得到了100分的满分，

农经为 99.5 分，农技、防疫、科教、环保、国土、综治 6 个部门均为 99 分，建管、水利 2 个部门均为 98.5 分，只有城管为 94.5 分。①

三 凤中村的“政社互动联络员”做法

为了进一步充实“政社互动”试点工作的内容，畅通群众利益诉求渠道，提高群众自治能力，更好地维护和实现群众的参与权、监督权，提升基层群众组织的自治能力和水平，双凤镇特别制定了“四日制度”。2011 年 1 月 8 日，双凤镇政社互动“四日制度”启动仪式在凤中村隆重举行，在启动仪式上与会领导向“政社互动联络员”颁发证书，标志着“政社互动联络员”做法开始实施。设立“政社互动联络员”，是完善村民自我管理和加强基层政治沟通的一个有益探索，该做法实行一年，已取得一些重要的成绩。

（一）提出背景

为进一步促进“政社互动”发展，2010 年 12 月 31 日双凤镇下发了《关于建立政社互动“四日”制度的意见》（双委发〔2010〕39 号），要求建立信息反馈日制度、情况通报日制度、政务公开日制度、信访接待日制度。“信息反馈日制度”的主要内容是：“村（居）委会以村民小组、居民小组为单位，聘请‘政社互动’联络员，每月定期入户走访，收集群众提出的各项建议、意见。各村（居）委会将当月辖区内收集的情况及依法履行职责的情况进行梳理，以每月一表的形式通过书面、电话、网络等多种手段将涉及行政部门需要解释、答复的事项等信息及时反馈给镇政府‘政社互动’工作办公室。原则上每月底最后一天为信息反馈日。”在该意见的指导下，凤中村根据本村的实际情况制定了具体的规则。

（二）“政社互动联络员”的产生办法

凤中村共有 48 个居民小组，每个居民小组大约由 24 户组成，每个小组

① 《2011 年度凤中村对镇政府工作评估表》。

都设有小组长。凤中村以原有的居民小组为依托，聘请48名居民小组长为村民联络员（联络员名单见表6－4）。[①] 凤中村的居民小组长主要由老干部、老党员和村民代表构成，[②] 他们在村里的威信较高，为村民服务的积极性也比较高。此外，由于他们长期负责居民小组的具体事务，对小组成员的情况较为了解，为他们开展联络工作奠定了坚实的基础。由居民小组长兼任“政社互动联络员”，将人力资本的效应发挥到最大，并且使旧有的组织设置在新的制度设计下焕发出了新的活力。

表6－4　凤中村“政社互动联络员”名单

组别	姓名	组别	姓名	组别	姓名
1	沈月珍	17	丁桃妹	33	范培亚
2	陆介祥	18	张仲娟	34	俞学中
3	季小妹	19	姚二妹	35	方玉英
4	季瑞英	20	杜志娟	36	徐秋萍
5	蒋罗咪	21	刘利珠	37	王凤英
6	洪杏珍	22	王　大	38	冯秀珍
7	曹品亚	23	范丽亚	39	周彩珍
8	周凤林	24	张俊其	40	马招娣
9	胡阿秀	25	陈阿罗	41	孟阿六
10	盛惠英	26	黄士荣	42	曾小珍
11	严瑞珍	27	潘阿二	43	曹　妹
12	王月琴	28	马美英	44	徐月英
13	周连娣	29	骆文正	45	徐妹囡
14	周玲玲	30	徐大本	46	黄阿珍
15	徐惠英	31	陈凤珠	47	赵秀珍
16	周仕明	32	徐金妹	48	徐杏英

（三）联络员的工作内容

（1）深入群众，随时了解情况。联络员要与村民建立密切的沟通联系渠道，及时了解和反映村民的意愿和要求。联络员扎根于群众，可以随时深入村民，了解村民碰到的问题。村民也因为联络员的威信而愿意向他们反映

① 《凤中村2012年工作报告》。

② 资料来源于2012年2月28日访谈。

相关问题。如果涉及面不大，联络员凭借其自身影响，便可以即时解决。如果事情的解决超出联络员的能力和权限，则由其记录整理，将该问题带到联络员会议上解决。

（2）汇总问题，开会集中解决。凤中村每月 20 日定期召开“政社互动联络员”会议，联络员会将一个月来收集到的信息加以整理，带到会上进行讨论。如果问题属于村民自治范畴，该问题便会在村民委员会召开的会议上集中讨论，采用民主解决的办法；如果问题超出村民自治范畴，则由村民委员会向双凤镇“政社互动”办公室提出，由问题所涉及的镇政府有关部门沟通解决。

（3）设立机构，村民随时到访。除了“政社互动联络员”定期深入村民家中了解情况外，村民委员会内也设置了相应的机构接待村民的随时来访。凤中村由原来的四个村合并而成，由于村民习惯找合并之前的村委负责人反映问题，所以在村民委员会也相应设置了 4 个片区。这样的机构设置，方便了村民反映问题，是对联络员工作的有效补充。

（四）联络员的待遇

双凤镇每个月给“政社互动联络员”发放 200 元的补贴，在此基础上，凤中村为了进一步激励联络员的工作积极性及方便联络员的对外联系，给每位联络员配备了手机，该费用由村集体财产拨付，使联络员的工作积极性更加高涨。

（五）“政社互动联络员”做法评价

“政社互动联络员”的做法不仅畅通了基层群众利益诉求渠道，搭建起了政府与基层群众自治组织之间的沟通平台，也保障了村民的民主权利，得到了村民的好评，并产生了以下积极效果。

（1）集中收集信息，减轻了基层政府的上访压力。在设置“政社互动联络员”之前，村民遇到问题，动辄就到镇政府、县政府上访。这种做法不仅会在一定程度上干扰镇政府的正常工作秩序，而且事实上也不利于村民问题的解决。如今，联络员作为信息传递系统，将村民的问题有组织的、有秩序的集中到村民委员会，再由村民委员会向镇政府提出，不仅对维持基本社会秩序有利，也在一定程度上集中了基层的力量，事实上形成与镇政府博弈的一方，有利于问题的解决。

（2）及时进行调解，化解了大量的基层矛盾。“政社互动联络员”的最大功效是在镇政府、村民和村民委员会三者之间搭建了一个固定的沟通平台。通过该平台，村民的利益和意志能够得到迅速的反映和实现，村民的不满情绪可以通过它而尽快得到缓解，这样就大大减少了因为不满情绪积聚而形成的基层矛盾。

（3）注重民主决策，促进了农村事业的发展。“政社互动联络员”不仅收集村民的不满意见，还会收集村民对于促进本村各项事业发展的各种建议。“智者在民间”这一俗语在基层社会仍然适用，只有村民才能真切地知道自己的所需、所求，能切身体会到自身所面临的问题，因此在他们中间不乏“能人”，能够提出关于治村治镇的好建议。此外，通过把涉及村民利益相关的事及时进行讨论并解决，也扭转了少数村干部说了算的局面。从信息的收集到决策的作出，都充分吸收了村民的参与，考虑了村民的意见，保证了决策的民主化，减少了决策推行中的羁绊，从而在根本上推进了农村各项事业的发展。

“政社互动”联络员工作开展一年以来，取得了不少成效，但也存在一些不足，主要体现在“政社互动联络员”这一做法并没有完全制度化。目前，对联络员做法形成的制度性安排，只有联络员开会的时间是固定的。但是对于联络员平时如何深入村民进行信息收集，联络员的工作效果如何评估，都还没有制度化的安排，联络员的工作完全取决于联络员的自觉程度。此外，在调研过程中，笔者也发现召开过多次的联络员会议竟然没有相应的会议记录，这当然和农村的实际情况相关，但是如果要让该做法切实发挥作用，而不是沦为“政社互动”的一个摆设，那么它有必要从制度形式上加以规范和完善。

四　凤中村“政社互动”工作的积极评价

“政社互动”在双凤村开展以来，取得了不小的成效，主要体现在两个方面。

（一）村民普遍对“政社互动”持积极看法

从访谈情况来看，村民普遍对“政社互动”持积极看法。[①] 综合村民的意见，他们主要认为“政社互动”总体上来说“从上到下都有好处”，但村民委员会成员和普通村民看法有所不同。

村民委员会成员认为“政社互动”起了以下作用：（1）明确了政府和基层群众组织的关系，加强了自治组织的能力。（2）加深了政府和社会群体的交流，提高了政府的透明度。（3）会议数量减少。由于政府集中办事情，所以会议明显减少，平均一周开不到一次会议。（4）融洽了干群关系，所聘的 48 名联络员能及时反映村民遇到的热点问题。（5）由于现在小事不出村、大事不出镇，使得村民委员会压力增加，对村干部要求提高，促使村干部的工作能力提高。（6）使村民委员会工作重心前移，掌握、解决、发现问题的能力提高。

普通村民认为“政社互动”起了以下作用：（1）真正代表了村民的意见。（2）不同于以前的任意摊派。（3）给老百姓做了好事，各类矛盾明显减少。

（二）“政社互动”产生的实际效果

（1）加强了政府与基层群众的沟通，减少了村民越级上访的频次，稳定了基层秩序。如自实施“四日制度”以来，凤中村建立了村民来访登记接待制度，实行分片负责制，将村民来访情况和处理结果进行登记，对涉及需要政府部门解决的问题及时向有关部门汇报，并将处理结果及时向当事人答复。2011 年共接待来访 22 起 81 人，村直接答复处理的 19 起，由政府部门直接与村民对话的 3 次。村民的上访案件得到了妥善处理，确保“件件有着落、事事有回音”，得到了村民的好评。[②]

（2）及时了解村民遇到的问题并集中处理问题，有利于缓解基层矛盾。如凤中村第 12、第 22、第 14 组在拆迁安置中，农户与政府部门之间产生矛盾，联络员将该问题反映到村民委员会后，由村民委员会统一反映到镇

① 据笔者 2012 年 2 月 28 日与双凤镇相关人员访谈资料汇总。

② 双凤镇凤中村：《发挥自治功能，维护社会稳定》（2011 年 3 月 31 日）。

“政社互动”办公室。镇政府对该问题非常重视，由政府出面，集中联络了拆迁办公室等相关部门到凤中村现场办公，通过有关部门与村民之间对话达成了共识，圆满解决了由于拆迁安置造成的村民与镇有关部门的矛盾。

在2012年5月凤中村的访谈中，还了解到了凤中村对违规塑料加工厂的处理过程，访谈记录如下：

村委会主任：我们村曾经有一个塑料加工厂，就是那种把废弃的饮料瓶收来，用机器化掉，再弄成小颗粒卖出去的小厂。生产过程中不但产生噪音，而且还会有刺鼻的气味。村民们意见很大，经常来村委会要求处理此事。但是村委会也没有权力去处理，只能上报镇里，镇里再上报市里。但过了好久都没有回应。我们就直接到市里，先是向环保部门反映，环保部门说这种小厂肯定是没许可证的，叫我们去工商部门反映情况。我们到工商部门，工商部门说确实是没有证件，但是他们叫我们去电力部门，说这肯定是违规用电了。我们到电力部门，他们说那个地点是居民楼，不是厂房，如果居民楼擅自改成厂房是要经过批准同意的，叫我们去国土部门。反正就是踢皮球，你推我，我推你，就是不给解决。等实行“政社互动”以后，我们把这个事反映给镇里，镇上反映上去后，组成了一个联合执法小组，把这个事给解决好了。

问：你们怎么没用其他的方法呢？毕竟农村都是熟人社会，为什么会这样撕破脸？为什么没有用那种私下的协商和利用舆论的压力？

村委会主任：这个小厂的厂主是外地人，租的我们村的房子。房主呢一直不在村里，并且租的期限也挺长。我们不是没跟厂主谈过，可人家说他出了钱，他爱干吗干吗，别人管不着。

问：政社互动之后那次，从反映问题上去到最终解决总共用了多少时间？

村委会主任：大概两个多月吧。

问：怎么还会这么长时间呢？

村委会主任：这已经很不错了。可能电管站收电费的周期是固定的，或者说多个部门执法要相互协调。

（3）注重听取和收集村民的意见和建议，促进了基层民主的发展。在“政社互动”实践中，凤中村村民围绕如何加强农村土地承包与流转管理，强化农村土地管理与农村环境整治，发展合作农场与经营机制创新等方面深入进行了大讨论。通过大讨论，村民委员会广泛听取和收集了各方面的意见和建议，并针对活动中查找出的问题，研究制定了具体解决办法。

五 进一步深化“政社互动”的意义

不可否认，“政社互动”做法刚刚起步，还存在这样或那样的问题，但仍应坚持“政社互动”的探索，是因为其中蕴涵了更多的合理因素。

（一）加强基层政治沟通的新渠道

解决农村发展中遇到的问题，加强农村政治沟通是一个重要的途径。农村政治沟通研究对中国农村政治建设乃至社会主义和谐社会的建设都具有重大意义。在农村，农民需要政府的帮助和引导，通过沟通来表达和实现自己的利益；政府制定的政策，亦希望被农民接受，这就需要从农民那里获取必要的信息来减少运行成本。农村政治沟通的主体分别是基层政府、群众自治组织和村民，沟通主体实力不对等是普遍存在的问题，“政社互动”已经开始尝试解决这一问题。

在“政社互动”中，将联络员作为基层政治沟通的新渠道，使村民有了自己的民意代表（政社互动联络员），通过他们，村民的意见和建议可以反映到村民委员会和镇政府，这实际上建立了一种新型的政治输入关系，有利于加强村民的沟通实力，有助于科学决策、民主管理的落实，也将极大地落实村民的参与权，可以充分调动广大村民的积极性。

在“政社互动”中，村民委员会作为基层群众自治组织，也可以将所遇到的问题与基层政权进行沟通，由此能够有效地凝聚村民的力量，使村民委员会确实能够在基层的政治沟通中发挥自己的组织优势。

（二）加强基层民主管理的新手段

村民自治制度在我国实行已有二十余年，在村民委员会选举方面有了巨大的进步，但是在民主决策、民主管理、民主监督方面发展缓慢，尤其是民主管理远远落后于现实社会管理需要。村民委员会在民主管理中居于核心地位，是村民进行自我管理的载体。但在实际生活中，村民委员会到底是乡镇政府的“传话筒”，还是村民的自治组织，还存在模糊认识。太仓市“政社互动”的实践，正是为了还权于民，使村民委员会成为真正意义上的村民自治组织，切实实现民主管理、民主监督和民主决策。通过“政社互动”，凤中村在一定程度上实现了村民自我收集信息、自我讨论解决办法、自我实行管理的目标，这不仅在实际上加强了民主管理，更在一定程度上促进了基层民主自治的发展。

第七章

城厢镇东林村的“党员议事小组”*

城厢镇是“政社互动”的试点单位，而东林村作为城厢镇的辖区单位，利用城乡一体化建设的契机，以其独创的“党员议事小组”形式，生动地诠释了“政社互动”的精神。现根据相关文献材料和实地调研材料，对东林村党员议事小组的相关情况作出说明。

一　东林村的基本情况

太仓市城厢镇东林村位于太仓市新区以北，新毛区半径河以东，北与沙溪镇交界，南至苏昆太高速公路，东靠近沙溪镇沿江高速公路，辖区面积7万平方公里，耕地面积4400亩。全村人口数为3060人，其中农村劳动力1640人，中共党员154人，外来人口320人。村农户总数为766户，村民小组48个。2007年以前，东林村是一个以农业生产为主要经济来源的村庄。近年来，该村通过多元化的经济发展措施，实现了村级经济收入的成倍增长，截至2011年，村级收入已由2006年的208万元增加到1512万元。鉴于东林村在经济建设方面的突出表现，苏州市委和苏州市人民政府于2011年特向该村授予了“村级经济百强村”荣誉称号。

---

* 本章由曲甜执笔。

自2007年起，太仓市城乡一体化建设不断推进，东林村作为试点村之一，利用太仓市金仓湖区域开发建设的机遇，在全村5平方公里规划范围内全面开展拆迁工作。2012年，全村750余户农户已入住东林佳苑等安置小区，实现集中居住。同时，搬迁村民通过劳务合作社、物业管理公司、合作农场以及农产品营销中心等更加新型和多样化的经济创收方式，实现了收入水平和生活水平的双重提高。东林村在城乡一体化建设中取得的成绩有目共睹，近年来不断获得各种奖项，如“江苏省社会主义新农村建设先进村”、“江苏省文明村”、“江苏省民主管理示范村”、“先进基层党组织”和“经济百强村”等。

在“金仓湖”项目的实施过程中，特别是村民的拆迁安置过程中，村党支部和村民委员会（以下简称“村两委”）面临一系列关乎村民切身利益的热点问题和难点问题。面对特定的建设环境，村两委认为，原有的组织系统已无法完全适应新形势的需要，必须探索新途径以解决当前的新问题。此时，正逢太仓市尝试“政社互动”的改革，城厢镇作为试点单位，更是将这一工作放在重中之重的位置上。东林村借助有利的宏观背景，开始思考如何有效地调动基层力量开展村里的工作，“东林村党员议事小组”由此应运而生。它一方面可以助拆迁建设工作一臂之力；另一方面也可以为日后东林村的持续发展做好组织上的准备。

二　东林村党员议事小组的成立

2007年8月3日，东林村在村民议事室召开“党员议事组成立大会”，标志着该村党员议事小组的正式组建。议事小组成员产生的方式是，先通过自我报名和党员大会（由155名党员组成）推荐两种方式产生候选人，后经党员大会以1∶2～1∶3的比例进行差额投票选举，最终选出32名党员，组成党员议事小组（党员议事小组成员名单见表7－1）。同时，根据社会主义新农村建设的“二十字方针”（生产发展、生活宽裕、乡风文明、村容整洁、管理民主），将党员议事小组分成三个小组，履行不同方面的工作职责。

表 7-1　东林村“党员议事小组”成员表*

东林村党员议事小组成员名单	
富民强村议事组	组长:陆丽琴 成员:顾祖兴、侯英、黄振梅、王雪林、王剑鸣、陈建兵、陈建明、刘惠方、曾国红、张健、苏齐芳
民主管理议事组	组长:许国才 成员:陈耀初、邵雪珍、沈健、张金龙、薛海红、孙召兴、徐凤华、周培英、张耀忠
村容整洁议事组	组长:王喜忠 成员:侯汉文、张元生、徐月海、王建新、叶瑞荣、吴佰兴、陈耀明、王孝义、张卫青

* 见城厢镇东林村《党员议事组成立大会会议记录》，2007 年 8 月 3 日。

其中，组长人选由村民代表大会和党委会研究通过，组长和成员名单由与会者（党员议事组全体成员）鼓掌通过。据了解，党员议事小组成员大多是退休干部、村劳务合作社的骨干、卫生站医生以及业主委员会成员，享有较高群众威望并具备一定创新理念的人士，这为小组日后顺利开展工作提供了重要的保障。

三　东林村党员议事小组的规章制度

为使各项工作更加规范、有效，东林村为党员议事小组特制定了必要的制度。

（一）工作原则

（1）遵守党章，充分发扬党内民主的原则；

（2）遵守代表好、维护好群众利益的原则；

（3）遵守公开、公平、公正的原则；

（4）遵守平等协商、民主集中的原则。

（二）工作职责

（1）宣传贯彻党的路线、方针、政策和国家的法律法规，履行村党组织授权的各项职责；

（2）审议村级重大财务支出、工程项目建设、土地流转、项目投资、财物分配及其他经济社会发展的重大问题，评议村级班子年度目标任务落实情况；

（3）对拟提交村民大会（或村民代表大会）讨论决定的各项议题、议案，提出决策方案和建议；

（4）监督和督促村两委积极完成村党员议事小组和村民代表大会决定的各项工作任务；

（5）村党组织认为有必要提交村党员议事小组讨论决定的其他事项。

（三）活动制度

（1）参会人员：党员议事小组全体成员。

（2）议事时间：党员议事小组原则上每月召开1～2次议事例会，有重大事项时及时召开临时会议。

（3）议事内容：①村党组织的自身建设；②村集体经济发展及项目建设情况；③村年度财务收支计划；④富民实事工程计划及开展情况；⑤集中居住小区建设及管理；⑥村环境卫生常效管理机制的落实；⑦村乡风文明建设计划及开展情况；⑧其他需要议事的内容。

（4）议事方法：①由村党委提出议题，经由党员议事小组讨论，最后告知村民。②由村民向党员议事小组成员反映问题，小组成员将收集到的议题提交党员议事小组会议充分讨论（必要时进行表决），最后上报村党委研究。

（四）激励制度

（1）落实党员议事小组成员的权利。根据《党章》赋予的八大权利，使党员议事小组成员优先学习党内文件、国家的法律政策，定期获取学习资料和学习机会；优先参与重大事项的实施的权利，使党员议事小组成员的权利得到优先落实。

（2）关心党员议事小组成员的生活。建立党员议事小组活动基金，由专人、专户管理，并制定相应的管理制度，收支情况定期向全体成员公开。同时把送温暖活动制度化，逢年过节进行慰问或召开座谈会。

（3）创设党员议事小组“金点子”奖。从党建活动经费中划出一定资金，创设“金点子”奖，对提出合理化建议并已赋予实施的议事组成员，给予一定的物质奖励。通过“金点子”奖的设立，充分发挥他们参与和谐社会主义新农村建设的积极性和主动性。

四　东林村党员议事小组活动的重要案例

党员议事小组成立以来，在东林村的许多工作中扮演了重要的角色，现已成为村两委与村民之间进行沟通的不可或缺的桥梁，下面将介绍党员小组活动的一些具有代表性的案例。

（一）2007 年金仓湖拆迁安置工作①

2007 年启动的金仓湖区域开发项目，是太仓市城乡一体化建设的试点工程之一。拆迁工作能否成功完成，直接关系到城乡一体化建设的顺利推进。上文已经提到，党员议事小组成立的缘由之一，就是为了应对这项工作中出现的问题。在党员议事小组的成立大会上，村党委书记兼党员议事小组成员苏齐芳即号召各位党员小组成员就当前的拆迁工作提出宝贵意见，他指出：“一定要求镇政府年内对所有金仓湖区域中的失地农民全部安置好，建议考虑到全村村民中的大多数村民利益，建议使党委政府用整队拆迁、整队安置的方法来实行点式拆迁，以点带面、快速推进、走群众路线、团结群众、依靠群众、争创‘东林速度’”。

在接下来的拆迁工作中，党员议事小组发挥了积极的作用。各位小组成员针对拆迁工作提出的建议多达几十条，下面将分门别类地列举一些有代表性的建议。

（1）关于村民动员

陈耀明：拆迁工作面广量大，听说要在今年年内完成，难度很大，希望在安排时一定要周密、周到、周全（2007 年 8 月 3 日，党员议事小组成立

① 此部分内容据 2007 年东林村党员议事小组会议记录整理而成。

会议）。

陆丽琴：要动员好、要让村民回忆昨天，对照今天，看到明天（2007年8月3日，党员议事小组成立会议）。

苏齐芳：上次大家出的拆迁方法要联系群众，依靠群众，走群众路线，得到了广大村民的认同和赞同，广大村民踊跃自觉的加入到新农村建设的队伍中来，拆迁形势良好，希望在座的议事组成员集思广益，进一步出好金点子，服务村民，服务新农村（2007年9月2日，富民强村党员议事组会议）。

苏齐芳：在国庆长假的最后一天，拆迁工作很顺利，第一期289户已拆287户，成效显著（2007年10月6日，富民强村党员议事组会议）。

王喜忠：拆迁上碰到的难题，建议大家一起来想方设法多做工作，加以解决，人心齐、办法总比困难多（2007年11月3日，民主管理党员议事组会议）。

陈耀明：前一段时间工作各方面都不差，最近物价包括建筑材料价格飞涨，大家在担心安置房价格是否会涨，听了书记的解释和答复，我们要组织好解释工作，相信党、相信政府（2007年12月2日，党员议事组联席会议）。

徐月海：要对村民作好以下解释工作，为什么要搬树、为什么要搬树，同时建议村里要加强对外来承包户的管理工作，确保生态湖建设正常进行（2007年12月2日，党员议事组联席会议）。

（2）关于失地村民安置

孙召兴：拆迁后老村民较多，失地村民离开土地后生活要有保障（2007年8月3日，党员议事小组成立会议）。

徐月海：建议对农户的拆迁过渡住房，用村民代表大会讨论的形式来讲清村里困难，各跳龙门、各献神通，村里层面以不照顾一户农户的形式来解决过渡房问题（2007年9月1日，民主管理党员议事组会议）。

顾祖兴：拆迁要眼光向前看，困难还在后头，原新横11组的打工房较多，拆迁一定比较困难，建议村里利用旧厂房改造部份拆迁房来缓解租房的矛盾，支持拆迁和经济工作，又可以使村里增加收入，实现双赢（2007年9月2日，富民强村党员议事组会议）。

王孝义：拆迁工作顺利，村民相当配合新农村建设，建议村里要抓紧劳动安置方面和青苗费发放上和镇里领导取得联系，确保及时兑现；拆迁的房型要公示，取信于民（2007 年 10 月 6 日，民主管理党员议事组会议）。

陈建明：要在今年绿化培训班的基础上，加大对失地农民的培训力度，促使他们有信心适合发展和开发的需要，变失地农民为建设金仓湖有用人才（2007 年 11 月 4 日，富民强村党员议事组会议）。

孙召兴：农民安置房的展示图树出来后，使村民进一步树立了早日建好新农村的信心，2009 年下半年我们就能搬进新屋，皆大欢喜，目标明确。安置费的及时足额发放和金仓湖的及时开工，更使村民看到了希望（2007 年 12 月 2 日，党员议事组联席会议）。

（3）关于拆迁善后工作

吴佰兴：一要拆迁好，二要保护好绿化（2007 年 8 月 3 日，党员议事小组成立会议）。

叶瑞荣：村里建造了安息堂和灵堂，来解决老弱病死村民的送终问题较好，但场地过小，建议能否放大到 800 平方米左右，来更好的服务村民，并建议用好兼职的看管人员来加强安息堂、灵堂的管理工作（2007 年 9 月 1 日，民主管理党员议事组会议）。①

黄振梅：原有农户的拆迁房和部份私企厂房拆迁登记后建议不一刀切全部拆除，可由村里统一来利用部份较好农户、厂房又符合地理位置的来租给各种类型的施工队，来解决建设重复浪费和增加村集体收益（2007 年 9 月 2 日，富民强村党员议事组会议）。

许国才：我看到我村的加拿大一枝黄花还有死角，如安息堂地、新横 2 队唐成林宅基河边也还有少量，要抓紧时间组织检查清除，这样会更有利于金仓湖开发和环境优美（2007 年 11 月 3 日，村容整洁党员议事组会议）。

王喜忠：多听村民群众意见，了解村情，集思广益，同时建议抓紧金仓湖生态园范围内的坟墓搬迁工作，目前碰到的 300 多只墓建议用发动群众、

① 拆迁过程中，新的商品房安排为村民置办传统婚丧事带来不便，村民产生了强烈的抵抗情绪，一度使拆迁工作陷入困境。为尊重当地习俗，村民委员会提出了在村里建造安息堂和灵堂的想法，为村民办丧事提供条件。在具体实施过程中，叶瑞荣提出该建议，并最终得到村民委员会的采纳。

集中搬迁、适度增加费用的办法来解决（2007年12月2日，党员议事组联席会议）。

侯汉文：小区建设、湖面建设速度快，但要严格控制质量，总体情况村民反应良好（2007年12月2日，党员议事组联席会议）。

由以上党员议事小组的建议可以看出，自2007年8月金仓湖拆迁项目启动后，党员议事小组针对拆迁中的种种问题纷纷纳言献策。8月至12月，各小组共召开会议十余次，他们及时将村民的想法、疑惑以及不信任反馈到村及其上级部门，通过做思想工作、宣传拆迁政策、集中讨论拆迁问题等方法，大大加快了拆迁进度，协助村民委员会在3个月的时间内完成了五百多户农户的拆迁工作。

（二）姚湾片区分房工作①

2009年，太仓市城乡一体化建设的另一工程——东林村姚湾片区改造项目开始启动。新的姚湾片区被定位于小麦、水稻的产量基地和纯生态农业观光区，当地拆迁工作被提上日程。当年5月4日，拆迁动员大会召开，农户反映强烈。为及时和充分反映农户的各种要求和意见，党员议事组成员奔走在第一线，充当了政府与农户之间的沟通平台。他们挂钩到各拆迁工作组，与农户一起分析填写分房志愿，确定房款结算，落实收集分房表格，将发现的问题及时上报分房领导小组，使分房领导小组及时调整分房政策。同时，他们还在分房现场担任群众代表，监督分房小组的分房工作，保障了分房工作的顺利完成。党员议事小组的积极活动成效显著，45天过后，完成了姚湾片区158户农户的拆迁、分房工作。至7月初，农户已全部拿到新房的钥匙，这标志着东林村成为太仓市第一个完成拆迁安置工作的新农村。党员议事小组在拆迁安置工作中表现出的模范带头作用，成为城厢镇乃至太仓市城乡一体化建设中的一道风景。

（三）合作农场建设②

姚湾片区拆迁工作完成之后，接下来便面临土地规划问题以及失地农民

---

① 此部分内容据2012年5月21日太仓市城厢镇东林村访谈内容整理。

② 同上。

的粮食问题。2010 年 9 月 12 日，东林村召开会议，党员议事小组和业主委员会共同参加，讨论村两委提出的成立东林合作农场的建议，即由村集体组织掌控并整合姚湾片区 1600 亩土地资源，建成东林合作农场，实行规模化、机械化、现代化经营。同时，选配 18 名年纪轻、有文化、懂技术、善管理的本地农民负责生产经营，通过将农场收益返还给失地农民，力争实现村民“失地村民不失粮”的目标。党员议事小组讨论后全票通过上述决议，并提请村民代表大会表决。据了解，2011 年合作农场粮食大丰收，水稻产量突破了亩产 1150 斤，既解决了失地农民的粮食问题，也实现了农业生产的现代化。

（四）环境治理①

在城乡一体化建设中，如何保护和建设环境是一个不容忽视的议题。为此，党员议事小组成员多次提出建议。例如，在 2007 年 9 月 2 日的村容整洁议事组会议上，党员张金龙提出：“我村在原来三清工作和垃圾回收的基础上，建议实行绿化管理，实现养护与学习、取经，不断提高。”党员徐凤华提议：“我村区域范围的围墙和主要道路要统一考虑，绿化美化结合宣传，加大教育的力度。”2007 年 10 月 6 日的村容整洁议事组会议上，组长许国才在谈到宅基地复耕时特别强调“在复耕过程中对绿化千万不能损坏”；党员薛海红亦提议：“建议在宅基三合土外运中开设南侯塘便道来减少对路边绿化的损坏。”在 2011 年东林村明星小区规划改建项目中，“绿化”一词更被党员议事组频频提出，如解决小区“绿化面积少，垦荒严重”的问题，在小区“南侧、西侧建绿化带”，“完善明星小区会所建筑图纸、绿化布景安案、门卫方案、东侧景观水池方案”等。党员议事小组在为城市化村民构建绿色、健康的居住环境中发挥了应有的作用。

截至笔者撰写本文之际，东林村党员议事小组已成立将近五年，其成员活跃在村的各项工作中。除上述代表性案例之外，议事小组还提出了如扶贫帮困、理财方式创新、实施垃圾分类、为村民购买劳务保险等诸多建议，这些建议已经或者正在化为具体的举措，为当地村民带来了实实在在的好处。

---

① 此部分内容据 2007 年东林村党员议事小组会议记录和 2011 年东林村党员议事组活动记录整理。

五　党员议事小组功能分析

按照《中华人民共和国村民委员会组织法》的规定，我国农村地区实行村民自治。太仓市结合当地实际，坚持探索基层群众自治的新方式。2009年5月，太仓市人民政府发布第42号文件，即《关于建立政府行政管理与基层群众自治互动衔接机制的意见》，以实现政府行政管理与基层群众自治的良性互动，简称“政社互动”。该文件的要旨之一是“增强自治功能，充分发挥基层群众自治组织的作用”，具体包括强化自治组织建设、增强群众自治意识、扩大群众自治范围、完善群众自治制度、促进社区组织发展、支持村级经济发展、加快新农村建设7个方面。东林村结合本村的实际情况，特别是借助城乡一体化建设的契机，探索出“党员议事小组”这一村民自治的新形式，充分调动了村民的热情，有效发挥了村民的作用，并切实解决了村民的问题。东林村党员议事小组现已成为城厢镇乃至太仓市“政社互动”工作中的一个亮点，其功能应包括以下几个方面。

（一）基层党内民主的新探索

基层党组织是党在基层发挥领导和执政作用的基础，也是现代化建设的重要保证。基层党组织建设成功与否，直接关系到党能否密切联系群众和充分发动群众，也关系到党组织和党员能否发挥战斗堡垒和先锋模范作用，还关系到党的路线、方针、政策能否得到有效贯彻落实。在农村，基层党组织作为设立在农村生产工作第一线的基层单位，肩负着带领农民脱贫致富、建设社会主义新农村的重任。因此，在新形势下，如何加强农村党组织建设，创造农村党建新形式，已经成为农村党组织工作的重点之一。“党员议事小组”便是东林村党建创新工作的成果，也是太仓市的首创。

“党员议事小组”是对党内基层民主的新探索，集中体现在两个方面：其一，在人员构成方面，基层党员、群众党员占据了绝对多数，使各个层面的党员共同参与到东林村的建设之中，是该小组成立的初衷之一。事实证明，在生产和工作中，这些党员能够深入村民当中去，第一时间了解村民所思、所盼、所急、所怨，畅通村情民意反映渠道，公正调解村民矛盾纠纷，并能为村里发展提出宝贵的建议。其二，在议事流程方面，采用双向民主程序，一是自上而下的民主程序，即由村民委员会提出，经由党员议事小组讨论，最后告知村民；二是自下而上的民主程序，即由村民反映问题，经由党员议事小组整合并讨论，最后上报村民委员会研究。这样的探索，为在基层党组织内真正实现民主集中制提供了样板。

（二）基层政府治理的新助手

党员议事小组的作用不仅局限于党建创新方面，它在政府治理方面也发挥了重要作用，因为党员议事小组在为村民与村两委穿针引线的基础上，还为村民与上级政府之间的交流搭建了一个重要的平台。以 2009 年姚湾片区拆迁为例，当时党员议事小组的成员将他们在群众中听到的呼声变为议事组的议题，通过与城厢镇政府的直接沟通，促使上级政府形成了科学合理的拆迁工作方案，成功地将拆迁中可能出现的矛盾和冲突提前解决，为政府政策的落实铺平了道路。

党员议事小组代表村民与上级政府沟通，上级政府也会主动参加党员议事小组的活动。2008 年 8 月 31 日，城厢镇政府施燕萍镇长参加了党员议事小组的例会，现场了解村民和党员代表的建议。施镇长认为，借助党员议事小组这个平台，镇政府可以更好地与东林村村民沟通，了解东林村村民在经济发展过程中遇到的问题和需要政府解决的疑难问题，并深切感受到村民希望发展村级经济、提高生活水平的迫切愿望。无疑，这样的沟通能够使政府的规划和决策更能代表村民的切身利益，同时促进了村级、镇级经济的发展。

（三）发展村民自治的新途径

党员议事小组还是以“还权于民”为核心的村民自治的新形式，具体体现在以下几个方面。

第一，增添了村民自治的制度化途径。自党员议事小组成立之后，村两委多次与党员议事小组联合召开会议，共同商讨村里各项工作。根据会议内容，有时还邀请业主委员会或村民代表一道参加会议，这为原本仅以村两委为主体的会议制度增添了更多的民意基础。

第二，提升了村民的自治觉悟。据东林村干部介绍，在成立党员议事小组之前，村民大多只关注自家经济发展，对村级经济发展并不十分关心，甚至经常因村的发展妨害了自家利益而到村民委员会闹事。自从成立了党员议事小组后，普通村民有机会参与到村务管理中，村民变“小我”为“大我”，纷纷为村子的发展献计献策。

第三，丰富了村民自治的内容。党员议事小组对村务的参与涉及方方面面，既有经济建设类，如建合作农场、设劳务合作社、开粮食银行；也有环境保护类，如道路养护、河流整治、垃圾分类；还有文体娱乐类，如健康培训、建村民会所、添置健身器材；也有生活服务类，如安装防盗监控系统、开设爱心服务社等。

第四，拓宽了村民参与的渠道。党员议事小组被当地村民认为是一种局域性的党员代表制度。村民通过选出德高望重、敢于表达民意的党员代表，参与到村务管理和重大事项的讨论中，即少数的党员代表成为多数村民的代言人。这种间接参与机制不仅有效地传达了民意，保证了村民的发言权，也在实际工作中切实提高了村务管理的效率。

太仓市城厢镇东林村在城乡一体化建设中，摸索出了一条依靠党员、调动广大村民共同参与村务治理的道路。党员议事小组作为村两委、镇政府与村民的沟通桥梁，既上传了民情民意，又下达了方针政策，有效疏通了村民与政府和基层自治组织交流的渠道。在其成立后的近五年中，党员议事小组一直为东林村广大村民充当沟通者、协调者、参谋者和督导者，其勤恳而务实的工作得到各方的好评。特别值得一提的是，在太仓市开展“政社互动”工作的大背景下，东林村以独具特色的党员议事小组的形式，诠释了如何立足于基层、如何释放基层活力、如何发动基层群众共同建设社会主义新农村的重要信息。党员议事小组在将来的工作中，仍面临着资金独立等问题，因此，如何与时俱进地做出应对和调整，以在城乡一体化建设的深化过程中发挥更为积极和有效的作用，是今后东林村需要进一步研究解决的问题。

第八章

太仓市“政社互动”问卷调查总体情况*

为了解太仓市 2011 年全面推进“政社互动”的情况，中国社会科学院政治学研究所调研组与太仓市民政局合作，于 2012 年 2 月 27 日在太仓市沙溪镇、城厢镇、双凤镇和经济开发区进行了“江苏省太仓市政社互动参与”问卷调查，2012 年 5 月 22 日在太仓市沙溪镇、城厢镇、双凤镇进行了补充调查，现将调查结果汇总，进行综合数据分析，说明调查所反映的“政社互动”参与总体情况。

一　问卷样本基本情况

本次问卷调查，共发放问卷 861 份（2 月 27 日发放问卷 230 份，5 月 22 日发放问卷 631 份）。

被试的政治面貌有 2 人信息缺失，在有效的 859 份数据中，中共党员 310 人，有效百分比为 36.09%；共青团员 58 人，有效百分比为 6.75%；群众及民主党派 491 人，有效百分比为 57.16%（见表 8－1）。

* 本章由史卫民、郑建君执笔。

表 8－1　被试的政治面貌分布情况

项　　目		频率	百分比	有效百分比	累积百分比
有效	党员	310	36.00	36.09	36.09
	团员	58	6.74	6.75	42.84
	群众	491	57.03	57.16	100.00
	合计	859	99.77	100.00	
缺失	系统	2	0.23		
总　　计		861	100.00		

被试的身份（职业）有 17 人信息缺失，在有效的 844 份问卷中，政府工作人员 44 人，有效百分比为 5.21%；村民委员会和居民委员会成员 85 人，有效百分比为 10.07%；村民和居民 566 人，有效百分比为 67.06%；村民代表和居民代表 149 人，有效百分比为 17.66%（见表 8－2）。

表 8－2　被试的身份（职业）分布情况

项　　目		频率	百分比	有效百分比	累积百分比
有效	政府工作人员	44	5.11	5.21	5.21
	村、居委会成员	85	9.87	10.07	15.28
	村民、居民	566	65.74	67.06	82.35
	村、居民代表	149	17.31	17.66	100.00
	合计	844	98.03	100.00	
缺失	系统	17	1.97		
总　　计		861	100.00		

除政治面貌、身份（职业）两个类别的被试外，问卷调查还涉及了其他类别的被试，相关情况将在本书第九章说明。

二　“政社互动”的客观评价

问卷调查以 7 道题目测试太仓市全面推进“政社互动”后，民众对“政社互动”的基本评价，现将测试的结果分述于下。

（一）“政社互动”参与主体的总体表现

问卷调查请被试对四类主要参与主体（第一类是“市政府各工作部门”，第二类是“乡镇政府、街道办事处”，第三类是村民委员会、居民委员会，第四类是社区居民）在“政社互动”中的总体表现打分（1 分为非常不满意，2 分为比较不满意，3 分为不确定，4 分为比较满意，5 分为非常满意）。调查数据显示，“政社互动”四类主要参与主体的总体表现得分均值都在 3.70 分以上。相比之下，“村民委员会、居民委员会”得分最高（4.03 分），其次是“社区居民”（4.00 分），再次是“乡镇政府、街道办事处”（3.95 分），得分最低的是“市政府各工作部门”（3.71 分，见表8－3－1 和图 8－1）。

表 8－3－1　“政社互动”参与主体总体表现描述统计

项　　目	N	极小值	极大值	均值	标准差
市政府各工作部门	842	1.00	5.00	3.7185	.99242
乡镇政府、街道办事处	840	1.00	5.00	3.9476	.79457
村民、居民委员会	839	1.00	5.00	4.0298	.83641
社区居民	837	1.00	5.00	4.0024	.77952
有效的 N（列表状态）	832	—	—	—	—

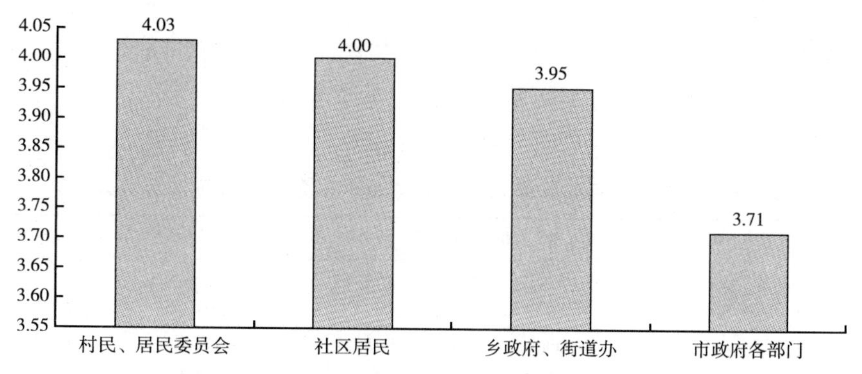

图 8－1　“政社互动”参与主体的总体表现得分

不同政治面貌被试对四类参与主体总体表现的评价有所不同，大致是中共党员给予的评价最高，共青团员次之，群众给予的评价最低（见表 8－3－2）。从四类参与主体的得分情况看，中共党员和群众都认为“村民委员会、居民委员会”总体表现最好，“社区居民”次之，“乡镇政府、街道办事处”再次之，总体表现最差的是“市政府各工作部门”；共青团员则认为“社区居民”总体表现最好，“乡镇政府、街道办事处”次之，“村民委员会、居民委员会”再次之，总体表现最差的是“市政府各工作部门”。

表 8-3-2　“政社互动”参与主体总体表现得分比较（不同政治面貌）

项　　目	中共党员	共青团员	群众
市政府各工作部门	3.8059	3.7414	3.6632
乡镇政府、街道办事处	4.0792	3.9828	3.8637
村民、居民委员会	4.2020	3.8621	3.9455
社区居民	4.0936	4.1034	3.9372

不同身份被试对四类参与主体总体表现的评价也有所不同，大致是村（居）民代表给予的评价最高，村（居）民次之，政府工作人员再次之，村（居）民委员会成员给予的评价最低（见表 8-3-3）。村（居）民代表以及村（居）民都认为“村民委员会、居民委员会”总体表现最好，“社区居民”次之，“乡镇政府、街道办事处”再次之，总体表现最差的是“市政府各工作部门”；政府工作人员认为“社区居民”总体表现最好，“村民委员会、居民委员会”次之，“乡镇政府、街道办事处”再次之，总体表现最差的是“市政府各工作部门”；村（居）民委员会成员则认为“社区居民”总体表现最好，“乡镇政府、街道办事处”次之，“村民委员会、居民委员会”再次之，总体表现最差的是“市政府各工作部门”。

表 8-3-3　“政社互动”参与主体总体表现得分比较（不同身份人员）

项　　目	政府工作人员	村(居)委会成员	村、居民代表	村、居民
市政府各工作部门	3.1136	3.4458	3.7143	3.7957
乡镇政府、街道办事处	3.8837	3.9405	4.0144	3.9301
村民、居民委员会	4.0000	3.9157	4.1857	4.0018
社区居民	4.0238	3.9518	4.1087	3.9857

（二）“政社互动”程序的有效性

问卷调查请被试对“政社互动”的 10 个主要程序及相关内容的有效性打分（1 分为完全无效，2 分为效果不明显，3 分为效果一般，4 分为效果明显，5 分为完全有效）。调查结果显示，10 个程序或内容的得分均值由高到低的排序是：（1）提升基层服务和管理水平（3.93 分）；（2）给民众更多的参与机会（3.92 分）；（3）“政社互动”宣传（3.91 分）；（4）起草和签署协议（3.91 分）；（5）保障基层群众自治组织有更多时间处理自治事务（3.89 分）；（6）履行协议情况评估（3.89 分）；（7）履行协议（3.88 分）；（8）保证协议执行经费（3.88 分）；（9）拒绝非协议下派任务（3.78 分）；（10）政府出台清理下派项目清单（3.75 分，见表 8－4－1 和图 8－2）。从这样的调查结果看，被试对“政社互动”程序或内容的有效性总体评价处于中等偏上水平（各程序或内容的有效性得分均值都在 3.75～3.95 分）。

表 8－4－1　“政社互动”主要程序或内容有效性评估描述统计

项　　目	N	极小值	极大值	均值	标准差
政府出台清理项目清单	831	1.00	5.00	3.7521	.84947
“政社互动”宣传	837	1.00	5.00	3.9080	.77484
起草和签署协议	832	1.00	5.00	3.9063	.76529
履行协议	828	1.00	5.00	3.8756	.79462
拒绝非协议下派任务	831	1.00	5.00	3.7810	.90922
保证协议执行经费	825	1.00	5.00	3.8752	.85484
履行决议情况评估	831	1.00	5.00	3.8857	.77936
保障处理自治事务时间	832	1.00	5.00	3.8918	.83419
给民众更多的参与机会	831	1.00	5.00	3.9182	.77804
提升服务和管理水平	836	1.00	5.00	3.9318	.78999
有效的 N(列表状态)	805	—	—	—	—

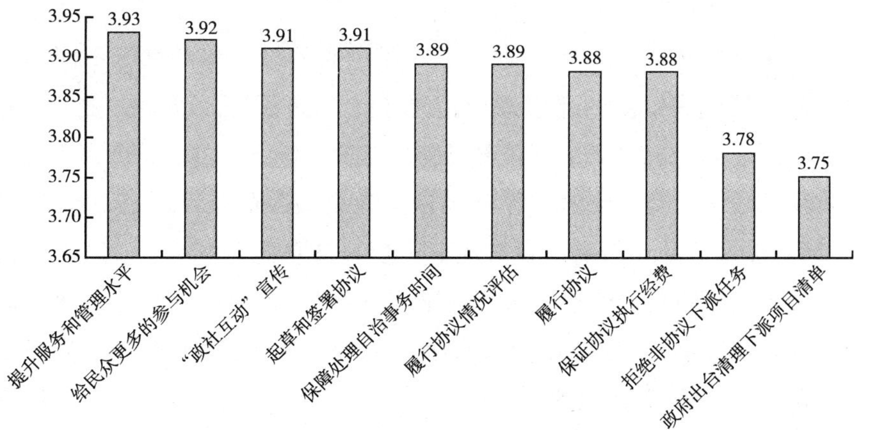

图 8－2　“政社互动”主要程序的有效性评估

不同政治面貌被试对“政社互动”主要程序或内容的评价有所不同，大致是中共党员给予的评价最高，群众次之，共青团员给予的评价最低（见表8－4－2）。从10个程序或内容的有效性得分情况看，中共党员认为效果最好的是“保障基层群众自治组织有更多时间处理自治事务”，效果最差的是“拒绝非协议下派任务”；共青团员认为效果最好的是“起草和签署协议”，效果最差的是“政府出台清理下派项目清单”；群众认为效果最好的是“提升基层服务和管理水平”，效果最差的是“政府出台清理下派项目清单”。

表8－4－2 “政社互动”主要程序有效性得分比较（不同政治面貌）

项　　目	中共党员	共青团员	群 众
政府出台清理项目清单	3.8154	3.4655	3.7484
“政社互动”宣传	3.9567	3.8103	3.8891
起草和签署协议	3.9331	3.8246	3.8989
履行协议	3.9694	3.6897	3.8400
拒绝非协议下派任务	3.8060	3.4643	3.8021
保证协议执行经费	3.9295	3.4643	3.8894
履行决议情况评估	3.9596	3.5714	3.8763
保障处理自治事务时间	3.9700	3.6316	3.8734
给民众更多的参与机会	3.9628	3.7895	3.9057
提升服务和管理水平	3.9633	3.6667	3.9435

不同身份被试对“政社互动”主要程序或内容的评价有所不同，大致是村（居）民代表给予的评价最高，村（居）民委员会成员次之，政府工作人员和村（居）民给予的评价最低（见表8－4－3）。从10个程序或内容的有效性得分情况看，政府工作人员认为效果最好的是“履行协议情况评估”，效果最差的是“政府出台清理下派项目清单”；村（居）民委员会成员认为效果最好的是“给民众更多的参与机会”，效果最差的是“政府出台清理下派项目清单”；村（居）民代表和村（居）民都认为效果最好的是“提升基层服务和管理水平”，效果最差的是“政府出台清理下派项目清单”。

表 8-4-3　“政社互动”主要程序有效性得分比较（不同身份人员）

项　目	政府工作人员	村(居)委会成员	村、居民代表	村、居民
政府出台清理项目清单	3.5000	3.7738	3.8062	3.7415
“政社互动”宣传	3.7442	3.8706	4.0075	3.8925
起草和签署协议	3.7955	3.9405	3.9466	3.8867
履行协议	3.8864	3.9286	3.9375	3.8414
拒绝非协议下派任务	3.7727	3.7412	3.8605	3.7482
保证协议执行经费	3.7045	3.8588	3.9048	3.8698
履行决议情况评估	3.9545	3.8810	4.0229	3.8342
保障处理自治事务时间	3.7500	3.9167	4.0682	3.8505
给民众更多的参与机会	3.9535	3.9412	4.1008	3.8671
提升服务和管理水平	3.8182	3.9294	4.1136	3.8996

（三）“政社互动”中的政府工作效率

问卷调查请被试以五个等级评价全面开展“政社互动”后的政府工作效率（显著降低、有一定降低、没有变化、有一定提高、显著提高）。调查数据显示，10.41%的被试认为“政社互动”后政府的工作效率显著提高，69.61%的被试认为工作效率有一定提高，12.47%的被试认为没有变化，4.48%的被试认为工作效率有一定降低，3.03%的被试认为工作效率显著降低（见表 8-5-1 和图 8-3）。被试对此项改革在提高政府工作效率方面的作用，给予了较积极的评价（认为政府工作效率“有一定提高”或“显著提高”的占 80.02%）。

表 8-5-1　开展“政社互动”后政府的工作效率

选　项	频　率	百分比	有效百分比	累积百分比
显著降低	25	2.90	3.03	3.03
有一定降低	37	4.30	4.48	7.51
没有变化	103	11.96	12.47	19.98
有一定提高	575	66.78	69.61	89.59
显著提高	86	9.99	10.41	100.00
合计	826	95.93	100.00	
缺失	35	4.07		
总计	861	100.00		

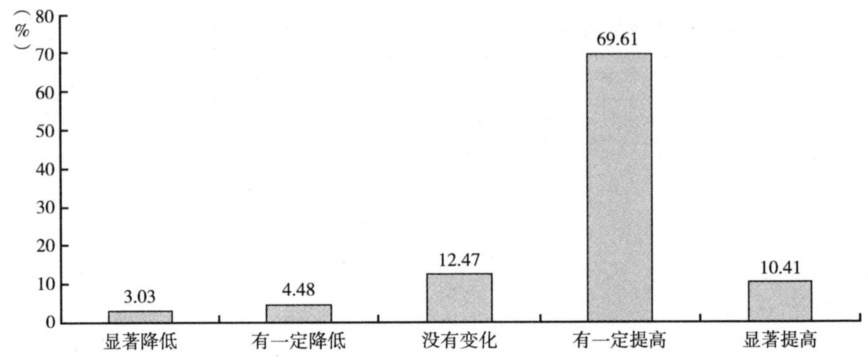

图 8－3 “政社互动”中的政府工作效率

对开展“政社互动”后的政府工作效率，中共党员评价最高（认为“有一定提高”或“显著提高”的占 85.38%），群众次之（认为“有一定提高”或“显著提高”的占 77.33%），共青团员评价最低（认为“有一定提高”或“显著提高”的占 74.14%，见表 8－5－2）。

表 8－5－2 开展“政社互动”后政府工作效率评价比较（不同政治面貌）

单位：%

项目	中共党员	共青团员	群众
显著降低	4.08	3.45	2.33
有一定降低	3.74	1.72	5.30
没有变化	6.80	20.69	15.04
有一定提高	73.81	67.24	67.16
显著提高	11.57	6.90	10.17
合计	100.00	100.00	100.00

对开展“政社互动”后的政府工作效率，村（居）民代表评价最高（认为“有一定提高”或“显著提高”的占 93.43%），政府工作人员次之（认为“有一定提高”或“显著提高”的占 85.36%），村（居）民再次之（认为“有一定提高”或“显著提高”的占 76.42%），村（居）民委员会成员评价最低（认为“有一定提高”或“显著提高”的占 76.19%，见表 8－5－3）。

表 8－5－3　开展“政社互动”后政府工作效率评价比较（不同身份人员）

项　　目	政府工作人员	村（居）委会成员	村、居民代表	村、居民
显著降低	2.44	3.57	0.00	3.84
有一定降低	4.88	3.57	2.19	5.30
没有变化	7.32	16.67	4.38	14.44
有一定提高	73.17	60.71	81.75	67.64
显著提高	12.19	15.48	11.68	8.78
合　　计	100.00	100.00	100.00	100.00

（四）“政社互动”对基层群众自治组织承接政府工作事项的“减负”作用

问卷调查请被试以五个等级评价全面开展“政社互动”后基层群众自治组织承接政府工作事项的增减状况（明显减少、有所减少、没有变化、有所增加、显著增加）。调查数据显示，8.16%的被试认为开展“政社互动”后基层群众自治组织承接的政府工作明显减少，24.71%的被试认为有所减少，13.40%的被试认为没有变化，45.45%的被试认为有所增加，8.28%的被试认为承接的工作显著增加（见表 8－6－1 和图 8－4）。被试对此项改革在基层群众自治组织“减负”方面的作用，给予了较消极的评价（认为“明显减少”或“有所减少”的只占 32.87%）。

表 8－6－1　开展“政社互动”后基层群众自治组织承接的政府工作

选　　项	频率	百分比	有效百分比	累积百分比
明显减少	70	8.13	8.16	8.16
有所减少	212	24.62	24.71	32.87
没有变化	115	13.35	13.40	46.27
有所增加	390	45.30	45.45	91.72
显著增加	71	8.25	8.28	100.00
合　　计	858	99.65	100.00	
缺　　失	3	0.35		
总　　计	861	100.00		

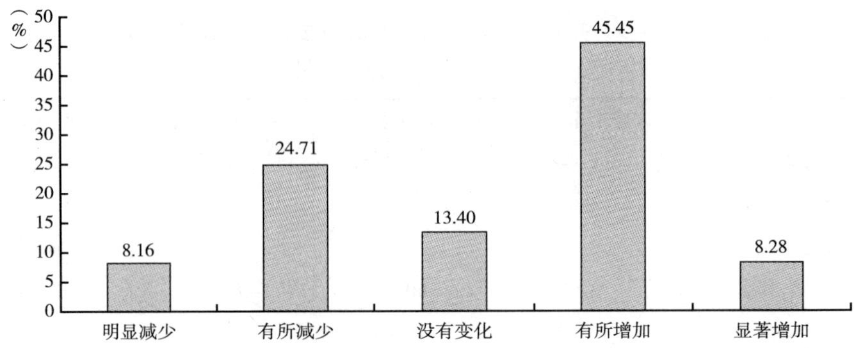

图 8－4　“政社互动”后基层群众自治组织承接的政府工作

相比之下，中共党员对“政社互动”改革在基层群众自治组织“减负”方面的作用评价最高（认为基层组织承接政府工作“明显减少”或“有所减少”的占 38.11%），群众的评价次之（认为基层组织承接政府工作“明显减少”或“有所减少”的占 31.37%），共青团员的评价最低（认为基层组织承接政府工作“明显减少”或“有所减少”的只占 17.24%，见表 8－6－2）。

表 8－6－2　开展“政社互动”后基层群众自治组织承接政府工作增减的评价比较（不同政治面貌）

单位：%

项　　目	中共党员	共青团员	群　众
明显减少	10. 42	5. 17	7. 13
有所减少	27. 69	12. 07	24. 24
没有变化	9. 45	17. 24	15. 48
有所增加	39. 09	63. 79	47. 25
显著增加	13. 35	1. 73	5. 90
合　　计	100. 00	100. 00	100. 00

不同身份被试对“政社互动”改革在基层群众自治组织“减负”方面的作用，村（居）民代表评价最高（认为基层组织承接政府工作“明显减少”或“有所减少”的占 41.22%），村（居）民委员会成员次之（认为基层组织承接政府工作“明显减少”或“有所减少”的占 35.29%），村（居）民再次之（认为基层组织承接政府工作“明显减少”或“有所减少”

的占30.57%），政府工作人员的评价最低（认为基层组织承接政府工作“明显减少”或“有所减少”的只占23.81%，见表8-6-3）。

表8-6-3 开展“政社互动”后基层群众自治组织承接政府工作增减的评价比较（不同身份人员）

单位：%

项　目	政府工作人员	村(居)委会成员	村、居民代表	村、居民
明显减少	4.76	8.23	6.76	8.13
有所减少	19.05	27.06	34.46	22.44
没有变化	19.05	10.59	3.38	16.25
有所增加	45.24	43.53	44.59	45.94
显著增加	11.90	10.59	10.81	7.24
合　计	100.00	100.00	100.00	100.00

（五）“政社互动”提升社区公共服务水平的作用

问卷调查请被试以五个等级评价全面开展“政社互动”后社区内公共服务水平的变化状况（显著降低、有一定降低、没有变化、有一定提高、显著提高）。调查数据显示，13.72%的被试认为“政社互动”后社区公共服务水平显著提高，66.40%的被试认为有一定提高，11.16%的被试认为没有变化，5.23%的被试认为有一定降低，3.49%的被试认为公共服务水平显著降低（见表8-7-1和图8-5）。被试对此项改革在提升社区公共服务水平方面的作用，给予了较积极的评价（认为社区公共服务水平“有一定提高”或“显著提高”的占80.12%）。

表8-7-1 开展“政社互动”后社区的公共服务水平

选　项	频　率	百分比	有效百分比	累积百分比
显著降低	30	3.48	3.49	3.49
有一定降低	45	5.23	5.23	8.72
没有变化	96	11.15	11.16	19.88
有一定提高	571	66.32	66.40	86.28
显著提高	118	13.70	13.72	100.00
合计	860	99.88	100.00	
缺失	1	0.12		
总　计	861	100.00		

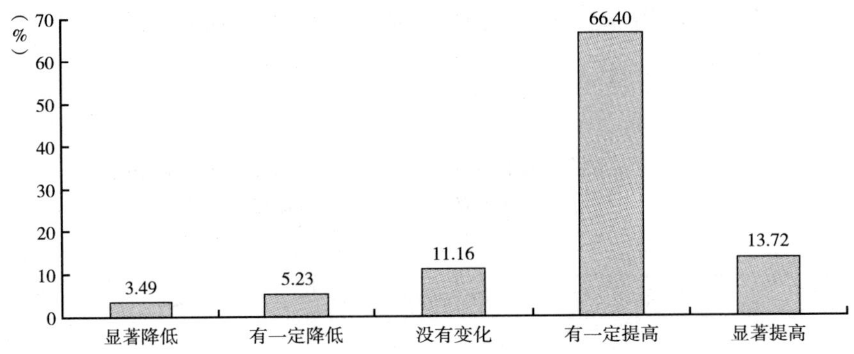

图 8-5 “政社互动”后社区的公共服务水平

对开展“政社互动”后的社区公共服务水平，中共党员评价最高（认为“有一定提高”或“显著提高”的占 81.55%），共青团员次之（认为“有一定提高”或“显著提高”的占 79.31%），群众评价最低（认为“有一定提高”或“显著提高”的占 79.23%，见表 8-7-2）。

表 8-7-2 开展“政社互动”后社区公共服务水平评价比较（不同政治面貌）

单位：%

项　　目	中共党员	共青团员	群　众
显著降低	4.21	1.72	3.26
有一定降低	8.41	3.45	3.46
没有变化	5.83	15.52	14.05
有一定提高	66.34	65.52	66.40
显著提高	15.21	13.79	12.83
合　　计	100.00	100.00	100.00

对开展“政社互动”后的社区公共服务水平，村（居）民代表评价最高（认为“有一定提高”或“显著提高”的占 91.89%），村（居）民委员会成员次之（认为“有一定提高”或“显著提高”的占 78.83%），村（居）民再次之（认为“有一定提高”或“显著提高”的占 77.56%），政府工作人员的评价最低（认为“有一定提高”或“显著提高”的占 70.46%，见表 8-7-3）。

表 8－7－3　开展“政社互动”后社区公共服务水平评价比较（不同身份人员）

单位：%

项　　目	政府工作人员	村(居)委会成员	村、居民代表	村、居民
显著降低	2.27	2.35	1.35	4.42
有一定降低	18.18	8.23	3.38	4.42
没有变化	9.09	10.59	3.38	13.60
有一定提高	63.64	57.65	79.73	64.13
显著提高	6.82	21.18	12.16	13.43
合　　计	100.00	100.00	100.00	100.00

（六）“政社互动”对理清政府部门与基层群众自治组织之间关系的作用

问卷调查请被试以五个选项评价全面开展“政社互动”后政府部门与基层群众自治组织之间关系的理清程度（完全理清、大部分理清、少部分理清、还未理清、不知道）。调查数据显示，12.09%的被试认为“政社互动”后政府部门与基层群众自治组织之间的关系完全理清，48.14%的被试认为大部分理清，21.16%的被试认为少部分理清，10.35%的被试认为还未理清，8.26%的被试选择的是“不知道”（见表 8－8－1 和图 8－6）。被试对此项改革在政府部门与基层群众自治组织之间关系方面所起的作用，给予了较正面的评价（认为政府部门与基层群众自治组织之间的关系“完全理清”或“大部分理清”的占 60.23%）。

表 8－8－1　开展“政社互动”后政府部门与基层群众自治组织之间的关系理清程度

选　　项	频　率	百分比	有效百分比	累积百分比
完全理清	104	12.08	12.09	12.09
大部分理清	414	48.08	48.14	60.23
少部分理清	182	21.14	21.16	81.40
还未理清	89	10.34	10.35	91.74
不知道	71	8.24	8.26	100.00
合计	860	99.88	100.00	
缺失	1	0.12		
总　　计	861	100.00		

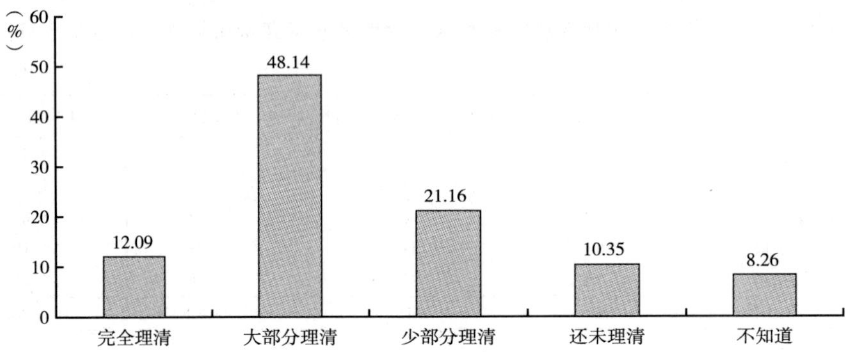

图 8－6 “政社互动”后政府部门与基层群众自治组织之间的关系理清程度

对“政社互动”在政府部门与基层群众自治组织之间关系方面所起的作用，中共党员评价最高（认为政府部门与基层群众自治组织之间的关系“完全理清”或“大部分理清”的占 65.48%），群众的评价次之（认为政府部门与基层群众自治组织之间的关系“完全理清”或“大部分理清”的占 58.98%），共青团员的评价最低（认为政府部门与基层群众自治组织之间的关系“完全理清”或“大部分理清”的占 41.38%，见表 8－8－2）。

表 8－8－2 开展“政社互动”后政府部门与基层群众自治组织之间关系理清程度评价比较（不同政治面貌）

单位：%

项 目	中共党员	共青团员	群 众
完全理清	14.84	5.17	11.22
大部分理清	50.64	36.21	47.76
少部分理清	17.10	29.31	22.86
还未理清	10.00	17.24	9.80
不知道	7.42	12.07	8.37
合 计	100.00	100.00	100.00

对“政社互动”在政府部门与基层群众自治组织之间关系方面所起的作用，村（居）民代表的评价最高（认为政府部门与基层群众自治组织之间的关系“完全理清”或“大部分理清”的占 72.30%），村（居）民委员会成员的评价次之（认为政府部门与基层群众自治组织之间的关系“完全理清”或“大部分理清”的占 60.00%），村（居）民的评价再次之（认为政府部门与基层群众自治组织之间的关系“完全理清”或“大部分理清”的占

58.31%），政府工作人员的评价最低（认为政府部门与基层群众自治组织之间的关系“完全理清”或“大部分理清”的占43.18%，见表8－8－3）。

表8－8－3　开展“政社互动”后政府部门与基层群众自治组织之间关系理清程度评价比较（不同身份人员）

单位：%

项　　目	政府工作人员	村（居）委会成员	村、居民代表	村、居民
完全理清	11.36	15.29	16.22	10.25
大部分理清	31.82	44.71	56.08	48.06
少部分理清	31.82	16.47	16.89	21.73
还未理清	18.18	15.29	9.46	9.54
不知道	6.82	8.24	1.35	10.42
合　　计	100.00	100.00	100.00	100.00

（七）“政社互动”的主要受益者

太仓市全面推进“政社互动”对谁最有利，问卷调查设计了6个选项请被试选择：（1）市政府各工作部门干部；（2）乡镇政府、街道办事处干部；（3）村民委员会、社区居民委员会成员；（4）村民代表、居民代表；（5）本地普通居民；（6）在本市居住的外地人口。

调查数据显示，全体被试选择的“政社互动”的主要受益者由高到低的排序是：（1）村民委员会、社区居民委员会成员（27.44%）；（2）本地普通居民（25.20%）；（3）政府各工作部门干部（19.32%）；（4）村民代表、居民代表（17.67%）；（5）乡镇政府、街道办事处干部（10.25%）；（6）在本市居住的外地人口（0.12%，见表8－9－1和图8－7）。

表8－9－1　“政社互动”的主要受益者

选　　项	频率	百分比	有效百分比	累积百分比
市政府各工作部门干部	164	19.05	19.32	19.32
乡镇政府、街道办事处干部	87	10.11	10.25	29.57
村民委员会、社区居民委员会成员	233	27.06	27.44	57.01
村民代表、居民代表	150	17.42	17.67	74.68
本地普通居民	214	24.85	25.20	99.88
在本市居住的外地人口	1	0.12	0.12	100.00
合计	849	98.61	100.00	
缺失	12	1.39		
总　　计	861	100.00		

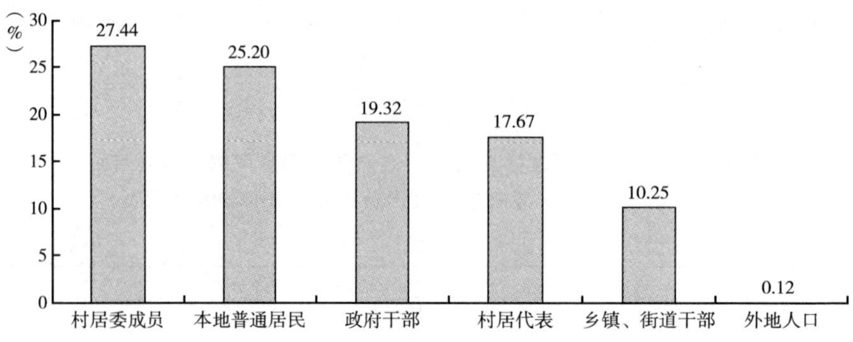

图 8－7 “政社互动”的主要受益者

对于“政社互动”的最主要受益者，不同政治面貌被试的选择有所不同，中共党员认为是“村民委员会、社区居民委员会成员”，共青团员认为是“村民代表、居民代表”，群众认为是“本地普通居民”（见表 8－9－2）。

表 8－9－2 “政社互动”的主要受益者选择比较（不同政治面貌）

单位：%

项　　目	中共党员	共青团员	群众
市政府各工作部门干部	17.97	14.04	20.87
乡镇、街道干部	9.48	12.28	10.54
村（居）民委员会成员	36.27	21.05	22.52
村民代表、居民代表	11.11	29.82	20.25
本地普通居民	24.84	22.81	25.82
在本市居住的外地人口	0.33	0.00	0.00
合　　计	100.00	100.00	100.00

对于“政社互动”的最主要受益者，不同身份被试的选择亦有所不同，政府工作人员和村（居）民委员会成员均认为是“村民委员会、社区居民委员会成员”，村（居）民代表认为是“村民委员会、社区居民委员会成员”和“本地普通居民”（并列），村（居）民认为是“本地普通居民”（见表 8－9－3）。

综合观察不同政治面貌被试对“政社互动”各方面情况的评价，可以看出中共党员给予的评价最高，群众对“政社互动”的正面评价总体高于共青团员。

表 8－9－3 “政社互动”的主要受益者选择比较（不同身份人员）

单位：%

项 目	政府工作人员	村（居）委会成员	村、居民代表	村、居民
市政府各工作部门干部	9.52	25.00	11.41	21.90
乡镇、街道干部	16.67	14.29	8.72	9.87
村（居）民委员会成员	33.33	30.95	28.19	24.78
村民代表、居民代表	23.81	9.52	23.49	16.88
本地普通居民	14.29	20.24	28.19	26.57
在本市居住的外地人口	2.38	0.00	0.00	0.00
合 计	100.00	100.00	100.00	100.00

综合观察不同身份被试对“政社互动”各方面情况的评价，可以看出村（居）民代表给予的评价最高，村（居）民委员会成员对“政社互动”的正面评价总体高于村（居）民，政府工作人员对“政社互动”给予的评价相对低于其他三种被试。

三 “政社互动”参与的客观状况

调查组专门为问卷调查设计了“政社互动”参与客观状况的评估指标，并用这样的指标分析调查数据，对“政社互动”参与的客观状况作出基本评估。

（一）“政社互动”参与客观状况评估指标

此次问卷调查的“政社互动”参与客观状况评估指标，设立 5 个一级指标和 10 个二级指标，每个一级指标的分值为 1.00 分，每个二级指标的分值为 0.50 分，总分值为 5.00 分（指标的总体构成情况，见表 8－10）。

表 8－10 江苏省苏州市太仓市“政社互动”参与客观状况评估指标

一级指标		二级指标	
指标名称	分值	指标名称	分值
重要性认知	1.00	（1）是否知道“政社互动” （2）“政社互动”与本人关系	0.50 0.50

续表

一级指标		二级指标	
指标名称	分值	指标名称	分值
内容认知	1.00	(3)“政社互动”的基本目标	0.50
		(4)“政社互动”需要建立的关系	0.50
程序认知	1.00	(5)签订何种协议	0.50
		(6)“政社互动”主要程序	0.50
实际参与	1.00	(7)参加“政社互动”会议	0.50
		(8)参加“政社互动”履约活动	0.50
监督行为	1.00	(9)提出意见和建议	0.50
		(10)参与“政社互动”评估	0.50
合　　计	5.00		5.00

(二)“政策互动”的重要性认知

问卷调查以两道题目考察被试对“政社互动”重要性的认知程度，一道题目是“您是否知道太仓市正在开展‘政社互动’工作”，另一道题目是“您认为‘政社互动’与您本人的关系是否密切”。

调查数据显示，85.53%的被试知道太仓市正在开展“政社互动”工作，14.47%的被试表示“不知道”（见表8－11－1）。

表8－11－1　是否知道太仓市正在开展“政社互动”工作

项　　目		频率	百分比	有效百分比	累积百分比
有效	知　道	727	84.44	85.53	85.53
	不知道	123	14.28	14.47	100.00
	合　计	850	98.72	100.00	
缺失	系　统	11	1.28		
总　　计		861	100.00		

在不同政治面貌被试中，中共党员知道太仓市正在开展“政社互动”工作的比例最高（94.48%），群众次之（80.91%），共青团员知道太仓市正在开展“政社互动”工作的比例最低（75.86%，见表8－11－2）。

表 8－11－2 是否知道太仓市正在开展“政社互动”工作选择比较（不同政治面貌）

单位：%

项 目	中共党员	共青团员	群众
知 道	94.48	75.86	80.91
不知道	5.52	24.14	19.09
合 计	100.00	100.00	100.00

在不同身份被试中，政府工作人员知道太仓市正在开展“政社互动”工作的比例最高（100.00%），村（居）民代表次之（95.27%），村（居）民委员会成员再次之（89.29%），村（居）民知道太仓市正在开展“政社互动”工作的比例最低（80.82%，见表 8－11－3）。

表 8－11－3 是否知道太仓市正在开展“政社互动”工作选择比较（不同身份人员）

单位：%

项 目	政府工作人员	村（居）委会成员	村、居民代表	村、居民
知 道	100.00	89.29	95.27	80.82
不知道	0.00	10.71	4.73	19.18
合 计	100.00	100.00	100.00	100.00

调查数据显示，7.13%的被试认为“政社互动”与本人关系非常密切，44.77%的被试认为比较密切（认同“非常密切”和“比较密切”的共计51.90%），31.00%的被试认为一般，11.04%的被试认为不太密切，6.06%的被试认为“政社互动”与本人关系非常不密切（见表 8－12－1）。

表 8－12－1 “政社互动”工作与被试个人的关系

项 目		频率	百分比	有效百分比	累积百分比
有效	非常不密切	51	5.92	6.06	6.06
	不太密切	93	10.80	11.04	17.10
	一般	261	30.31	31.00	48.10
	比较密切	377	43.79	44.77	92.87
	非常密切	60	6.97	7.13	100.00
	合计	842	97.79	100.00	
缺失	系统	19	2.21		
总 计		861	100.00		

在不同政治面貌被试中，中共党员认为“政社互动”与本人关系“比较密切”和“非常密切”的比例最高（56.86%），群众次之（49.27%），共青团员认为“政社互动”与本人关系“比较密切”和“非常密切”的比例最低（48.27%，见表8－12－2）。

表8－12－2 “政社互动”工作与被试个人关系的选择比较（不同政治面貌）

单位：%

项　　目	中共党员	共青团员	群　众
非常不密切	8.69	6.90	4.35
不太密切	9.03	18.97	11.39
一般	25.42	25.86	34.99
比较密切	46.49	43.10	43.89
非常密切	10.37	5.17	5.38
合　　计	100.00	100.00	100.00

在不同身份被试中，村（居）民代表认为“政社互动”与本人关系“比较密切”和“非常密切”的比例最高（65.46%），政府工作人员次之（58.54%），村（居）民委员会成员再次之（56.79%），村（居）民认为“政社互动”与本人关系“比较密切”和“非常密切”的比例最低（46.99%，见表8－12－3）。

表8－12－3 “政社互动”工作与被试个人关系的选择比较（不同身份人员）

单位：%

项　　目	政府工作人员	村(居)委会成员	村、居民代表	村、居民
非常不密切	9.75	7.41	5.76	5.85
不太密切	12.20	11.11	2.88	12.94
一般	19.51	24.69	25.90	34.22
比较密切	46.34	41.98	57.55	42.20
非常密切	12.20	14.81	7.91	4.79
合　　计	100.00	100.00	100.00	100.00

（三）“政社互动”的内容认知

问卷调查以两道题目考察被试对“政社互动”内容的认知程度，一道题目是“开展‘政社互动’工作主要是为了什么”，另一道题目是“开展‘政社互动’主要建立的是什么关系”。

在“开展‘政社互动’工作主要是为了什么”的6个选项中，选择第1项“规范政府的行政行为”的被试占30.31%，选择第2项“规范群众自治组织的自治行为”的被试占12.38%，选择第3项“规范群众自治组织协助政府工作的行为”的被试占25.59%，选择第4项“规范各种社会团体的行为”的被试占5.31%，选择第5项“规范和提高公共服务水平”的被试占17.45%，选择第6项“减轻群众自治组织的政府工作负担”的被试占8.96%（见表8－13－1）。由于第1、2、3、6项是正确选项，被试对“政社互动”工作主要目的的选择正确率为77.24%。

表8－13－1　开展“政社互动”工作的主要目的

项　　目		频　率	百分比	有效百分比	累积百分比
有效	规范政府的行政行为	257	29.85	30.31	30.31
	规范群众自治组织的行为	105	12.19	12.38	42.69
	规范自治组织协助政府行为	217	25.20	25.59	68.28
	规范各种社会团体行为	45	5.23	5.31	73.58
	规范和提高公共服务水平	148	17.19	17.45	91.04
	减轻自治组织政府工作负担	76	8.83	8.96	100.00
	合计	848	98.49	100.00	
缺失	系统	13	1.51		
总　　计		861	100.00		

在不同政治面貌被试中，对“政社互动”工作主要目的的选择正确率最高的是共青团员（79.32%），其次是群众（78.59%），选择正确率最低的是中共党员（74.59%，见表8－13－2）。

表8－13－2　开展“政社互动”工作主要目的选择比较（不同政治面貌）

单位：%

项　　目	中共党员	共青团员	群　众
规范政府的行政行为	33.55	17.24	29.94
规范群众自治组织的行为	12.05	13.80	12.27
规范自治组织协助政府行为	19.54	29.31	28.90
规范各种社会团体行为	4.56	10.34	5.20
规范和提高公共服务水平	20.85	10.34	16.21
减轻自治组织政府工作负担	9.45	18.97	7.48
合　　计	100.00	100.00	100.00

在不同身份被试中，对“政社互动”工作主要目的的选择正确率最高的是村（居）民（79.97%），其次是村（居）民委员会成员（79.52%），再次是政府工作人员（72.73%），选择正确率最低的是村（居）民代表（65.51%，见表8－13－3）。

表8－13－3 开展“政社互动”工作主要目的选择比较（不同身份人员）

单位：%

项　　目	政府工作人员	村(居)委会成员	村、居民代表	村、居民
规范政府的行政行为	29.55	26.51	29.65	30.59
规范群众自治组织的行为	11.36	12.05	6.20	14.13
规范自治组织协助政府行为	27.27	32.53	20.00	26.65
规范各种社会团体行为	11.36	6.02	6.90	4.49
规范和提高公共服务水平	15.91	14.46	27.59	15.56
减轻自治组织政府工作负担	4.55	8.43	9.66	8.58
合　　计	100.00	100.00	100.00	100.00

在“开展‘政社互动’主要建立的是什么关系”的5个选项中，选择第1项“政府各部门之间的良性互动关系”的被试占13.78%，选择第2项“政府与群众自治组织的良性互动关系”的被试占51.42%，选择第3项“政府与群众之间的良性互动关系”的被试占26.01%，选择第4项“群众自治组织与群众的良性互动关系”的被试占5.11%，选择第5项“服务者与被服务者之间的良性互动关系”的被试占3.68%（见表8－14－1）。由于第2、3、4、5项是正确选项，被试对“政社互动”工作主要建立的是什么关系的选择正确率为86.22%。

表8－14－1 开展“政社互动”工作建立的主要关系

单位：%

项　　目		频率	百分比	有效百分比	累积百分比
有效	政府各部门之间的良性互动	116	13.47	13.78	13.78
	政府与自治组织的良性互动	433	50.29	51.42	65.20
	政府与群众的良性互动	219	25.44	26.01	91.21
	自治组织与群众的良性互动	43	4.99	5.11	96.32
	服务者与被服务者的互动	31	3.60	3.68	100.00
	合计	842	97.79	100.00	
缺失	系统	19	2.21		
总　　计		861	100.00		

在不同政治面貌被试中，对“政社互动”工作主要建立的是什么关系的选择正确率最高的是群众（87.47%），其次是中共党员（85.86%），选择正确率最低的是共青团员（77.19%，见表8－14－2）。

表8－14－2　开展“政社互动”工作建立的主要关系选择比较（不同政治面貌）

单位：%

项　　目	中共党员	共青团员	群　众
政府各部门之间的良性互动	14.14	22.81	12.53
政府与自治组织的良性互动	56.25	43.86	49.27
政府与群众的良性互动	23.36	24.56	27.97
自治组织与群众的良性互动	2.63	8.77	6.05
服务者与被服务者的互动	3.62	0.00	4.18
合　　计	100.00	100.00	100.00

在不同身份被试中，对“政社互动”工作主要建立的是什么关系的选择正确率最高的是村（居）民委员会成员（93.75%），其次是村（居）民代表（91.04%），再次是政府工作人员（86.05%），选择正确率最低的是村（居）民（83.66%，见表8－14－3）。

表8－14－3　开展“政社互动”工作建立的主要关系选择比较（不同身份人员）

单位：%

项　　目	政府人员	村(居)委会成员	村、居民代表	村、居民
政府各部门之间的良性互动	13.95	6.25	8.96	16.34
政府与自治组织的良性互动	51.16	52.50	42.76	52.60
政府与群众的良性互动	23.26	31.25	37.24	22.98
自治组织与群众的良性互动	4.65	5.00	2.07	6.11
服务者与被服务者的互动	6.98	5.00	8.97	1.97
合　　计	100.00	100.00	100.00	100.00

（四）“政策互动”的程序认知

问卷调查以两道题目考察被试对“政社互动”程序的认知程度，一道题目是“哪些项目不是‘政社互动’的程序”，另一道题目是“‘政社互动’中基层群众组织与政府签订的是什么”。

在“哪些项目不是‘政社互动’的程序”的6个选项中，选择第1项“政府理清权力清单”的被试占28.56%，选择第2项“基层群众自治组织清理政府下派任务”的被试占22.33%，选择第3项“签订新型协议书”的被试占10.34%，选择第4项“以选举方式产生履行协议人员”的被试占29.14%，选择第5项“履行‘政社互动’协议”的被试占5.05%，选择第6项“对履行决议情况进行评估”的被试占4.58%（见表8－15－1）。由于第2、4项是正确选项，被试的“政社互动”程序选择正确率为51.47%。

表8－15－1　哪些项目不是“政社互动”的程序

项　　目		频率	百分比	有效百分比	累积百分比
有效	政府理清权力清单	243	28.22	28.56	28.56
	自治组织清理政府下派任务	190	22.07	22.33	50.89
	签订新型协议书	88	10.22	10.34	61.23
	以选举方式产生履约人员	248	28.81	29.14	90.37
	履行“政社互动”协议	43	4.99	5.05	95.42
	对履行协议情况进行评估	39	4.53	4.58	100.00
	合计	851	98.84	100.00	
缺失	系统	10	1.16		
总　　计		861	100.00		

在不同政治面貌被试中，“政社互动”程序选择正确率最高的是共青团员（56.90%），其次是中共党员（56.53%），选择正确率最低的是群众（47.63%，见表8－15－2）。

表8－15－2　哪些项目不是“政社互动”程序的选择比较（不同政治面貌）

单位：%

项　　目	中共党员	共青团员	群众
政府理清权力清单	25.49	20.69	31.34
自治组织清理政府下派任务	22.22	36.21	20.83
签订新型协议书	9.48	8.62	11.13
以选举方式产生履约人员	34.31	20.69	26.80
履行“政社互动”协议	3.92	3.45	5.98
对履行协议情况进行评估	4.58	10.34	3.92
合　　计	100.00	100.00	100.00

在不同身份被试中，“政社互动”程序选择正确率最高的是政府工作人员（68.18%），其次是村（居）民代表（52.74%），再次是村（居）民

（50.63%），选择正确率最低的是村（居）民委员会成员（42.17%，见表8－15－3）。

表8－15－3 哪些项目不是“政社互动”程序的选择比较（不同身份人员）

单位：%

项 目	政府人员	村(居)委会成员	村、居民代表	村、居民
政府理清权力清单	11.36	30.12	28.77	29.94
自治组织清理政府下派任务	31.82	18.07	13.70	24.96
签订新型协议书	9.09	14.46	6.85	10.70
以选举方式产生履约人员	36.36	24.10	39.04	25.67
履行“政社互动”协议	6.82	7.23	7.53	4.10
对履行协议情况进行评估	4.55	6.02	4.11	4.63
合 计	100.00	100.00	100.00	100.00

在“‘政社互动’中基层群众组织与政府签订的是什么”的4个选项中，选择第1项“行政责任书”的被试占23.22%，选择第2项“协助管理协议书”的被试占45.62%，选择第3项“公共服务委托书”的被试占24.41%，选择第4项“集中整治协议书”的被试占6.75%（见表8－16－1）。由于第2、3项是正确选项，被试对“政社互动”中的签约选择正确率为70.03%。

表8－16－1 “政社互动”中基层群众组织与政府签定的是什么

单位：%

项 目		频 率	百分比	有效百分比	累积百分比
有效	行政责任书	196	22.76	23.22	23.22
	协助管理协议书	385	44.72	45.62	68.84
	公共服务委托书	206	23.93	24.41	93.25
	集中整治协议书	57	6.62	6.75	100.00
	合计	844	98.03	100.00	
缺失	系统	17	1.97		
总 计		861	100.00		

在不同政治面貌被试中，对“政社互动”中的签约选择正确率最高的是中共党员（72.70%），其次是群众（69.86%），选择正确率最低的是共青团员（56.14%，见表8－16－2）。

表 8－16－2 “政社互动”中基层群众组织与政府签定的是什么的选择比较（不同政治面貌）

单位：%

项　　目	中共党员	共青团员	群　众
行政责任书	21.05	31.58	23.70
协助管理协议书	47.37	31.58	45.95
公共服务委托书	25.33	24.56	23.91
集中整治协议书	6.25	12.28	6.44
合　　计	100.00	100.00	100.00

在不同身份被试中，对“政社互动”中的签约选择正确率最高的是村（居）民（71.12%），其次是村（居）民代表（67.14%），再次是村（居）民委员会成员（65.85%），选择正确率最低的是政府工作人员（63.63%，见表 8－16－3）。

表 8－16－3 “政社互动”中基层群众组织与政府签定的是什么的选择比较（不同身份人员）

单位：%

项　　目	政府工作人员	村(居)委会成员	村、居民代表	村、居民
行政责任书	13.64	25.61	26.43	23.35
协助管理协议书	54.54	40.24	53.57	42.78
公共服务委托书	9.09	25.61	13.57	28.34
集中整治协议书	22.73	8.54	6.43	5.53
合　　计	100.00	100.00	100.00	100.00

（五）“政社互动”的实际参与

问卷调查以两道题目考察被试的“政社互动”实际参与情况，一道题目是“您是否参加过与‘政社互动’有关的会议”，另一道题目是“您是否参与了履行‘政社互动’协议的具体工作”。

调查数据显示，55.90%的被试表示参加过与“政社互动”有关的会议，44.10%的被试表示未参加过（见表 8－17－1）。

在不同政治面貌被试中，参加过与“政社互动”有关会议比例最高的是中共党员（70.53%），群众次之（48.35%），比例最低的是共青团员（41.38%，见表 8－17－2）。

表 8－17－1　是否参加过与“政社互动”有关的会议

项　　目		频　率	百分比	有效百分比	累积百分比
有效	是	474	55.05	55.90	55.90
	否	374	43.44	44.10	100.00
	合计	848	98.49	100.00	
缺失	系统	13	1.51		
总　　计		861	100.00		

表 8－17－2　是否参加过与“政社互动”有关会议的选择比较（不同政治面貌）

单位：%

项　　目	中共党员	共青团员	群　众
是	70.53	41.38	48.35
否	29.47	58.62	51.65
合　　计	100.00	100.00	100.00

在不同身份被试中，参加过与“政社互动”有关会议比例最高的是村（居）民代表（72.92%），其次是政府工作人员（60.98%），再次是村（居）民委员会成员（60.24%），比例最低的是村（居）民（49.56%，见表 8－17－3）。

表 8－17－3　是否参加过与“政社互动”有关会议的选择比较（不同身份人员）

单位：%

项　　目	政府工作人员	村(居)委会成员	村、居民代表	村、居民
是	60.98	60.24	72.92	49.56
否	39.02	39.76	27.08	50.44
合　　计	100.00	100.00	100.00	100.00

调查数据显示，50.23%的被试表示参与了履行“政社互动”协议的具体工作，49.77%的被试表示未参与过（见表 8－18－1）。

表 8－18－1　是否参与履行“政社互动”协议的具体工作

项　　目		频　率	百分比	有效百分比	累积百分比
有效	是	430	49.94	50.23	50.23
	否	426	49.48	49.77	100.00
	合计	856	99.42	100.00	
缺失	系统	5	0.58		
总　　计		861	100.00		

在不同政治面貌被试中，参与履行“政社互动”协议具体工作比例最高的是中共党员（64.61%），群众次之（43.35%），比例最低的是共青团员（31.03%，见表8－18－2）。

表8－18－2　是否参与履行“政社互动”协议具体工作的选择比较（不同政治面貌）

单位：%

项　　目	中共党员	共青团员	群　众
是	64.61	31.03	43.35
否	35.39	68.97	56.65
合　　计	100.00	100.00	100.00

在不同身份被试中，参与履行“政社互动”协议具体工作比例最高的是村（居）民代表（75.34%），其次是政府工作人员（65.91%），再次是村（居）民委员会成员（63.53%），比例最低的是村（居）民（39.36%，见表8－18－3）。

表8－18－3　是否参与履行“政社互动”协议具体工作的选择比较（不同身份人员）

单位：%

项　　目	政府工作人员	村(居)委会成员	村、居民代表	村、居民
是	65.91	63.53	75.34	39.36
否	34.09	36.47	24.66	60.64
合　　计	100.00	100.00	100.00	100.00

（六）“政社互动”的监督行为

问卷调查以两道题目考察被试在“政社互动”中的监督行为，一道题目是“您是否在‘政社互动’中向政府、基层群众自治组织提出意见和建议”，另一道题目是“您是否参与了本社区‘政社互动’的评估”。

调查数据显示，48.12%的被试表示在“政社互动”中曾向政府、基层群众自治组织提出过意见和建议，51.88%的被试表示未提出过意见和建议（见表8－19－1）。

表 8-19-1 是否在“政社互动”中向政府、基层群众自治组织提出意见和建议

项目		频率	百分比	有效百分比	累积百分比
有效	是	410	47.62	48.12	48.12
	否	442	51.33	51.88	100.00
	合计	852	98.95	100.00	
缺失	系统	9	1.05		
总计		861	100.00		

在不同政治面貌被试中，曾向政府、基层群众自治组织提出过意见和建议比例最高的是中共党员（63.84%），群众次之（40.74%），比例最低的是共青团员（24.56%，见表 8-19-2）。

表 8-19-2 是否在“政社互动”中向政府、基层群众自治组织提出意见和建议的选择比较（不同政治面貌）

单位：%

项目	中共党员	共青团员	群众
是	63.84	24.56	40.74
否	36.16	75.44	59.26
合计	100.00	100.00	100.00

在不同身份被试中，曾向政府、基层群众自治组织提出过意见和建议比例最高的是村（居）民代表（70.34%），其次是政府工作人员（59.09%），再次是村（居）民委员会成员（48.81%），比例最低的是村（居）民（40.39%，见表 8-19-3）。

表 8-19-3 是否在“政社互动”中向政府、基层群众自治组织提出意见和建议的选择比较（不同身份人员）

单位：%

项目	政府工作人员	村(居)委会成员	村、居民代表	村、居民
是	59.09	48.81	70.34	40.39
否	40.91	51.19	29.66	59.61
合计	100.00	100.00	100.00	100.00

调查数据显示，49.35% 的被试表示参与了本社区“政社互动”评估，50.65% 的被试表示未参与（见表 8-20-1）。

表 8-20-1　是否参与本社区“政社互动”的评估

项　　目		频　率	百分比	有效百分比	累积百分比
有效	是	419.00	48.67	49.35	49.35
	否	430.00	49.94	50.65	100.00
	合计	849.00	98.61	100.00	
缺失	系统	12.00	1.39		
总　　计		861.00	100.00		

在不同政治面貌被试中，参与本社区“政社互动”评估比例最高的是中共党员（58.31%），群众次之（45.13%），比例最低的是共青团员（36.84%，见表 8-20-2）。

表 8-20-2　是否参与本社区“政社互动”评估的选择比较（不同政治面貌）

单位：%

项　　目	中共党员	共青团员	群　众
是	58.31	36.84	45.13
否	41.69	63.16	54.87
合　　计	100.00	100.00	100.00

在不同身份被试中，参与本社区“政社互动”评估比例最高的是村（居）民代表（70.27%），其次是政府工作人员（56.82%），再次是村（居）民委员会成员（52.38%），比例最低的是村（居）民（42.09%，见表 8-20-3）。

表 8-20-3　是否参与本社区“政社互动”评估的选择比较（不同身份人员）

单位：%

项　　目	政府工作人员	村(居)委会成员	村、居民代表	村、居民
是	56.82	52.38	70.27	42.09
否	43.18	47.62	29.73	57.91
合　　计	100.00	100.00	100.00	100.00

比较太仓市“政社互动”中的四种参与行为，可以看出全体被试参与比例最高的是“参加与‘政社互动’有关的会议”（55.90%），其次是

“参与履行‘政社互动’协议的具体工作”（50.23%），再次是“参加本社区‘政社互动’的评估”（49.35%），参与比例最低的是“向政府、基层群众自治组织提出意见和建议”（48.12%，见图8-8）。

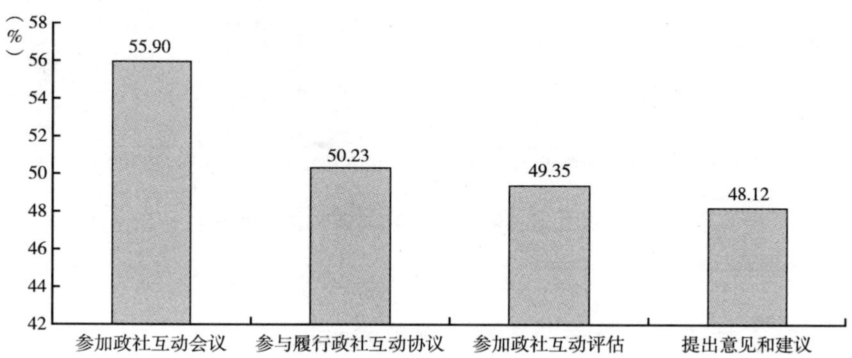

图8-8 全体被试“政社互动”四种参与行为的比较

比较不同政治面貌被试在“政社互动”中的4种参与行为，可以看出都是中共党员的参与比例最高，其次是群众，共青团员的参与比例最低（见图8-9）。

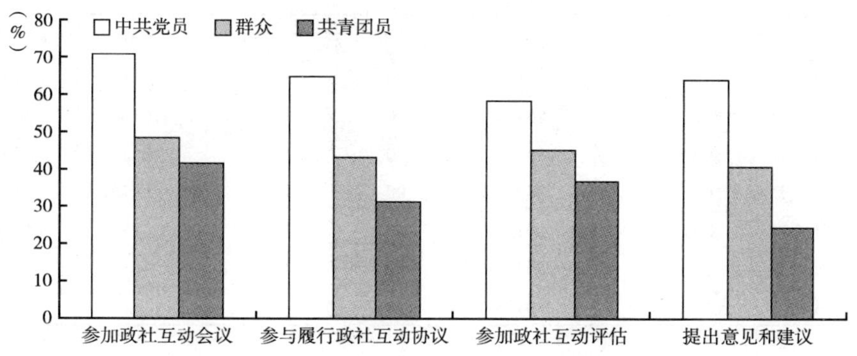

图8-9 不同政治面貌被试“政社互动”四种参与行为的比较

比较不同身份被试在“政社互动”中的四种参与行为，可以看出都是村（居）民代表的参与比例最高，其次是政府工作人员，再次是村（居）民委员会成员，村（居）民的参与比例最低（见图8-10）。

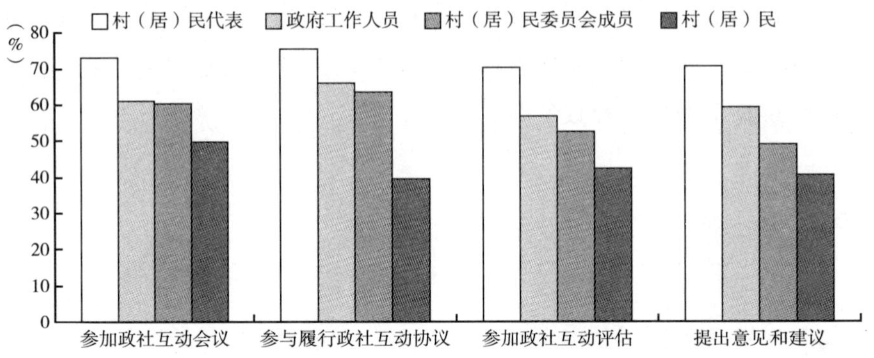

图 8－10　不同政治面貌被试“政社互动”四种参与行为的比较

（七）“政社互动”参与客观状况总分

根据本次问卷调查设计的评估指标，全体被试的“政社互动”参与客观状况的总体得分在 0～5.00 分之间，均值为 3.08，标准差为 1.15（见表 8－21 和图 8－11）。这样的调查结果显示，太仓市民众的“政社互动”参与客观状况，总体应处于中等偏低水平。

表 8－21　“政社互动”参与客观状况总体描述统计

项　　目	N	极小值	极大值	均值	标准差
总分	861	.00	5.00	3.0819	1.14931
政社互动重要性认知	861	.00	1.00	.6760	.35206
政社互动内容认知	861	.00	1.00	.8020	.27063
政社互动程序认知	861	.00	1.00	.5976	.35075
政社互动实际参与	861	.00	1.00	.5250	.44749
政社互动监督行为	861	.00	1.00	.4814	.43093
有效的 N(列表状态)	861				

进一步对各级指标的得分进行分析，可以发现全体被试在“政社互动”的认知层面得分相对较高（“政社互动重要性认知”的得分在 0～1.00 分，均值为 0.68，标准差为 0.35；“政社互动内容认知”的得分在 0～1.00 分，均值为 0.80，标准差为 0.27；“政社互动程序认知”的得分在 0～1.00 分，均值为 0.60，标准差为 0.35），认知层面的总体得分率为 69.33%（分值 3

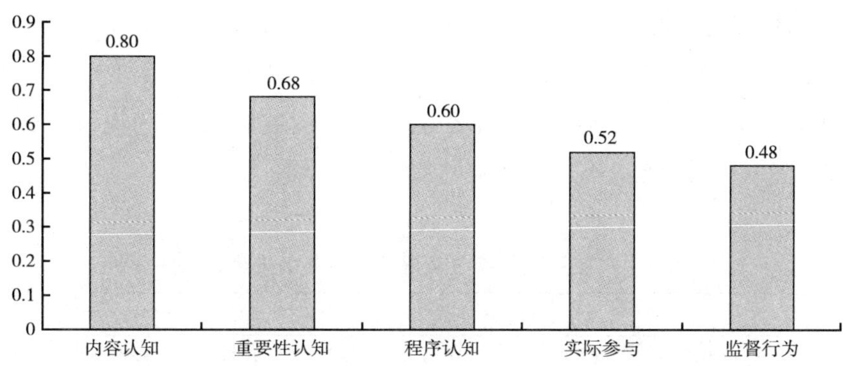

图 8-11 “政社互动”客观参与的总体得分情况

分，得分为2.08分）；在“政社互动”的行为层面得分较低（“政社互动实际参与”的得分在0~1.00分，均值为0.52，标准差为0.45；“政社互动监督行为”的得分在0~1.00分，均值为0.48，标准差为0.43），行为层面的总体得分率为50.00%（分值2分，得分为1.00分）。

通过统计分析对“政社互动”参与客观状况的内部结构关联性进行进一步的检验（见表8-22），结果发现：“政社互动”参与客观状况的5个维度与其总体得分情况之间具有较高的关联性，表现出了显著的相关性；其中，重要性认知、内容认知、程序认知、实际参与和监督行为5个因素，与客观总分的相关系数分别为0.628（$p<0.01$）、0.352（$p<0.01$）、0.423（$p<0.01$）、0.812（$p<0.01$）和0.746（$p<0.01$）。具体到5个维度之间的关系，相关分析的统计结果显示：除“监督行为”与“内容认知”之间的相关系数没有达到显著水平之外（$r=0.011$、$p>0.05$），其他各维度之间的相关均达到显著水平；其中，“重要性认知”与“内容认知”之间的相关系数$r=0.107$、$p<0.01$，“重要性认知”与“程序认知”之间的相关系数$r=0.103$、$p<0.01$，“程序认知”与“内容认知”之间的相关系数$r=0.106$、$p<0.01$，“实际参与”与“内容认知”之间的相关系数$r=0.122$、$p<0.01$，“重要性认知”与“实际参与”之间的相关系数$r=0.408$、$p<0.01$，“实际参与”与“程序认知”之间的相关系数$r=0.075$、$p<0.05$，“程序认知”与“监督行为”之间的相关系数$r=0.085$、$p<0.05$，“实际参与”与“监督行为”之间的相关系数$r=0.655$、$p<0.01$，“监督行为”与

“重要性认知”之间的相关系数 $r=0.284$、$p<0.01$。通过上述一组关于5个维度之间的两两相关分析结果可以看出，本次调研对“政社互动”进行客观测量所采用的调查问卷，具有较好的内部结构，能够较为有效地反映出被调查对象对“政社互动”所持有的基本情况。

表8-22 “政社互动”参与客观状况内部各维度的相关分析

		重要性认知	内容认知	程序认知	实际参与	监督行为	总分
重要性认知	Pearson 相关性	1	.107**	.103**	.408**	.284**	.628**
	显著性(双侧)		.002	.002	.000	.000	.000
	N	861	861	861	861	861	861
内容认知	Pearson 相关性	.107**	1	.106**	.122**	.011	.352**
	显著性(双侧)	.002		.002	.000	.752	.000
	N	861	861	861	861	861	861
程序认知	Pearson 相关性	.103**	.106**	1	.075*	.085*	.423**
	显著性(双侧)	.002	.002		.027	.012	.000
	N	861	861	861	861	861	861
实际参与	Pearson 相关性	.408**	.122**	.075*	1	.655**	.812**
	显著性(双侧)	.000	.000	.027		.000	.000
	N	861	861	861	861	861	861
监督行为	Pearson 相关性	.284**	.011	.085*	.655**	1	.746**
	显著性(双侧)	.000	.752	.012	.000		.000
	N	861	861	861	861	861	861
总分	Pearson 相关性	.628**	.352**	.423**	.812**	.746**	1
	显著性(双侧)	.000	.000	.000	.000	.000	
	N	861	861	861	861	861	861

** 在.01水平（双侧）上显著相关。
* 在0.05水平（双侧）上显著相关。

四 “政社互动”参与的主观状况

为了解被试在“政社互动”参与过程中的主观心理状态，问卷调查采用三个评估指标并设计了10个题目：（1）我对太仓市的“政社互动”工作开展情况非常满意；（2）我认为“政社互动”还有许多地方需要改进；

(3) 政府部门和基层群众自治组织为“政社互动”做了许多努力；(4) 我认为应该提供更多的途径让居民参与“政社互动”；(5) 我认为“政社互动”和我的日常生活相距太远；(6) 我希望有更多的机会参与“政社互动”；(7) “政社互动”已经成为影响居民日常生活的重要内容；(8) 在“政社互动”中，我能够充分收集相关信息，并进行有效的分析和判断；(9) 与其他人相比，我的“政社互动”参与意识是非常强的；(10) 我对自己参与“政社互动”的能力感觉信心不是很足。这 10 个题目均采用李克特 5 点计分方式，选项“1”代表“非常不符合”，选项“2”代表“比较不符合”，选项“3”代表“不确定”，选项“4”代表“比较符合”，选项“5”代表“非常符合”。三个评估指标分别是“参与满意度”(1 ~4 题，反向计分题目 2 个)、“参与意愿”(5 ~7 题，反向计分题目 1 个) 和“参与效能”(8 ~10 题，反向计分题目 1 个)。

问卷调查结果显示，全体被试除“政策参与满意度”的得分均值略低于 3 分外，其他两个指标的得分均高于 3 分 (见表 8 - 23 和图 8 - 12)；其中，“参与满意度”的得分在 1.50 ~4.25 分之间，均值为 2.99 分，标准差为 0.27；“参与意愿”的得分在 1.67 ~5.00 分之间，均值为 3.40 分，标准差为 0.51；“参与效能”的得分在 1.33 ~5.00 分之间，均值为 3.43 分，标准差为 0.52。

表 8 - 23　“政社互动”参与主观状况总体描述统计

	N	极小值	极大值	均值	标准差
参与满意度	837	1.50	4.25	2.9901	.27284
参与意愿	834	1.67	5.00	3.4037	.50697
参与效能	837	1.33	5.00	3.4337	.51713
有效的 *N*(列表状态)	824				

从“政社互动”参与主观状况的得分来看，被试的参与效能得分最高、参与意愿得分居中、参与满意度得分最低。为进一步了解上述三个主观指标的相互关系和联动特性，我们进行了相关统计分析，结果发现“参与满意度”、“参与意愿”和“参与效能”三个指标之间，两两相关显著 (见表 8 - 24)，具体表现如下：“参与满意度”和“参与意愿”之间表现出了显著

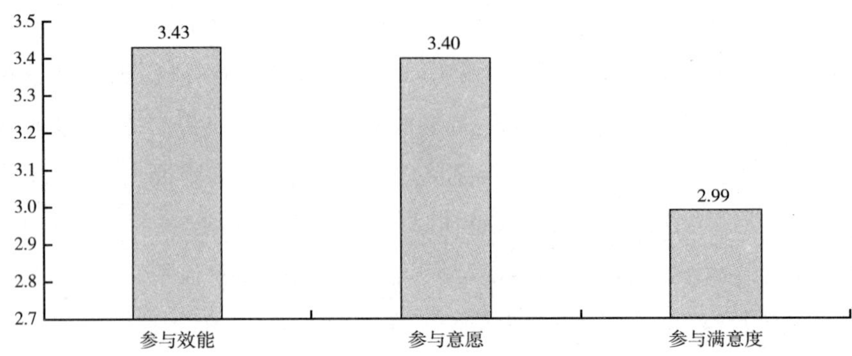

图 8－12 “政社互动”参与主观状况的总体得分

的正向相关，$r = 0.148$、$p < 0.01$；“参与意愿”和“参与效能”之间表现出了显著的正向相关，$r = 0.569$、$p < 0.01$；“参与满意度”和“参与效能”之间表现出了显著的正向相关，$r = 0.202$、$p < 0.01$。

表 8－24 “政社互动”参与主观状况三个指标之间的相关分析结果

		参与满意度	参与意愿	参与效能
参与满意度	Pearson 相关性	1	.148**	.202**
	显著性（双侧）		.000	.000
	N	837	826	830
参与意愿	Pearson 相关性	.148**	1	.569**
	显著性（双侧）	.000		.000
	N	826	834	831
参与效能	Pearson 相关性	.202**	.569**	1
	显著性（双侧）	.000	.000	
	N	830	831	837

** 在 .01 水平（双侧）上显著相关；* 在 0.05 水平（双侧）上显著相关。

五 “政社互动”参与客观状况与主观状况之间的相关分析

为了解“政社互动”参与主观状况与客观认知、行为的关系问题，我们对主观和客观两个方面的具体指标进行了相关分析（见表 8－25）。从客观状况的总体得分情况来看，除参与满意度外（$r=0.003$、$p>0.05$），被试的参与意愿和参与效能都与“政社互动”参与客观状况总分表现出了显著的正向相关。其中，“参与意愿”和“参与客观状况总分”之间表现出了显著的正向相关，$r=0.278$、$p<0.01$；“参与效能”和“参与客观状况总分”之间表现出了显著的正向相关，$r=0.298$、$p<0.01$。

表 8－25 “政社互动”参与客观状况与主观状况各指标之间的相关分析结果

		参与满意度	参与意愿	参与效能
政社互动参与客观状况总分	Pearson 相关性	.003	.278**	.298**
	显著性(双侧)	.921	.000	.000
	N	837	834	837
重要性认知	Pearson 相关性	.102**	.237**	.247**
	显著性(双侧)	.003	.000	.000
	N	837	834	837
内容认知	Pearson 相关性	-.033	.113**	.052
	显著性(双侧)	.345	.001	.132
	N	837	834	837
程序认知	Pearson 相关性	.040	.133**	.151**
	显著性(双侧)	.244	.000	.000
	N	837	834	837
实际参与	Pearson 相关性	-.056	.178**	.189**
	显著性(双侧)	.106	.000	.000
	N	837	834	837
监督行为	Pearson 相关性	-.029	.180**	.234**
	显著性(双侧)	.407	.000	.000
	N	837	834	837

** 在 0.1 水平（双侧）上显著相关。

进一步分析“政社互动”参与客观状况下设的 5 个指标，被试的“参与满意度”与“重要性认知”之间表现出了显著的正向相关（$r=0.102$、$p<0.01$），而与“内容认知”（$r=-0.003$、$p>0.05$）、“程序认知”（$r=0.040$、$p>0.05$）、“实际参与”（$r=-0.056$、$p>0.05$）和“监督行为”（$r=-0.029$、$p>0.05$）4 个指标之间相关不显著。被试的“参与意愿”与“政社互动”参与客观状况下设的“重要性认知”（$r=0.237$、$p<0.01$）、“内容认知”（$r=0.113$、$p<0.01$）、“程序认知”（$r=0.133$、$p<0.01$）、

“实际参与”（$r = 0.178$、$p < 0.01$）和“监督行为”（$r = 0.180$、$p < 0.01$）5个指标均表现出了显著的正向相关。被试的“参与效能”除与“内容认知”不存在显著相关关系外（$r = 0.052$、$p > 0.05$），与“政社互动”参与客观状况下设的其他4个指标均表现出了显著的正向相关，具体结果为“参与效能”与“重要性认知”的相关系数 $r = 0.247$、$p < 0.01$，“参与效能”与“程序认知”的相关系数 $r = 0.151$、$p < 0.01$，“参与效能”与“实际参与”的相关系数 $r = 0.189$、$p < 0.01$，“参与效能”与“监督行为”的相关系数 $r = 0.234$、$p < 0.01$。

六 “政社互动”的信息传播途径和面临的问题

问卷调查还涉及了“政社互动”的信息传播、社会组织发展及“政社互动”可能面临的问题，相关调查结果可分述于下。

（一）民众了解“政社互动”信息的主要途径

为了解“政社互动”的信息传播情况，问卷调查请被试在六种信息传播途径中选择三种并根据途径使用的重要性排序：（1）本地电视节目（简称“本地电视”）；（2）本地报纸（简称“本地报纸”）；（3）互联网；（4）城镇、农村社区宣传栏、宣传品（简称“宣传栏”）；（5）居民之间的相互议论（简称“相互议论”）；（6）参加与“政社互动”有关的会议（简称“参加会议”）。

全体被试“第一选择”由高到低的排序，第一是“本地电视节目”（52.90%），第二是“本地报纸”（18.79%），第三是“城镇、农村社区宣传栏、宣传品”（10.88%），第四是“参加与政社互动有关的会议”（9.52%），第五是“居民之间的相互议论”（5.07%），第六是“互联网”（2.84%）；“第二选择”排序前两位的是“本地报纸”和“宣传栏”；“第三选择”排序前两位的是“参加会议”和“相互议论”（见表8－26－1）。

全体被试“总提及频率”由高到低的排序，第一是“本地电视节目”

表 8 - 26 - 1　了解“政社互动”信息的主要途径

选　　项	第一选择		第二选择		第三选择		总提及	
	频率	百分比	频率	百分比	频率	百分比	频率	百分比
(1)本地电视	428	52.90	77	9.80	57	7.51	562	23.87
(2)本地报纸	152	18.79	239	30.41	90	11.86	481	20.43
(3)互联网	23	2.84	122	15.52	79	10.41	224	9.52
(4)宣传栏	88	10.88	235	29.90	145	19.10	468	19.88
(5)相互议论	41	5.07	83	10.56	165	21.74	289	12.28
(6)参加会议	77	9.52	30	3.81	223	29.38	330	14.02
合　　计	809	100.00	786	100.00	759	100.00	2354	100.00

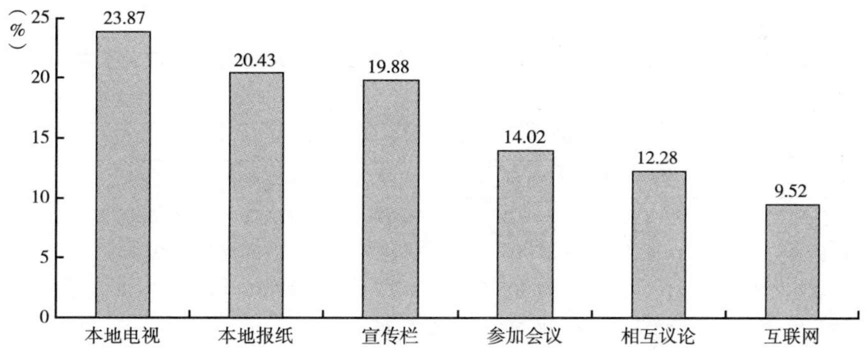

图 8 - 13　民众了解“政社互动”信息的主要途径

(23.87%)，第二是“本地报纸”(20.43%)，第三是“城镇、农村社区宣传栏、宣传品”(19.88%)，第四是“参加与政社互动有关的会议”(14.02%)，第五是“居民之间的相互议论”(12.28%)，第六是“互联网”(9.52%，见图 8 - 13)。全体被试的“第一选择”与“总提及频率”的选择排序相同，均为“本地电视——本地报纸——宣传栏——参加会议——相互议论——互联网”。

不同政治面貌被试的选择排序有所不同(见表 8 - 26 - 2)。中共党员“第一选择”的排序是“本地电视——参加会议——本地报纸——宣传栏——互联网——相互议论”(第二至第六位与全体被试的选择排序不同)，“总提及频率”的排序与全体被试的选择排序相同。共青团员“第一选择”的排序是“本地电视——本地报纸——相互议论——宣传栏——参加会议、互联网”（第三至第六位与全体被试的选择排序不同），“总提及频率”的排序是“本地电视——本地报纸——宣传栏——互联网——相互议论——参加会议”（第四至第六位与全体被试的选择排序不同）。群众“第一选择”的排序是“本地电视——本地报纸——宣传栏——相互议论——参加会议——互联网”（第四、五位与全体被试的选择排序不同），“总提及频率”的排序是“本地电视——宣传栏——本地报纸——相互议论——参加会议——互联网”（第二至五位与全体被试的选择排序不同）。也就是说，除了“本地电视外”，中共党员重视的是“参加会议”，共青团员重视的是“本地报纸”，群众重视的是“宣传栏”。

表 8-26-2　了解“政社互动”信息主要途径的比较（不同政治面貌）

单位：%

选　项	中共党员		共青团员		群　众	
	一选择	总提及	一选择	总提及	一选择	总提及
(1)本地电视	54.95	24.16	41.07	23.35	53.16	23.81
(2)本地报纸	14.33	21.24	33.93	21.56	19.61	19.75
(3)互联网	1.71	6.77	3.57	14.37	3.48	10.70
(4)宣传栏	8.53	19.60	5.36	19.16	13.07	20.12
(5)相互议论	1.37	8.98	12.50	12.58	6.54	14.39
(6)参加会议	19.11	19.25	3.57	8.98	4.14	11.23
合　　计	100.00	100.00	100.00	100.00	100.00	100.00

不同身份被试的选择排序也有所不同（见表 8-26-3）。政府工作人员“第一选择”的排序是“本地电视——参加会议——本地报纸——互联网、相互议论——宣传栏”（第二至第六位与全体被试的选择排序不同），“总提及频率”的排序是“参加会议——本地报纸——本地电视——宣传栏——互联网——相互议论”（与全体被试的选择排序均不同）。村（居）民委员会成员“第一选择”的排序是“本地电视——参加会议——宣传栏——本地报纸——互联网——相互议论”（第二及第四至第六位与全体被试的选择排序不同），“总提及频率”的排序是“本地电视——宣传栏——本地报纸——参加会议——互联网——相互议论”（第二、第三、第五、第六位与全体被试的选择排序不同）。村（居）民代表“第一选择”的排序是“本

地电视——参加会议——宣传栏——本地报纸——互联网——相互议论”（第二及第四至第六位与全体被试的选择排序不同），“总提及频率”的排序是“本地电视——参加会议——宣传栏——本地报纸——相互议论——互联网”（第二、第四位与全体被试的选择排序不同）。村（居）民“第一选择”的排序是“本地电视——本地报纸——宣传栏——相互议论——参加会议——互联网”（第四、第五位与全体被试的选择排序不同），“总提及频率”的排序是“本地电视——本地报纸——宣传栏——相互议论——参加会议——互联网”（第四、第五位与全体被试的选择排序不同）。也就是说，除了“本地电视”外，政府工作人员、村（居）民委员会成员和村（居）民代表更重视的是“参加会议”，村（居）民更重视的是“本地报纸”。

表 8－26－3 了解“政社互动”信息主要途径的比较（不同身份人员）

单位：%

选 项	政府工作人员		村(居)委成员		村(居)民代表		村(居)民	
	一选择	总提及	一选择	总提及	一选择	总提及	一选择	总提及
电 视	48.78	21.37	45.68	22.55	69.49	30.26	51.54	23.09
报 纸	14.63	22.22	11.11	20.85	5.93	18.44	23.33	20.54
互联网	4.88	9.40	1.24	10.21	2.54	4.61	3.07	10.52
宣传栏	0.00	15.38	13.58	21.28	10.17	19.02	11.57	20.47
议 论	4.88	8.55	6.17	8.51	0.00	6.92	6.15	14.37
会 议	26.83	23.08	22.22	16.60	11.87	20.75	4.34	11.01
合 计	100.00	100.00	100.00	100.00	100.00	100.00	100.00	100.00

（二）社区内社会组织的发展及作用

太仓市在全面推进“政社互动”工作中已经注意到了社会组织的作用，并开始推进“三社互动”工作（见本书第一章）。问卷调查亦就民众对社区内的社会组织发展设计了两道题目。

第一道题目是在社区内应优先发展哪类社会组织，调查问卷给出了6个选项：（1）慈善组织；（2）文体组织；（3）互助组织；（4）经济组织；

（5）公益组织；（6）法律救助组织。

调查结果显示，在六类社会组织中，全体被试认为在社区内最应该优先发展的是“互助组织”（29.87%），其次是“公益组织”（20.66%），第三是“法律救助组织”（17.47%），第四是“文体组织”（11.57%），第五是“经济组织”（11.10%），第六是“慈善组织”（9.33%，见表8-27-1和图8-14）。

表8-27-1　在社区内应该优先发展哪类组织

项　目		频率	百分比	有效百分比	累积百分比
有效	(1)慈善组织	79	9.18	9.33	9.33
	(2)文体组织	98	11.38	11.57	20.90
	(3)互助组织	253	29.38	29.87	50.77
	(4)经济组织	94	10.92	11.10	61.87
	(5)公益组织	175	20.33	20.66	82.53
	(6)法律救助组织	148	17.19	17.47	100.00
	合计	847	98.38	100.00	
缺失	系统	14	1.62		
总　计		861	100.00		

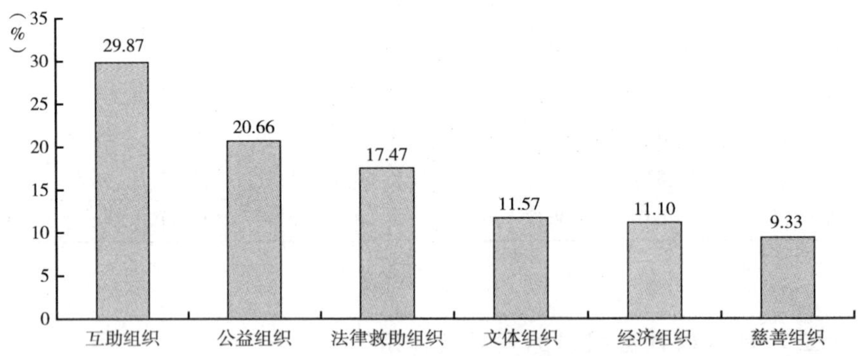

图8-14　在社区内应优先发展的社会组织

不同政治面貌被试都认同社区内最应该优先发展“互助组织”，但其次应发展的社会组织，中共党员认为是“公益组织”，群众认为是“法律救助组织”，共青团员则认为两种组织并重（见表8-27-2）。

表 8－27－2　在社区内应该优先发展哪类组织的选择比较（不同政治面貌）

单位：%

项　　目	中共党员	共青团员	群众
(1)慈善组织	7.87	8.62	10.37
(2)文体组织	6.56	10.35	14.94
(3)互助组织	33.77	41.38	26.14
(4)经济组织	10.16	12.07	11.62
(5)公益组织	25.57	13.79	18.26
(6)法律救助组织	16.07	13.79	18.67
合　　计	100.00	100.00	100.00

不同身份被试都认同社区内最应该优先发展“互助组织”，其次应发展的社会组织也都是“公益组织”（见表 8－27－3）。

表 8－27－3　在社区内应该优先发展哪类组织的选择比较（不同身份人员）

单位：%

项　　目	政府人员	村(居)委会成员	村、居民代表	村、居民
(1)慈善组织	2.38	4.70	12.95	9.93
(2)文体组织	2.38	14.12	5.75	13.65
(3)互助组织	42.86	27.06	28.78	28.90
(4)经济组织	11.91	8.24	11.51	11.17
(5)公益组织	28.57	23.53	25.90	18.26
(6)法律救助组织	11.90	22.35	15.11	18.09
合　　计	100.00	100.00	100.00	100.00

第二道题目是在当前的社区建设中，哪一类社会组织发挥的作用最大，调查问卷给出了 6 个选项，请被试选择三种并根据其重要性排序：(1) 慈善组织；(2) 文体组织；(3) 互助组织；(4) 经济组织；(5) 公益组织；(6) 法律救助组织。

全体被试“第一选择”由高到低的排序，第一是“慈善组织”（40.55%），第二是“互助组织”（20.00%），第三是“文体组织”（15.45%），第四是“公益组织”（13.38%），第五是“经济组织”（9.10%），第六是“法律救助组织”（1.52%）；“第二选择”排序前两位的是“互助组织”和“文体组织”；“第三选择”排序前两位的是“法律救助组织”和“公益组织”（见表 8－28－1）。

表 8－28－1　在当前社区建设中哪类社会组织发挥的作用最大

单位：%

选　项	第一选择		第二选择		第三选择		总提及	
	频率	百分比	频率	百分比	频率	百分比	频率	百分比
慈善组织	294	40.55	42	5.84	49	7.89	385	18.64
文体组织	112	15.45	180	25.04	68	10.95	360	17.43
互助组织	145	20.00	233	32.41	100	16.10	478	23.15
经济组织	66	9.10	97	13.49	67	10.79	230	11.14
公益组织	97	13.38	137	19.05	144	23.19	378	18.31
法律救助组织	11	1.52	30	4.17	193	31.08	234	11.33
合　计	725	100.00	719	100.00	621	100.00	2065	100.00

全体被试“总提及频率”由高到低的排序，第一是“互助组织”（23.15%），第二是“慈善组织”（18.64%），第三是“公益组织”（18.31%），第四是“文体组织”（17.43%），第五是“法律救助组织”（11.33%），第六是“经济组织”（11.14%，见图 8－15）。也就是说，“第一选择”的排序是“慈善——互助——文体——公益——经济——法律救助”，“总提及频率”的排序则变为“互助——慈善——公益——文体——法律救助——经济”。

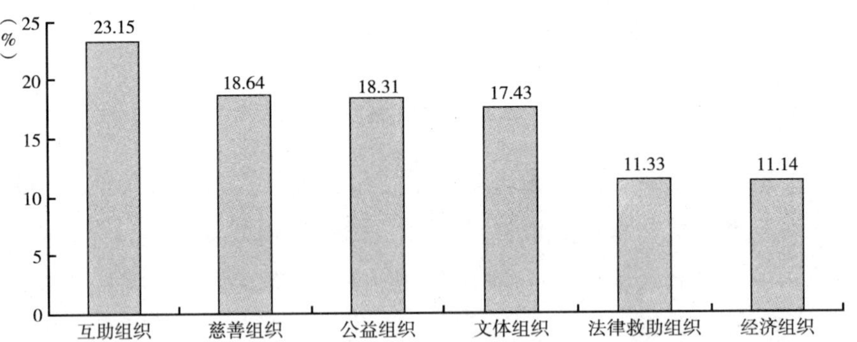

图 8－15　在当前社区建设中哪类社会组织发挥的作用最大

不同政治面貌被试的选择排序有所不同（见表 8－28－2）。中共党员“第一选择”的排序与全体被试的选择排序相同，“总提及频率”的排序是“互助——文体——公益——慈善——经济——法律救助”（第二至五位排序与全体被试的选择排序不同）。共青团员“第一选择”的排序是“慈善——文体——互助——公益、经济——法律救助”（第二至第五位与全体被试的选择排序不同），“总提及频率”的排序是“互助、慈善——公益——文体——法律救助——经济”（前两位并列，与全体被试的选择排序不同）。群众“第一选择”的排序是“慈善——互助——公益——文体——经济——法律救助”（第三、四位与全体被试的选择排序不同），“总提及频率”的排序与全体被试的选择排序相同。

表 8－28－2 在当前社区建设中哪类社会组织发挥作用最大的选择比较（不同政治面貌）

单位：%

选　　项	中共党员		共青团员		群　众	
	一选择	总提及	一选择	总提及	一选择	总提及
慈善组织	33.47	16.52	50.98	22.22	43.23	19.40
文体组织	19.18	20.29	17.65	14.82	13.09	16.09
互助组织	20.82	21.74	15.69	22.22	20.09	24.01
经济组织	12.65	13.04	7.84	11.11	7.24	10.11
公益组织	13.06	18.41	7.84	16.30	14.25	18.51
法律救助组织	0.82	10.00	0.00	13.33	2.10	11.88
合　　计	100.00	100.00	100.00	100.00	100.00	100.00

不同身份被试的选择排序也有所不同（见表 8－28－3）。政府工作人员的“第一选择”的排序是“互助、慈善——文体——经济——公益、法律救助”（前两位并列，第四至六位亦与全体被试的选择排序不同），“总提及频率”的排序是“互助——文体、经济——慈善、公益——法律救助”（第二至六位与全体被试的选择排序不同）。村（居）民委员会成员“第一选择”的排序是“慈善——互助——公益——经济——文体——法律救助”（第三至五位与全体被试的选择排序不同），“总提及频率”的排序是“公益——互助——慈善——经济——文体——法律救助”（六位的排序均与全体被试的选择排序不同）。村（居）民代表“第一选择”的排序是“互助——公益——慈善——经济——文体——法律救助”（六位的排序均与全体被试的选择排序不同），“总提及频率”的排序是“互助——公益——经济——法律救助——慈善——文体”（第二至六位与全体被试的选择排序不

同）。村（居）民“第一选择”的排序与全体被试的选择排序相同，“总提及频率”的排序是“互助——慈善——文体——公益——法律救助——经济”（第三、四位与全体被试的选择排序不同）。

表 8-28-3 在当前社区建设中哪类社会组织发挥作用最大的选择比较（不同身份人员）

单位：%

选项	政府工作人员		村(居)委成员		村(居)民代表		村(居)民	
	一选择	总提及	一选择	总提及	一选择	总提及	一选择	总提及
慈善	29.03	13.05	26.56	14.81	17.24	12.64	46.06	20.22
文体	25.81	16.30	7.81	13.76	10.34	8.04	16.49	19.07
互助	29.03	30.43	23.44	21.69	36.21	26.44	17.56	22.70
经济	16.13	16.30	18.75	14.29	15.52	17.24	5.91	9.37
公益	0.00	13.05	21.88	22.75	18.97	18.97	12.37	18.05
法律	0.00	10.87	1.56	12.70	1.72	16.67	1.61	10.59
合计	100.00	100.00	100.00	100.00	100.00	100.00	100.00	100.00

（三）“政社互动”面临的主要问题

在全面推进“政社互动”中，可能会存在一些问题，问卷调查列出了10个问题，请被试选择三项并根据问题的重要性排序：（1）只注重形式，不注重实际内容（简称“重形式”）；（2）按照部署“走过场”（简称“走过场”）；（3）政府部门违约无法纠正（简称“难纠违”）；（4）基层群众组织承接政府工作“明降暗升”（简称“增工作”）；（5）缺乏有效的监督机制（简称“缺监督”）；（6）“费随事转”难以到位（简称“缺经费”）；（7）普通群众不关心“政社互动”（简称“不关心”）；（8）居民参与不足（简称“缺参与”）；（9）“政社互动”难以持久（简称“难持久”）；（10）没有科学的评估机制（简称“难评估”）。

全体被试“第一选择”由高到低的排序，第一是“只注重形式，不注重实际内容”（55.97%），第二是“按照部署走过场”（11.34%），第三是“政府部门违约无法纠正”（9.41%），第四是“缺乏有效的监督机制”（6.39%），第五是“基层群众组织承接政府工作明降暗升”（4.59%），第六是“普通群众不关心政社互动”（4.34%），第七是“居民参与不足”（4.10%），第八是“费随事转难以到位”（2.17%），第九是“政社互动难以持久”（1.21%），第十是“没有科学的评估机制”（0.48%）；“第二选择”排序前两位的是“走过场”和“缺监督”；“第三选择”排序前两位的是“缺参与”和“缺监督”（见表 8－29－1）。

表 8－29－1　“政社互动”中可能存在的问题

单位：%

选　　项	第一选择		第二选择		第三选择		总提及	
	频率	百分比	频率	百分比	频率	百分比	频率	百分比
只注重形式	464	55.97	64	7.73	32	3.92	560	22.64
“走过场”	94	11.34	290	35.02	60	7.35	444	17.95
违约无法纠正	78	9.41	84	10.14	103	12.61	265	10.71
工作“明降暗升”	38	4.59	57	6.88	51	6.24	146	5.90
缺乏有效监督	53	6.39	124	14.98	117	14.32	294	11.88
“费随事转”难	18	2.17	34	4.11	96	11.75	148	5.98
普通群众不关心	36	4.34	87	10.51	79	9.67	202	8.16
居民参与不足	34	4.10	55	6.64	125	15.30	214	8.65
难以持久	10	1.21	24	2.90	102	12.48	136	5.50
没有科学评估	4	0.48	9	1.09	52	6.36	65	2.63
合　　计	829	100.00	828	100.00	817	100.00	2474	100.00

全体被试“总提及频率”由高到低的排序，第一是“只注重形式，不注重实际内容”（22.64%），第二是“按照部署走过场”（17.95%），第三是“缺乏有效的监督机制”（11.88%），第四是“政府部门违约无法纠正”（10.71%），第五是“居民参与不足”（8.65%），第六是“普通群众不关心政社互动”（8.16%），第七是“费随事转难以到位”（5.98%），第八是“基层群众组织承接政府工作明降暗升”（5.90%），第九是“政社互动难以持久”（5.50%），第十是“没有科学的评估机制”（2.63%，见图 8－16）。也就是说，全体被试的“第一选择”排序是“重形式——走过场——难纠违——缺监督——增工作——不关心——缺参与——缺经费——难持久——难评估”，“总提及频率”排序是“重形式——走过场——缺监督——难纠违——缺参与——不关心——缺经费——增工作——难持久——难评估”，

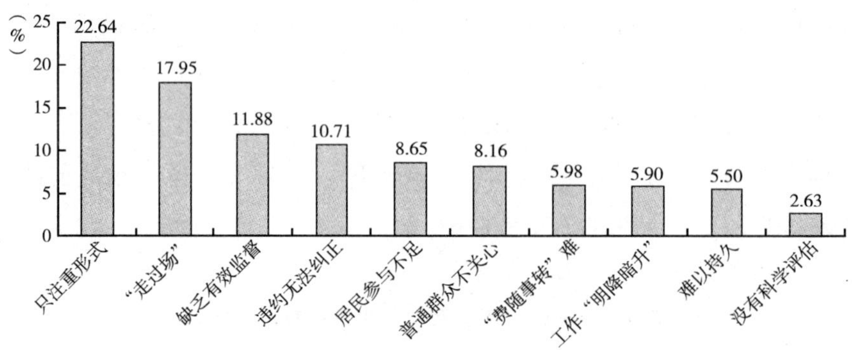

图 8－16 "政社互动"中可能存在的问题

第三至八位的排序有所不同。

不同政治面貌被试的选择排序有所不同（见表 8－29－2）。中共党员的"第一选择"排序是"重形式——走过场——难纠违、缺监督——增工作——不关心——缺参与——缺经费——难评估——难持久"（第三、四、九、十位与全体被试的选择排序不同），"总提及频率"排序是"重形式——走过场——缺监督——不关心——缺参与——难纠违——缺经费——增工作——难持久——难评估"（第四、六位与全体被试的选择排序不同）。

表 8－29－2 "政社互动"中可能存在问题的选择比较（不同政治面貌）

单位：%

选　项	中共党员		共青团员		群众	
	一选择	总提及	一选择	总提及	一选择	总提及
重形式	52.69	21.55	59.65	25.29	57.84	23.10
走过场	13.09	17.85	3.51	18.82	11.23	17.98
难纠违	7.38	9.43	12.28	15.88	10.17	10.88
增工作	6.38	5.72	7.02	7.65	3.18	5.83
缺监督	7.38	11.34	1.75	7.65	6.15	12.65
缺经费	2.01	6.62	1.75	5.29	2.33	5.61
不关心	5.03	9.65	8.77	5.88	3.39	7.46
缺参与	4.36	9.54	5.27	7.65	3.81	8.24
难持久	0.67	5.27	0.00	4.71	1.69	5.76
难评估	1.01	3.03	0.00	1.18	0.21	2.49
合　计	100.00	100.00	100.00	100.00	100.00	100.00

共青团员的"第一选择"排序是"重形式——难纠违——不关心——增工作——缺参与——走过场——缺监督、缺经费——难持久、难评估"（第二至十位的排序与全体被试的选择排序不同），"总提及频率"排序是"重形式——走过场——难纠违——增工作、缺监督、缺参与——不关心——缺经费——难持久——难评估"（第三至八位的排序与全体被试的选择排序不同）。群众的"第一选择"排序是"重形式——走过场——难纠违——缺监督——缺参与——不关心——增工作——缺经费——难持久——难评估"（第五至七位的排序与全体被试的选择排序不同），"总提及频率"排序是"重形式——走过场——缺监督——难纠违——缺参与——不关心——增工作——难持久——缺经费——难评估"（第七至九位的排序与全体被试的选择排序不同）。

不同身份被试的选择排序有所不同（见表8－29－3）。政府工作人员的"第一选择"排序是"重形式——走过场——缺监督——难纠违——缺经费、不关心——增工作——缺参与——难持久、难评估"（第三至十位的排序与全体被试的选择排序不同），"总提及频率"排序是"走过场——重形式——不关心——缺监督——缺参与——难纠违、缺经费、难持久——增工作——难评估"（第一至九位的排序与全体被试的选择排序不同）。村（居）民委员会成员的"第一选择"排序是"重形式——走过场——缺参与——难纠违、不关心——缺监督、缺经费——增工作——难持久、难评估"（第三至十位的排序与全体被试的选择排序不同），"总提及频率"排序是"重形式——走过场——不关心——缺监督——难纠违、缺参与——缺经费——增工作——难持久——难评估"（第三至七位的排序与全体被试的选择排序不同）。村（居）民代表的"第一选择"排序是"重形式——走过场——缺监督——难纠违——增工作——不关心——难持久——缺参与——缺经费——难评估"（第三、四、七、八、九位的排序与全体被试的选择排序不同），"总提及频率"排序是"重形式——走过场——缺监督、缺参与——不关心——难纠违——增工作、缺经费——难持久——难评估"（第三至八位的排序与全体被试的选择排序不同）。村（居）民的"第一选择"排序是"重形式——难纠违——走过场——缺监督——增工作——不关心——缺参与——缺经费——难持久——难评估"（第二、三位的排序与全体被试的选择排序不同)，“总提及频率”排序是“重形式——走过场——难纠违——缺监督——缺参与——不关心——增工作——缺经费、难持久——难评估”(第三、四、七、八、九位的排序与全体被试的选择排序不同)。

表 8－29－3 “政社互动”中可能存在问题的选择比较（不同身份人员）

单位：%

选　项	政府工作人员		村(居)委成员		村(居)民代表		村(居)民	
	一选择	总提及	一选择	总提及	一选择	总提及	一选择	总提及
重形式	33.34	15.87	49.40	24.00	49.18	20.76	60.71	23.62
走过场	21.43	19.05	12.05	14.80	15.57	14.48	9.91	19.39
难纠违	9.52	7.94	6.03	9.20	6.56	7.38	10.27	11.90
增工作	4.76	4.76	3.61	5.60	5.74	6.01	4.60	6.07
缺监督	14.29	9.52	4.82	12.00	10.65	12.30	4.78	11.72
缺经费	7.14	7.94	4.82	6.80	1.64	6.01	1.59	5.83
不关心	7.14	15.08	6.03	12.80	4.92	11.75	3.89	6.24
缺参与	2.38	8.73	10.84	9.20	2.46	12.30	3.19	7.32
难持久	0	7.94	1.20	3.20	3.28	5.46	0.88	5.83
难评估	0	3.17	1.20	2.40	0	3.55	0.18	2.08
合　计	100.00	100.00	100.00	100.00	100.00	100.00	100.00	100.00

在全面推进“政社互动”中，应当优先解决哪些问题，问卷调查列出了6个选项，请被试选择三项并根据问题的重要性排序：(1) 基层群众自治组织工作人员的待遇问题（简称“待遇”）；(2) 基层干部的责任和工作态度问题（简称“态度”）；(3) 政府与基层群众自治组织的职能、权限划分（简称“权限”）；(4) 及时了解普通民众的需求（简称“需求”）；(5) 建立民众广泛参与的机制（简称“参与”）；(6) 提高政府依法行政水平（简称“法治”）。

全体被试“第一选择”由高到低的排序，第一是“基层群众自治组织工作人员的待遇问题”(46.02%)，第二是“基层干部的责任和工作态度问题”(19.95%)，第三是“政府与基层群众自治组织的职能、权限划分”(13.47%)，第四是“及时了解普通民众的需求”(12.85%)，第五是“建立民众广泛参与的机制”(4.41%)，第六是“提高政府依法行政水平”(3.30%)；“第二选择”排序前两位的是“需求”和“权限”；“第三选择”排序前两位的是“法治”和“参与”(见表 8－30－1)。

表 8－30－1 "政社互动"中需要优先解决的问题

选 项	第一选择		第二选择		第三选择		总提及	
	频率	百分比	频率	百分比	频率	百分比	频率	百分比
基层人员待遇	376	46.02	44	5.42	41	5.12	461	18.98
干部工作态度	163	19.95	154	18.96	40	5.00	357	14.70
职能权限划分	110	13.47	180	22.17	100	12.50	390	16.06
了解民众需求	105	12.85	274	33.74	112	14.00	491	20.21
建立参与机制	36	4.41	107	13.18	250	31.25	393	16.18
提高依法行政	27	3.30	53	6.53	257	32.13	337	13.87
合 计	817	100.00	812	100.00	800	100.00	2429	100.00

全体被试"总提及频率"由高到低的排序，第一是"及时了解普通民众的需求"（20.21%），第二是"基层群众自治组织工作人员的待遇问题"（18.98%），第三是"建立民众广泛参与的机制"（16.18%），第四是"政府与基层群众自治组织的职能、权限划分"（16.06%），第五是"基层干部的责任和工作态度问题"（14.70%），第六是"提高政府依法行政水平"（13.87%，见图 8－17）。也就是说，全体被试的"第一选择"排序是"待遇——态度——权限——需求——参与——法治"，"总提及频率"排序是"需求——待遇——参与——权限——态度——法治"，第一至五位的排序有所不同。

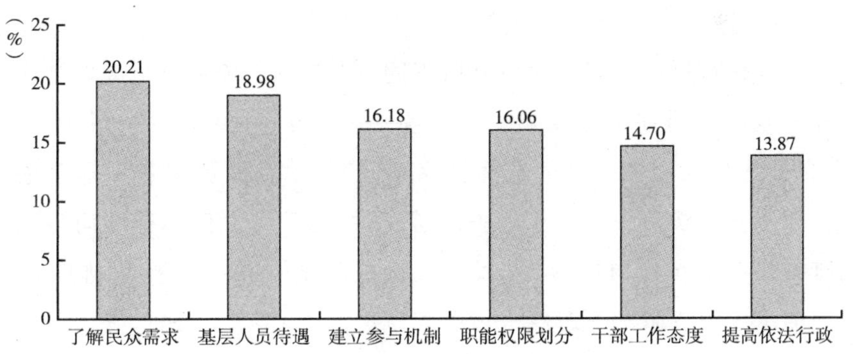

图 8－17 "政社互动"中需要优先解决的问题

不同政治面貌被试的选择排序有所不同。中共党员的"第一选择"排序是"待遇——权限——态度——需求——参与——法治"（第二、三位排序与全体被试的选择排序不同），"总提及频率"排序是"需求——待遇——法治——权限——参与——态度"（第三～六位排序与全体被试的选择排序不同）。共青团员的“第一选择”排序是“待遇——态度——权限、需求——参与——法治”（第三、四位排序与全体被试的选择排序不同），“总提及频率”排序是“需求——待遇——权限——参与、态度——法治”（第三至五位排序与全体被试的选择排序不同）。群众的“第一选择”排序是“待遇——态度——需求——权限——参与——法治”（第三、四位排序与全体被试的选择排序不同），“总提及频率”排序是“需求——待遇——参与——态度——权限——法治”（第四、五位排序与全体被试的选择排序不同）。

表 8－30－2 “政社互动”中需要优先解决问题的选择比较（不同政治面貌）

单位：%

选　项	中共党员		共青团员		群众	
	一选择	总提及	一选择	总提及	一选择	总提及
待遇	41.04	17.86	46.43	19.64	49.04	19.60
态度	15.17	12.18	17.86	16.07	23.03	16.08
权限	20.00	16.47	12.50	19.05	9.59	15.51
需求	13.79	20.19	12.50	20.24	12.37	20.17
参与	5.17	16.01	7.14	16.07	3.62	16.37
法治	4.83	17.29	3.57	8.93	2.35	12.27
合　计	100.00	100.00	100.00	100.00	100.00	100.00

不同身份被试的选择排序也有所不同（见表 8－30－3）。政府工作人员的“第一选择”排序是“权限——待遇——法治——参与——态度、需求”（六位的排序均与全体被试的选择排序不同），“总提及频率”排序是“参与——权限——法治——需求——待遇——态度”（六位的排序均与全体被试的选择排序不同）。村（居）民委员会成员的“第一选择”排序是“待遇——需求——权限——态度——参与、法治”（第二、四、五、六位与全体被试的选择排序不同），“总提及频率”排序是“需求——参与——待遇——法治——权限——态度”（第三至六位与全体被试的选择排序不同）。村（居）民代表的“第一选择”排序是“态度——待遇——需求——权限——法治——参与”（六位的排序均与全体被试的选择排序不同），“总提及频率”排序是“需求——参与——法治——态度——待遇、权限”（第二至第六位与全体被试的选择排序不同）。村（居）民的“第一选择”排序

是“待遇——态度——需求——权限——参与——法治”（第三、第四位与全体被试的选择排序不同），“总提及频率”排序是“待遇——需求——权限——态度——参与——法治”（第一至第五位与全体被试的选择排序不同）。

表 8－30－3　“政社互动”中需要优先解决问题的选择比较（不同身份人员）

选项	政府工作人员		村(居)委成员		村(居)民代表		村(居)民	
	一选择	总提及	一选择	总提及	一选择	总提及	一选择	总提及
待遇	32.43	13.51	35.90	16.81	29.51	13.66	52.93	21.27
态度	5.40	11.71	11.54	11.21	30.33	15.03	20.25	15.40
权限	35.14	18.02	17.95	13.36	13.11	13.66	10.12	16.66
需求	5.40	14.41	24.35	25.43	19.67	23.77	10.48	19.17
参与	8.11	25.23	5.13	18.53	3.28	18.58	4.09	14.62
法治	13.52	17.12	5.13	14.66	4.10	15.30	2.13	12.88
合计	100.00	100.00	100.00	100.00	100.00	100.00	100.00	100.00

七　问卷调查的基本结论

通过对问卷调查数据的整理和分析，从基层民众参与的角度，可以得出以下基本结论。

（一）太仓市的民众对全面推进“政社互动”给予了较积极的评价

尽管调查数据显示“政社互动”在基层群众自治组织承接政府工作“减负”方面的作用并不明显（只有 32.87% 的被试认为基层群众自治组织承接政府的工作事项“明显减少”或“有所减少”），但是多数人认为全面开展“政社互动”对提高政府的工作效率有明显作用（80.02% 的被试认为政府工作效率“有一定提高”或“显著提高”），对改善城乡社区的公共服务有积极影响（80.12% 的被试认为社区公共服务水平“有一定提高”或“显著提高”），并且在一定程度上理清了政府部门与基层群众自治组织之间的关系（60.23% 的被试认为政府部门与基层群众自治组织之间的关系“完全理清”或“大部分理清”）；太仓市为“政社互动”设计的 10 个主要程序或内容，有效性都达到了中等偏上水平，并且有效性得分最高的是“提升基层服务和管理水平”。

调查数据显示“政社互动”四类主要参与主体都有较好的表现，相比之下，总体表现最好的是“村民委员会、居民委员会”，其次是“社区居民”，再次是“乡镇政府、街道办事处”，第四是“市政府各工作部门”。在“政社互动”的受益者方面，则显示除了在太仓市居住的外地人口外，其他人员都有一定程度的受益，而受益程度最高的应是村民委员会、社区居民委员会成员以及太仓市的普通居民。

（二）在“政社互动”中民众有一定程度的参与，但参与水平还有待提高

调查数据显示，太仓市的民众对“政社互动”的“知情者”较多（85.53%的被试知道太仓市正在开展“政社互动”工作），并有不少人认同“政社互动”与自己有关（51.90%的被试认为“政社互动”与本人关系“非常密切”和“比较密切”）；多数人了解“政社互动”改革的主要目标（被试对“政社互动”工作主要目的的选择正确率达到77.25%，对“政社互动”工作主要建立的是什么关系的选择正确率达到86.22%），对“政社互动”的关键性程序有一定了解（对“政社互动”程序选择的正确率为51.47%，对“政社互动”中的签约选择正确率为70.03%）；但是只有半数的被试在“政社互动”中有实际参与行为（55.90%的被试参加过与“政社互动”有关的会议，50.23%的被试参与了履行“政社互动”协议的具体工作，48.12%的被试在“政社互动”中曾向政府、基层群众自治组织提出过意见和建议，49.35%的被试参与了本社区“政社互动”评估）。根据问卷调查采用的评估指标，太仓市民众的“政社互动”参与客观状况总体得分处于中等偏低水平（按5分的评估标准，总体得分为3.08分），原因就在于太仓市的民众在“政社互动”认知方面虽然得分不低，但是参与行为得分偏低，整体拉低了“政社互动”参与客观状况的总分。

在太仓市民众“政社互动”参与的主观状况方面，显示的是“参与效能”的得分（3.43分）略高于“参与意愿”（3.40分）、“参与满意度”偏低（2.99分）的特征。太仓市民众的参与意愿低于参与效能，一个可能的解释是“政社互动”与民众的关联性还不是很强（在本次调查中，只有7.13%的被试认为“政社互动”与本人关系“非常密切”），民众对“政社

互动”重要性的认知主要是基于这项工作对政府和基层群众自治组织“重要”，而不是对自己“重要”，不仅难以产生较强的参与意愿（数据分析已经表明“政社互动”的“重要性认知”与民众的“参与意愿”有显著的正向相关关系），也难以出现较高水平的参与行为（“重要性认知”与“政社互动”的“实际参与”、“监督行为”亦有显著的正向相关关系）。

（三）持续开展“政社互动”需要注意的问题

“政社互动”作为一个重要的改革举措，需要的是持续、扎实的工作，尤其是要建立一些有效的机制、充分了解民众的需求并为民众的参与提供必要的机会。问卷调查凸显了太仓市民众对改革前景的担心：对全面推进“政社互动”可能存在的问题，按照“总提及频率”的排序，在列出的十个问题中排在前五位的是“只注重形式，不注重实际内容”、“按照部署走过场”、“缺乏有效的监督机制”、“政府部门违约无法纠正”和“居民参与不足”；在“政社互动”应当优先解决的问题方面，按照“总提及频率”的排序，在列出的六个问题中排在前三位的是“及时了解普通民众的需求”、“基层群众自治组织工作人员的待遇问题”和“建立民众广泛参与的机制”。通过问卷调查发现问题，并认真对待这些问题，才可能避免“昙花一现”式的改革，使“政社互动”产生更具影响、更积极的作用。

第九章

“政社互动”中不同类别民众的参与情况*

在“江苏省太仓市政社互动参与”问卷调查中，我们重点关注的是性别、年龄、政治面貌、户籍、身份、收入六类群体的参与情况。可根据调查数据，对这六类群体“政社互动”参与的客观状况和主观状况作概要说明。

一 不同性别民众的“政社互动”参与

在本次调查的861份问卷中，被试的性别有6人信息缺失，在有效的855份数据中，男性被试423人，占49.47%；女性被试432人，占50.53%（见表9－1－1）。

表9－1－1 被试的性别分布情况

单位：%

项目		频率	百分比	有效百分比	累积百分比
有效	男性	423	49.13	49.47	49.47
	女性	432	50.17	50.53	100.00
	合计	855	99.30	100.00	
缺失	系统	6	0.70		
总计		861	100.00		

* 本章由史卫民、郑建君执笔。

在“政社互动”参与客观状况方面，男性被试的总体得分在0－5.00分之间，均值为3.02，标准差为1.17；女性被试的总体得分在0～5.00分之间，均值为3.14，标准差为1.13（见表9－1－2和图9－1－1）。

表9－1－2 “政社互动”参与客观状况描述统计（性别）

项 目	男 性					女 性				
	N	极小值	极大值	均值	标准差	N	极小值	极大值	均值	标准差
总 分	423	.00	5.00	3.0154	1.17048	432	.00	5.00	3.1377	1.12816
重要认知	423	.00	1.00	.6678	.35799	432	.00	1.00	.6817	.34730
内容认知	423	.00	1.00	.8002	.27047	432	.00	1.00	.8021	.27175
程序认知	423	.00	1.00	.5745	.35574	432	.00	1.00	.6192	.34604
实际参与	423	.00	1.00	.4988	.44681	432	.00	1.00	.5486	.44664
监督行为	423	.00	1.00	.4740	.43189	432	.00	1.00	.4861	.42926
有效的 N	423				1.17048	432				

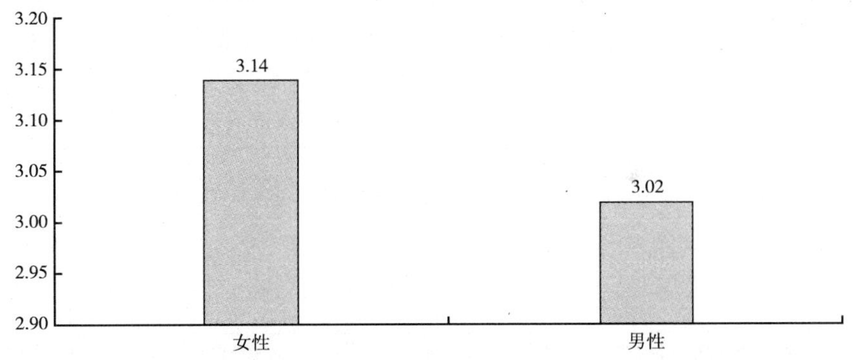

图9－1－1 不同性别被试“政社互动”参与客观状况总分比较

对不同性别被试“政社互动”参与客观状况得分的情况进行比较，差异检验的结果显示，不论是在总体得分方面（$t=-1.557$，$p=0.120$），还是在5个具体的指标上（重要性认知：$t=-0.575$，$p=0.566$；内容认知：$t=-0.100$，$p=0.921$；程序认知：$t=-1.864$，$p=0.063$；实际参与：$t=-1.630$，$p=0.104$；监督行为：$t=-0.411$，$p=0.681$），男性被试和女性被试均不存在显著的差异，见表9－1－3和表9－1－4。将显著性水平（*Significance Level*）标准放宽至$\alpha=0.1$后发现，在“程序认知”指标上（$t=-1.864$，$p=0.063$），女性被试的得分（$M=0.62$，$SD=0.35$）要明显高于男性被试的得分（$M=0.57$，$SD=0.36$），其他 4 个指标和总得分没有表现出明显的差异。

表 9－1－3　不同性别被试“政社互动”参与客观状况得分的描述统计比较

项　目	性别	N	均值	标准差	均值的标准误
总　分	男	423	3.0154	1.17048	.05691
	女	432	3.1377	1.12816	.05428
重要性认知	男	423	.6678	.35799	.01741
	女	432	.6817	.34730	.01671
内容认知	男	423	.8002	.27047	.01315
	女	432	.8021	.27175	.01307
程序认知	男	423	.5745	.35574	.01730
	女	432	.6192	.34604	.01665
实际参与	男	423	.4988	.44681	.02172
	女	432	.5486	.44664	.02149
监督行为	男	423	.4740	.43189	.02100
	女	432	.4861	.42926	.02065

表 9－1－4　不同性别被试“政社互动”参与客观状况得分的独立样本检验

		方差方程的 Levene 检验		均值方程的 t 检验						
		F	Sig.	t	df	Sig.（双侧）	均值差值	标准误差值	差分的 95% 置信区间 下限	差分的 95% 置信区间 上限
总分	假设方差相等	.037	.847	－1.557	853	.120	－.12237	.07861	－.27667	.03194
	假设方差不相等			－1.556	850.153	.120	－.12237	.07864	－.27673	.03200
重要性认知	假设方差相等	.532	.466	－.575	853	.566	－.01386	.02412	－.06121	.03348
	假设方差不相等			－.575	850.754	.566	－.01386	.02413	－.06122	.03349
内容认知	假设方差相等	.000	.983	－.100	853	.921	－.00185	.01854	－.03825	.03455
	假设方差不相等			－.100	852.772	.921	－.00185	.01854	－.03824	.03455
程序认知	假设方差相等	.251	.617	－1.864	853	.063	－.04474	.02400	－.09185	.00236
	假设方差不相等			－1.864	850.982	.063	－.04474	.02401	－.09187	.00238
实际参与	假设方差相等	.464	.496	－1.630	853	.104	－.04979	.03056	－.10977	.01018
	假设方差不相等			－1.630	852.607	.104	－.04979	.03056	－.10977	.01018
监督行为	假设方差相等	.264	.607	－.411	853	.681	－.01212	.02945	－.06992	.04569
	假设方差不相等			－.411	852.370	.681	－.01212	.02945	－.06993	.04569

在“政社互动”参与主观状况方面，男性被试的“参与满意度”总体得分在1.50～4.25分之间，均值为3.00，标准差为0.26；“参与意愿”总体得分在2.00～5.00分之间，均值为3.39，标准差为0.47；“参与效能”总体得分在2.00～5.00分之间，均值为3.42，标准差为0.46。女性被试的“参与满意度”总体得分在1.75～4.00分之间，均值为2.98，标准差为0.29；“参与意愿”总体得分在1.67～5.00分之间，均值为3.42，标准差为0.54；“参与效能”总体得分在1.33～5.00分之间，均值为3.44，标准差为0.57（见表9－1－5和图9－1－2）。

表9－1－5 “政社互动”参与主观状况描述统计(性别)

项目	男性					女性				
	N	极小值	极大值	均值	标准差	N	极小值	极大值	均值	标准差
满意度	413	1.50	4.25	3.0012	.25952	419	1.75	4.00	2.9785	.28596
参与意愿	413	2.00	5.00	3.3874	.47030	416	1.67	5.00	3.4159	.53811
参与效能	414	2.00	5.00	3.4235	.45683	418	1.33	5.00	3.4378	.56920
有效的 N	409					410				

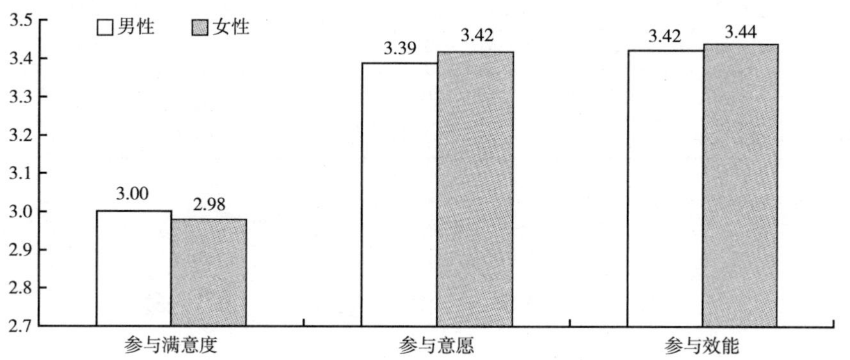

图9－1－2 不同性别被试“政社互动”参与主观状况得分比较

在“政社互动”参与的主观状况方面，分别对男女被试在“参与满意度”、“参与意愿”和“参与效能”3个指标上的得分差异进行显著性检验（见表9－1－6和表9－1－7），发现不同性别被试在“参与满意度”（$t=1.199$，$p=0.231$）、“参与意愿”（$t=-0.811$，$p=0.418$）和“参与效能”（$t=-0.400$，$p=0.690$）3个指标上的得分不存在显著的差异。

表9－1－6　不同性别被试“政社互动”参与主观状况得分的描述统计比较

项　目	性别	N	均值	标准差	均值的标准误
参与满意度	男	413	3.0012	.25952	.01277
	女	419	2.9785	.28596	.01397
参与意愿	男	413	3.3874	.47030	.02314
	女	416	3.4159	.53811	.02638
参与效能	男	414	3.4235	.45683	.02245
	女	418	3.4378	.56920	.02784

表9－1－7　不同性别被试“政社互动”参与主观状况得分的独立样本检验

		方差方程的Levene检验		均值方程的t检验						
		F	Sig.	t	df	Sig.（双侧）	均值差值	标准误差值	差分的95%置信区间 下限	差分的95%置信区间 上限
参与满意度	假设方差相等	4.266	.039	1.198	830	.231	.02269	.01894	－.01449	.05987
	假设方差不相等			1.199	824.412	.231	.02269	.01893	－.01446	.05984
政策参与意愿	假设方差相等	4.634	.032	－.810	827	.418	－.02846	.03511	－.09737	.04046
	假设方差不相等			－.811	813.934	.418	－.02846	.03509	－.09734	.04043
政策参与效能	假设方差相等	7.325	.007	－.399	830	.690	－.01429	.03580	－.08456	.05599
	假设方差不相等			－.400	795.880	.690	－.01429	.03577	－.08449	.05592

二　不同年龄民众的“政社互动”参与

本次问卷调查采用三个年龄段对应三个被试群体，18～44岁为青年，45～59岁为中年，60岁及以上为老年。在861份问卷中，被试的年龄有8人信息缺失，在有效的853份数据中，青年被试（18～44岁）304人，有效百分比为35.64%；中年被试（45～59岁）309人，有效百分比为35.17%；老年被试（60岁及以上）249人，有效百分比为29.19%（见表9－2－1）。

表 9-2-1 被试的年龄分布情况

单位：%

项目		频率	百分比	有效百分比	累积百分比
有效	青年	304	35.31	35.64	35.64
	中年	300	34.84	35.17	70.81
	老年	249	28.92	29.19	100.00
	合计	853	99.07	100.00	
缺失	系统	8	0.93	—	—
总计		861	100.00	—	—

在“政社互动”参与客观状况方面，青年被试的总体得分在 0～5.00 分之间，均值为 2.91，标准差为 1.07；中年被试的总体得分在 0～5.00 分之间，均值为 3.03，标准差为 1.17；老年被试的总体得分在 0～5.00 分之间，均值为 3.32，标准差为 1.18（见表 9-2-2 和图 9-2-1）。

表 9-2-2 “政社互动”参与客观状况描述统计（年龄）

项目	青年					中年				
	N	极小值	极大值	均值	标准差	N	极小值	极大值	均值	标准差
总分	304	.00	5.00	2.9145	1.07057	300	.00	5.00	3.0333	1.16981
重要认知	304	.00	1.00	.6530	.35244	300	.00	1.00	.6400	.36402
内容认知	304	.00	1.00	.7813	.27969	300	.00	1.00	.8067	.26994
程序认知	304	.00	1.00	.6003	.34798	300	.00	1.00	.6183	.34723
实际参与	304	.00	1.00	.4605	.43761	300	.00	1.00	.5133	.46246
监督行为	304	.00	1.00	.4194	.41337	300	.00	1.00	.4550	.42749
有效的 N	304					300				
项目	老年									
	N	极小值	极大值	均值	标准差					
总分	249	.00	5.00	3.3193	1.18265					
重要认知	249	.00	1.00	.7430	.33026					
内容认知	249	.00	1.00	.8173	.26132					
程序认知	249	.00	1.00	.5663	.36009					
实际参与	249	.00	1.00	.6084	.42867					
监督行为	249	.00	1.00	.5843	.43870					
有效的 N	249									

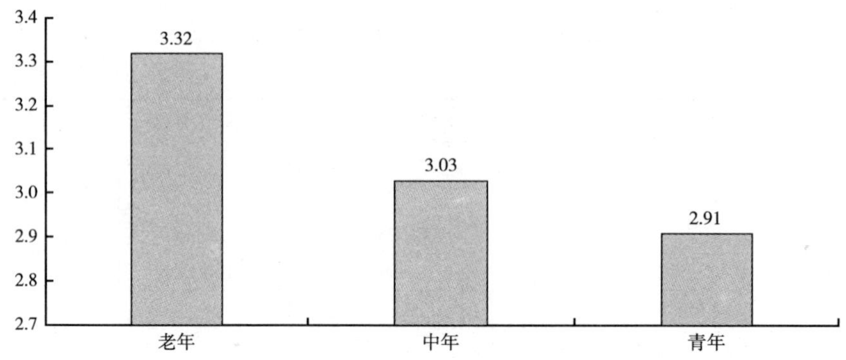

图 9－2－1　不同年龄被试“政社互动”参与客观状况总分比较

对不同年龄段被试在“政社互动”参与客观状况上的得分差异情况进行检验，相关结果见表 9－2－3、表 9－2－4 和表 9－2－5。不同年龄段的被试在“政社互动”参与客观状况的总体得分（$F = 8.942$，$p < 0.001$）、“重要性认知”（$F = 6.786$，$p < 0.05$）、“实际参与”（$F = 7.690$，$p < 0.001$）和“监督行为”（$F = 11.068$，$p < 0.001$）上存在显著的差异；在“内容认知”（$F = 1.321$，$p = 0.267$）和“程序认知”（$F = 1.520$，$p = 0.219$）两个方面的差异不显著。

表 9－2－3　不同年龄被试“政社互动”参与客观状况得分的描述统计比较

项　目		N	均值	标准差	标准误	均值的 95% 置信区间		极小值	极大值
						下限	上限		
政社互动参与客观状况总分	青年	304	2.9145	1.07057	.06140	2.7936	3.0353	.00	5.00
	中年	300	3.0333	1.16981	.06754	2.9004	3.1662	.00	5.00
	老年	249	3.3193	1.18265	.07495	3.1717	3.4669	.00	5.00
	总数	853	3.0744	1.14987	.03937	2.9972	3.1517	.00	5.00
重要性认知	青年	304	.6530	.35244	.02021	.6132	.6927	.00	1.00
	中年	300	.6400	.36402	.02102	.5986	.6814	.00	1.00
	老年	249	.7430	.33026	.02093	.7017	.7842	.00	1.00
	总数	853	.6747	.35268	.01208	.6510	.6984	.00	1.00
内容认知	青年	304	.7813	.27969	.01604	.7497	.8128	.00	1.00
	中年	300	.8067	.26994	.01558	.7760	.8373	.00	1.00
	老年	249	.8173	.26132	.01656	.7847	.8499	.00	1.00
	总数	853	.8007	.27110	.00928	.7825	.8189	.00	1.00

续表

项目		N	均值	标准差	标准误	均值的95%置信区间		极小值	极大值
						下限	上限		
程序认知	青年	304	.6003	.34798	.01996	.5611	.6396	.00	1.00
	中年	300	.6183	.34723	.02005	.5789	.6578	.00	1.00
	老年	249	.5663	.36009	.02282	.5213	.6112	.00	1.00
	总数	853	.5967	.35151	.01204	.5731	.6203	.00	1.00
实际参与	青年	304	.4605	.43761	.02510	.4111	.5099	.00	1.00
	中年	300	.5133	.46246	.02670	.4608	.5659	.00	1.00
	老年	249	.6084	.42867	.02717	.5549	.6619	.00	1.00
	总数	853	.5223	.44745	.01532	.4922	.5523	.00	1.00
监督行为	青年	304	.4194	.41337	.02371	.3728	.4661	.00	1.00
	中年	300	.4550	.42749	.02468	.4064	.5036	.00	1.00
	老年	249	.5843	.43870	.02780	.5296	.6391	.00	1.00
	总数	853	.4801	.43085	.01475	.4511	.5090	.00	1.00

表9-2-4 不同年龄被试“政社互动”参与客观状况得分的方差分析结果

项目		平方和	df	均方	F	显著性
政社互动参与客观状况总分	组间	23.212	2	11.606	8.942	.000
	组内	1103.310	850	1.298		
	总数	1126.522	852			
重要性认知	组间	1.666	2	.833	6.786	.001
	组内	104.308	850	.123		
	总数	105.974	852			
内容认知	组间	.194	2	.097	1.321	.267
	组内	62.426	850	.073		
	总数	62.620	852			
程序认知	组间	.375	2	.188	1.520	.219
	组内	104.896	850	.123		
	总数	105.271	852			
实际参与	组间	3.032	2	1.516	7.690	.000
	组内	167.545	850	.197		
	总数	170.577	852			
监督行为	组间	4.014	2	2.007	11.068	.000
	组内	154.147	850	.181		
	总数	158.161	852			

表 9－2－5　不同年龄被试“政社互动”参与客观状况得分的多重比较

因变量	(I)年龄段	(J)年龄段	均值差(I－J)	标准误	显著性	95%置信区间	
						下限	上限
重要性认知	青年	中年	.01296	.02851	.649	-.0430	.0689
		老年	-.09001*	.02994	.003	-.1488	-.0312
	中年	青年	-.01296	.02851	.649	-.0689	.0430
		老年	-.10297*	.03003	.001	-.1619	-.0440
	老年	青年	.09001*	.02994	.003	.0312	.1488
		中年	.10297*	.03003	.001	.0440	.1619
内容认知	青年	中年	-.02542	.02205	.249	-.0687	.0179
		老年	-.03602	.02316	.120	-.0815	.0094
	中年	青年	.02542	.02205	.249	-.0179	.0687
		老年	-.01060	.02323	.648	-.0562	.0350
	老年	青年	.03602	.02316	.120	-.0094	.0815
		中年	.01060	.02323	.648	-.0350	.0562
程序认知	青年	中年	-.01800	.02859	.529	-.0741	.0381
		老年	.03406	.03003	.257	-.0249	.0930
	中年	青年	.01800	.02859	.529	-.0381	.0741
		老年	.05207	.03012	.084	-.0070	.1112
	老年	青年	-.03406	.03003	.257	-.0930	.0249
		中年	-.05207	.03012	.084	-.1112	.0070
实际参与	青年	中年	-.05281	.03613	.144	-.1237	.0181
		老年	-.14791*	.03795	.000	-.2224	-.0734
	中年	青年	.05281	.03613	.144	-.0181	.1237
		老年	-.09510*	.03806	.013	-.1698	-.0204
	老年	青年	.14791*	.03795	.000	.0734	.2224
		中年	.09510*	.03806	.013	.0204	.1698
监督行为	青年	中年	-.03559	.03466	.305	-.1036	.0324
		老年	-.16493*	.03640	.000	-.2364	-.0935
	中年	青年	.03559	.03466	.305	-.0324	.1036
		老年	-.12934*	.03651	.000	-.2010	-.0577
	老年	青年	.16493*	.03640	.000	.0935	.2364
		中年	.12934*	.03651	.000	.0577	.2010
总　　分	青年	中年	-.11886	.09272	.200	-.3008	.0631
		老年	-.40480*	.09738	.000	-.5959	-.2137
	中年	青年	.11886	.09272	.200	-.0631	.3008
		老年	-.28594*	.09767	.004	-.4776	-.0942
	老年	青年	.40480*	.09738	.000	.2137	.5959
		中年	.28594*	.09767	.004	.0942	.4776

* 均值差的显著性水平为0.05。

多重比较的结果显示，在“政社互动”参与的客观状况总分方面，老年被试的得分（$M = 3.32$，$SD = 1.82$）要显著的高于中年被试（$M = 3.03$，$SD = 1.17$）和青年被试（$M = 2.91$，$SD = 1.07$）的得分，青年被试和中年被试的得分差异不显著。在“重要性认知”的得分方面，老年被试的得分（$M = 0.74$，$SD = 0.33$）要显著的高于中年被试（$M = 0.64$，$SD = 0.36$）和青年被试（$M = 0.65$，$SD = 0.35$）的得分，青年被试和中年被试的得分差异不显著；在“实际参与”的得分方面，老年被试的得分（$M = 0.61$，$SD = 0.43$）要显著的高于中年被试（$M = 0.51$，$SD = 0.46$）和青年被试（$M = 0.45$，$SD = 0.44$）的得分，青年被试和中年被试的得分差异不显著；在“监督行为”的得分方面，老年被试的得分（$M = 0.58$，$SD = 0.44$）要显著的高于中年被试（$M = 0.46$，$SD = 0.42$）和青年被试（$M = 0.42$，$SD = 0.41$）的得分，青年被试和中年被试的得分差异不显著。

在“政社互动”参与主观状况方面，青年被试的“参与满意度”总体得分在1.50～4.25分之间，均值为3.02，标准差为0.30；“参与意愿”总体得分在1.67～5.00分之间，均值为3.45，标准差为0.56；“参与效能”总体得分在1.33～5.00分之间，均值为3.51，标准差为0.54。中年被试的“参与满意度”总体得分在1.75～3.75分之间，均值为2.99，标准差为0.24；“参与意愿”总体得分在2.00～5.00分之间，均值为3.38，标准差为0.45；“参与效能”总体得分在2.00～5.00分之间，均值为3.41，标准差为0.47。老年被试的“参与满意度”总体得分在1.75～3.75分之间，均值为2.95，标准差为0.28；“参与意愿”总体得分在1.67～5.00分之间，均值为3.38，标准差为0.50；“参与效能”总体得分在1.67～5.00分之间，均值为3.35，标准差为0.54（见表9－2－6和图9－2－2）。

在“政社互动”参与的主观状况方面，不同年龄的被试表现出了一定的得分差异，结果见表9－2－7、表9－2－8和表9－2－9。具体来讲，在“参与满意度”（$F = 3.827$，$p < 0.05$）和“参与效能”（$F = 6.461$，$p < 0.01$）两个指标上，不同年龄组的得分差异显著，而在“参与意愿”的得分上差异并不显著（$F = 1.782$，$p = 0.169$）。

表 9－2－6 “政社互动”参与主观状况描述统计（年龄）

项目	青年					中年				
	N	极小值	极大值	均值	标准差	*N*	极小值	极大值	均值	标准差
满意度	303	1.50	4.25	3.0182	.29776	296	1.75	3.75	2.9932	.23551
参与意愿	303	1.67	5.00	3.4477	.56195	299	2.00	5.00	3.3790	.45177
参与效能	304	1.33	5.00	3.5121	.53605	299	2.00	5.00	3.4136	.47008
有效的N	302					296				

项目	老年				
	N	极小值	极大值	均值	标准差
满意度	232	1.75	3.75	2.9526	.28091
参与意愿	225	1.67	5.00	3.3778	.50297
参与效能	227	1.67	5.00	3.3539	.54364
有效的N	220				

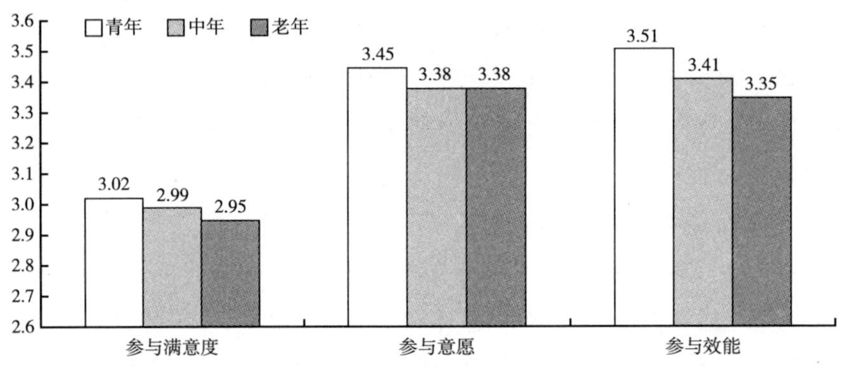

图 9－2－2 不同年龄被试“政社互动”参与主观状况得分比较

对存在显著差异的“参与满意度”和“参与效能”两个指标进一步进行多重比较分析，结果显示：在“参与满意度”指标上，青年被试的得分（$M=3.02$，$SD=0.30$）要显著高于老年被试（$M=2.95$，$SD=0.28$），中年被试的得分（$M=2.99$，$SD=0.24$）则与其他两个年龄组被试差异不显著；在“参与效能”指标上，青年被试的得分（$M=3.51$，$SD=0.54$）要显著高于老年被试（$M=3.35$，$SD=0.54$）和中年被试（$M=3.41$，$SD=0.47$）的得分，而老年与中年两个年龄段的被试得分差异不显著。

表 9-2-7 不同年龄被试“政社互动”参与主观状况得分的描述统计比较

项目		N	均值	标准差	标准误	均值的 95% 置信区间		极小值	极大值
						下限	上限		
参与满意度	青年	303	3.0182	.29776	.01711	2.9845	3.0518	1.50	4.25
	中年	296	2.9932	.23551	.01369	2.9663	3.0202	1.75	3.75
	老年	232	2.9526	.28091	.01844	2.9162	2.9889	1.75	3.75
	总数	831	2.9910	.27316	.00948	2.9724	3.0096	1.50	4.25
参与意愿	青年	303	3.4477	.56195	.03228	3.3842	3.5113	1.67	5.00
	中年	299	3.3790	.45177	.02613	3.3276	3.4305	2.00	5.00
	老年	225	3.3778	.50297	.03353	3.3117	3.4439	1.67	5.00
	总数	827	3.4039	.50873	.01769	3.3691	3.4386	1.67	5.00
参与效能	青年	304	3.5121	.53605	.03074	3.4516	3.5726	1.33	5.00
	中年	299	3.4136	.47008	.02719	3.3601	3.4671	2.00	5.00
	老年	227	3.3539	.54364	.03608	3.2828	3.4250	1.67	5.00
	总数	830	3.4333	.51882	.01801	3.3980	3.4687	1.33	5.00

表 9-2-8 不同年龄被试“政社互动”参与主观状况得分的方差分析结果

项目		平方和	df	均方	F	显著性
参与满意度	组间	.567	2	.284	3.827	.022
	组内	61.365	828	.074		
	总数	61.932	830			
参与意愿	组间	.921	2	.460	1.782	.169
	组内	212.854	824	.258		
	总数	213.775	826			
参与效能	组间	3.433	2	1.717	6.461	.002
	组内	219.711	827	.266		
	总数	223.144	829			

表 9-2-9 不同年龄被试“政社互动”参与主观状况得分的多重比较

因变量	(I)年龄段	(J)年龄段	均值差(I-J)	标准误	显著性	95% 置信区间	
						下限	上限
参与满意度	青年	中年	.02491	.02225	.263	-.0188	.0686
		老年	.06557*	.02375	.006	.0189	.1122
	中年	青年	-.02491	.02225	.263	-.0686	.0188
		老年	.04066	.02387	.089	-.0062	.0875
	老年	青年	-.06557*	.02375	.006	-.1122	-.0189
		中年	-.04066	.02387	.089	-.0875	.0062

续表

因变量	(I)年龄段	(J)年龄段	均值差(I－J)	标准误	显著性	95%置信区间	
						下限	上限
参与意愿	青年	中年	.06870	.04143	.098	-.0126	.1500
		老年	.06997	.04473	.118	-.0178	.1578
	中年	青年	-.06870	.04143	.098	-.1500	.0126
		老年	.00126	.04486	.978	-.0868	.0893
	老年	青年	-.06997	.04473	.118	-.1578	.0178
		中年	-.00126	.04486	.978	-.0893	.0868
参与效能	青年	中年	.09846*	.04198	.019	.0161	.1809
		老年	.15817*	.04521	.000	.0694	.2469
	中年	青年	-.09846*	.04198	.019	-.1809	-.0161
		老年	.05971	.04538	.189	-.0294	.1488
	老年	青年	-.15817*	.04521	.000	-.2469	-.0694
		中年	-.05971	.04538	.189	-.1488	.0294

*均值差的显著性水平为0.05。

三　不同政治面貌民众的“政社互动”参与

如本书第八章所述，在问卷调查有效的859份数据中，中共党员被试310人，有效百分比为36.09%；共青团员被试58人，有效百分比为6.75%；群众及民主党派被试491人（简称“群众被试”），有效百分比为57.16%。

在“政社互动”参与客观状况方面，中共党员被试的总体得分在0～5.00分之间，均值为3.44，标准差为1.13；共青团员被试的总体得分在0～5.00分之间，均值为2.62，标准差为0.99；群众被试的总体得分在0～5.00分之间，均值为2.90，标准差为1.12（见表9－3－1和图9－3－1）。

比较不同政治面貌被试在“政社互动”参与客观状况方面的得分，差异显著性检验结果（见表9－3－2和表9－3－3）发现，在“政社互动”参与的客观状况总分方面，不同政治面貌被试的得分差异显著（$F=26.780$，$p<0.001$）；在总分下设的5个指标上，除“内容认知”得分差异不显著外

表 9-3-1 “政社互动”参与客观状况描述统计（政治面貌）

项　目	中共党员					共青团员				
	N	极小值	极大值	均值	标准差	*N*	极小值	极大值	均值	标准差
总　分	310	.00	5.00	3.4387	1.12609	58	.50	5.00	2.6207	.98813
重要认知	310	.00	1.00	.7435	.29757	58	.00	1.00	.6207	.40077
内容认知	310	.00	1.00	.7903	.27502	58	.00	1.00	.7759	.28365
程序认知	310	.00	1.00	.6355	.34980	58	.00	1.00	.5603	.36368
实际参与	310	.00	1.00	.6645	.40270	58	.00	1.00	.3621	.39507
监督行为	310	.00	1.00	.6048	.41549	58	.00	1.00	.3017	.36201
有效的*N*	310					58				
项　目	群　众									
	N	极小值	极大值	均值	标准差					
总　分	491	.00	5.00	2.9073	1.12444					
重要认知	491	.00	1.00	.6395	.37169					
内容认知	491	.00	1.00	.8116	.26659					
程序认知	491	.00	1.00	.5774	.34864					
实际参与	491	.00	1.00	.4552	.45851					
监督行为	491	.00	1.00	.4236	.42949					
有效的*N*	491									

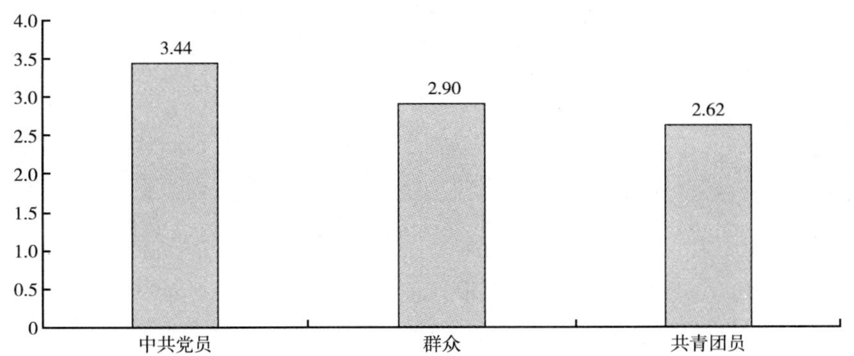

图 9-3-1 不同政治面貌被试“政社互动”参与客观状况总分比较

（$F=0.866$，$p=0.421$），不同政治面貌被试在“重要性认知”（$F=9.223$，$p<0.001$）、“程序认知”（$F=2.961$，$p=0.052$）、“实际参与”（$F=26.327$，$p<0.001$）和“监督行为”（$F=23.310$，$p<0.001$）4 个指标上均表现出了显著的得分差异。

表 9－3－2　不同政治面貌被试“政社互动”参与客观状况得分的多重比较

因变量	(I)年龄段	(J)年龄段	均值差(I－J)	标准误	显著性	95%置信区间	
						下限	上限
政社互动参与客观状况总分	党员	团员	.81802*	.15973	.000	.5045	1.1315
		群众	.53138*	.08099	.000	.3724	.6903
	团员	党员	－.81802*	.15973	.000	－1.1315	－.5045
		群众	－.28664	.15502	.065	－.5909	.0176
	群众	党员	－.53138*	.08099	.000	－.6903	－.3724
		团员	.28664	.15502	.065	－.0176	.5909
重要性认知	党员	团员	.12286*	.04992	.014	.0249	.2208
		群众	.10404*	.02531	.000	.0544	.1537
	团员	党员	－.12286*	.04992	.014	－.2208	－.0249
		群众	－.01882	.04845	.698	－.1139	.0763
	群众	党员	－.10404*	.02531	.000	－.1537	－.0544
		团员	.01882	.04845	.698	－.0763	.1139
内容认知	党员	团员	.01446	.03874	.709	－.0616	.0905
		群众	－.02129	.01965	.279	－.0598	.0173
	团员	党员	－.01446	.03874	.709	－.0905	.0616
		群众	－.03575	.03760	.342	－.1095	.0381
	群众	党员	.02129	.01965	.279	－.0173	.0598
		团员	.03575	.03760	.342	－.0381	.1095
程序认知	党员	团员	.07514	.05008	.134	－.0232	.1734
		群众	.05809*	.02540	.022	.0082	.1079
	团员	党员	－.07514	.05008	.134	－.1734	.0232
		群众	－.01705	.04861	.726	－.1125	.0784
	群众	党员	－.05809*	.02540	.022	－.1079	－.0082
		团员	.01705	.04861	.726	－.0784	.1125
实际参与	党员	团员	.30245*	.06224	.000	.1803	.4246
		群众	.20932*	.03156	.000	.1474	.2713
	团员	党员	－.30245*	.06224	.000	－.4246	－.1803
		群众	－.09312	.06041	.124	－.2117	.0254
	群众	党员	－.20932*	.03156	.000	－.2713	－.1474
		团员	.09312	.06041	.124	－.0254	.2117
监督行为	党员	团员	.30311*	.06013	.000	.1851	.4211
		群众	.18121*	.03049	.000	.1214	.2411
	团员	党员	－.30311*	.06013	.000	－.4211	－.1851
		群众	－.12190*	.05835	.037	－.2364	－.0074
	群众	党员	－.18121*	.03049	.000	－.2411	－.1214
		团员	.12190*	.05835	.037	.0074	.2364

* 均值差的显著性水平为 0.05。

表 9-3-3 不同政治面貌被试“政社互动”参与客观状况得分的方差分析结果

项	目	平方和	*df*	均方	*F*	显著性
政社互动参与客观状况总分	组间	66.763	2	33.382	26.780	.000
	组内	1067.024	856	1.247		
	总数	1133.787	858			
重要性认知	组间	2.246	2	1.123	9.223	.000
	组内	104.211	856	.122		
	总数	106.457	858			
内容认知	组间	.127	2	.064	.866	.421
	组内	62.781	856	.073		
	总数	62.908	858			
程序认知	组间	.726	2	.363	2.961	.052
	组内	104.908	856	.123		
	总数	105.634	858			
实际参与	组间	9.966	2	4.983	26.327	.000
	组内	162.020	856	.189		
	总数	171.986	858			
监督行为	组间	8.235	2	4.117	23.310	.000
	组内	151.199	856	.177		
	总数	159.434	858			

多重比较的结果显示：在“政社互动”参与客观状况的总体得分上，中共党员被试的得分（$M=3.44$，$SD=1.13$）显著的高于共青团员（$M=2.62$，$SD=0.99$）和群众被试（$M=2.91$，$SD=1.12$），共青团员和群众被试的得分不存在显著的差异；在“重要性认知”指标上，中共党员被试的得分（$M=0.74$，$SD=0.30$）显著的高于共青团员（$M=0.62$，$SD=0.40$）和群众被试（$M=0.64$，$SD=0.37$），共青团员和群众被试的得分不存在显著的差异；在“程序认知”指标上，中共党员被试的得分（$M=0.64$，$SD=0.35$）显著的高于群众被试的得分（$M=0.58$，$SD=0.35$），共青团员被试的得分（$M=0.56$，$SD=0.36$）与其他两个组的被试得分差异不显著；在“实际参与”指标上，中共党员被试的得分（$M=0.66$，$SD=0.40$）显著的高于共青团员（$M=0.36$，$SD=0.40$）和群众被试（$M=0.46$，$SD=0.46$），共青团员和群众被试的得分不存在显著的差异；在“监督行为”指标上，中共党员被试的得分（$M=0.60$，$SD=0.42$）显著的高于共青团员

（M=0.31，SD=0.36）和群众被试（M=0.42，SD=0.43），同时，共青团员的得分要显著的低于群众被试的得分。

在“政社互动”参与主观状况方面，中共党员被试的“参与满意度”总体得分在1.75～4.00分之间，均值为2.97，标准差为0.27；“参与意愿”总体得分在2.00～5.00分之间，均值为3.47，标准差为0.57；“参与效能”总体得分在1.67～5.00分之间，均值为3.50，标准差为0.56。共青团员被试的“参与满意度”总体得分在1.50～4.25分之间，均值为3.01，标准差为0.40；“参与意愿”总体得分在2.33～4.33分之间，均值为3.34，标准差为0.45；“参与效能”总体得分在2.00～4.67分之间，均值为3.48，标准差为0.52。群众被试的“参与满意度”总体得分在2.00～3.75分之间，均值为3.00，标准差为0.26；“参与意愿”总体得分在1.67～5.00分之间，均值为3.37，标准差为0.47；“参与效能”总体得分在1.33～5.00分之间，均值为3.39，标准差为0.48（见表9－3－4和图9－3－2）。

表9－3－4 “政社互动”参与主观状况描述统计（政治面貌）

项目	中共党员					共青团员				
	N	极小值	极大值	均值	标准差	N	极小值	极大值	均值	标准差
满意度	301	1.75	4.00	2.9743	.27226	57	1.50	4.25	3.0132	.39928
参与意愿	299	2.00	5.00	3.4682	.57152	58	2.33	4.33	3.3448	.45442
参与效能	300	1.67	5.00	3.5011	.56235	58	2.00	4.67	3.4770	.51531
有效的N	296					57				
项目	群众									
	N	极小值	极大值	均值	标准差					
满意度	477	2.00	3.75	2.9974	.25493					
参与意愿	476	1.67	5.00	3.3704	.46569					
参与效能	478	1.33	5.00	3.3863	.48310					
有效的N	470									

比较不同政治面貌被试在“政社互动”参与主观状况上的得分差异，显著性检验的结果（见表9－3－5和表9－3－6）发现，在“参与满意度”指标的得分上，不同政治面貌的被试之间差异不显著，$F=0.879$，$p=0.416$；在“参与意愿”（$F=3.859$，$p<0.05$）和“参与效能”（$F=4.795$，$p<0.01$）两个指标上，不同政治面貌的被试之间表现出了显著的差

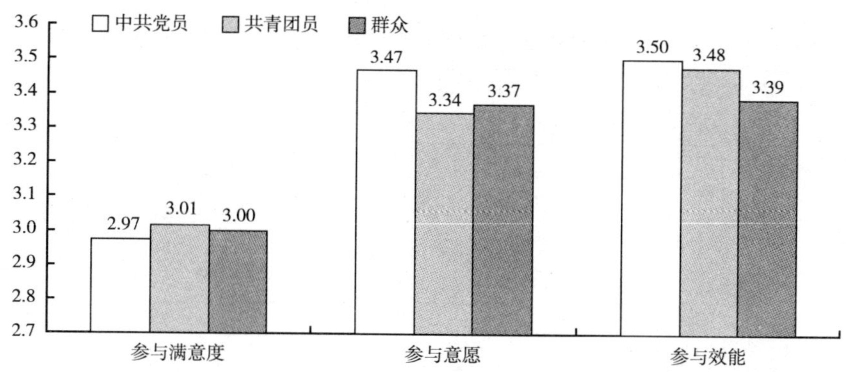

图 9-3-2　不同政治面貌被试“政社互动”参与主观状况得分比较

表 9-3-5　不同政治面貌被试“政社互动”参与主观状况得分的多重比较

因变量	(I)年龄段	(J)年龄段	均值差(I-J)	标准误	显著性	95%置信区间	
						下限	上限
参与满意度	党员	团员	-.03891	.03946	.324	-.1164	.0386
		群众	-.02313	.02011	.250	-.0626	.0163
	团员	党员	.03891	.03946	.324	-.0386	.1164
		群众	.01578	.03829	.680	-.0594	.0909
	群众	党员	.02313	.02011	.250	-.0163	.0626
		团员	-.01578	.03829	.680	-.0909	.0594
参与意愿	党员	团员	.12340	.07253	.089	-.0190	.2658
		群众	.09778*	.03730	.009	.0246	.1710
	团员	党员	-.12340	.07253	.089	-.2658	.0190
		群众	-.02562	.07031	.716	-.1636	.1124
	群众	党员	-.09778*	.03730	.009	-.1710	-.0246
		团员	.02562	.07031	.716	-.1124	.1636
参与效能	党员	团员	.02410	.07388	.744	-.1209	.1691
		群众	.11478*	.03794	.003	.0403	.1892
	团员	党员	-.02410	.07388	.744	-.1691	.1209
		群众	.09068	.07162	.206	-.0499	.2313
	群众	党员	-.11478*	.03794	.003	-.1892	-.0403
		团员	-.09068	.07162	.206	-.2313	.0499

* 均值差的显著性水平为 0.05。

表 9-3-6　不同政治面貌被试“政社互动”参与主观状况得分的方差分析结果

项　目		平方和	df	均方	F	显著性
参与满意度	组间	.131	2	.066	.879	.416
	组内	62.100	832	.075		
	总数	62.231	834			
参与意愿	组间	1.972	2	.986	3.859	.021
	组内	212.118	830	.256		
	总数	214.090	832			
参与效能	组间	2.545	2	1.272	4.795	.008
	组内	221.015	833	.265		
	总数	223.560	835			

异。进一步的多重比较结果显示，在“参与意愿”指标上，中共党员被试的得分（$M=3.47$，$SD=0.57$）显著的高于群众被试的得分（$M=3.37$，$SD=0.47$），而共青团员被试的得分（$M=3.34$，$SD=0.45$）与其他两个组被试的得分之间差异不显著；同样，在“参与效能”指标上，中共党员被试的得分（$M=3.50$，$SD=0.56$）显著的高于群众被试的得分（$M=3.39$，$SD=0.48$），而共青团员被试的得分（$M=3.48$，$SD=0.52$）与其他两个组被试的得分之间差异不显著。

四　不同户籍民众的“政社互动”参与

在本次问卷调查中，被试的户籍有9人信息缺失，在有效的852份数据中，城镇户口被试507人，有效百分比为59.51%；农村户口被试345人，有效百分比为40.49%（见表9-4-1）。

表 9-4-1　被试的户籍分布情况

项　目		频　率	百分比	有效百分比	累积百分比
有　效	城　镇	507	58.89	59.51	59.51
	农　村	345	40.06	40.49	100.00
	合　计	852	98.95	100.00	
缺　失	系　统	9	1.05		
总　计		861	100.00		

在“政社互动”参与的客观状况方面，城镇户籍被试的总体得分在0～5.00分之间，均值为2.96，标准差为1.13；农村户籍被试的总体得分在0～5.00分之间，均值为3.26，标准差为1.16（见表9－4－2和图9－4－1）。

表9－4－2 “政社互动”参与客观状况描述统计（户籍）

项目	城镇户籍					农村户籍				
	N	极小值	极大值	均值	标准差	N	极小值	极大值	均值	标准差
总分	507	.00	5.00	2.9566	1.12994	345	.00	5.00	3.2609	1.16080
重要认知	507	.00	1.00	.6568	.35782	345	.00	1.00	.7043	.34033
内容认知	507	.00	1.00	.7929	.28205	345	.00	1.00	.8130	.25399
程序认知	507	.00	1.00	.5927	.35743	345	.00	1.00	.6072	.34326
实际参与	507	.00	1.00	.4783	.44291	345	.00	1.00	.5870	.44751
监督行为	507	.00	1.00	.4359	.42794	345	.00	1.00	.5493	.43019
有效的N	507					345				

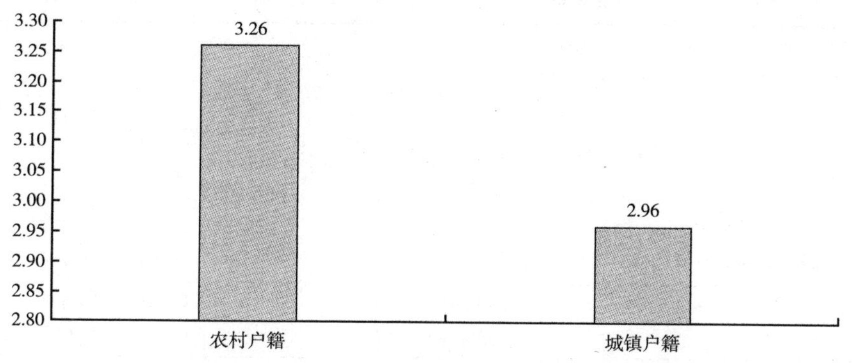

图9－4－1 不同户籍被试“政社互动”参与客观状况总分比较

对不同户籍被试在“政社互动”参与客观状况上的得分差异进行检验（见表9－4－3和表9－4－4），显示在“政社互动”参与的客观状况总分方面，不同户籍的被试的得分差异显著（$t=-3.816$，$p<0.001$）。具体到5个指标的比较，除在“内容认知”（$t=-1.086$，$p=0.278$）和“程序认知”（$t=-0.592$，$p=0.554$）2个指标上，不同户籍的被试得分差异不显著外，在“重要性认知”（$t=-1.942$，$p=0.053$）、“实际参与”（$t=-3.500$，$p<0.001$）和“监督行为”（$t=-3.788$，$p<0.001$）3个指标上，不同户籍类型的被试得分存在显著的差异。在“政社互动”参与客观

表 9－4－3 不同户籍被试“政社互动”参与客观状况得分的描述统计比较

项目	性别	N	均值	标准差	均值的标准误
总分	城镇	507	2.9566	1.12994	.05018
	农村	345	3.2609	1.16080	.06250
重要性认知	城镇	507	.6568	.35782	.01589
	农村	345	.7043	.34033	.01832
内容认知	城镇	507	.7929	.28205	.01253
	农村	345	.8130	.25399	.01367
程序认知	城镇	507	.5927	.35743	.01587
	农村	345	.6072	.34326	.01848
实际参与	城镇	507	.4783	.44291	.01967
	农村	345	.5870	.44751	.02409
监督行为	城镇	507	.4359	.42794	.01901
	农村	345	.5493	.43019	.02316

表 9－4－4 不同户籍被试“政社互动”参与客观状况得分的独立样本检验

		方差方程的 Levene 检验		均值方程的 t 检验						
		F	Sig.	t	df	Sig.（双侧）	均值差值	标准误差值	差分的 95% 置信区间	
									下限	上限
总分	假设方差相等	3.164	.076	－3.816	850	.000	－.30426	.07974	－.46077	－.14775
	假设方差不相等			－3.796	725.554	.000	－.30426	.08015	－.46161	－.14691
重要性认知	假设方差相等	.821	.365	－1.942	850	.053	－.04754	.02449	－.09560	.00052
	假设方差不相等			－1.960	762.750	.050	－.04754	.02425	－.09516	.00007
内容认知	假设方差相等	7.508	.006	－1.065	850	.287	－.02014	.01892	－.05727	.01699
	假设方差不相等			－1.086	786.879	.278	－.02014	.01854	－.05655	.01626
程序认知	假设方差相等	.585	.444	－.592	850	.554	－.01454	.02455	－.06273	.03364
	假设方差不相等			－.597	758.257	.551	－.01454	.02436	－.06237	.03328
实际参与	假设方差相等	1.929	.165	－3.500	850	.000	－.10865	.03104	－.16958	－.04772
	假设方差不相等			－3.493	733.786	.001	－.10865	.03110	－.16971	－.04759
监督行为	假设方差相等	.000	.985	－3.788	850	.000	－.11338	.02993	－.17212	－.05463
	假设方差不相等			－3.784	736.293	.000	－.11338	.02996	－.17220	－.05456

状况的总得分上，农村被试（$M=3.26$，$SD=1.16$）显著高于城镇被试（$M=2.96$，$SD=1.13$）；在“重要性认知”指标上，农村被试（$M=0.70$，$SD=0.34$）显著高于城镇被试（$M=0.66$，$SD=0.36$）；在“实际参与”指

标上，农村被试（$M=0.58$，$SD=0.45$）显著高于城镇被试（$M=0.47$，$SD=0.44$）；在“监督行为”指标上，农村被试（$M=0.55$，$SD=0.43$）显著高于城镇被试（$M=0.44$，$SD=0.43$）。

在“政社互动”参与主观状况方面，城镇户籍被试的“参与满意度”总体得分在1.75～4.00分之间，均值为2.97，标准差为0.28；“参与意愿”总体得分在1.67～5.00分之间，均值为3.39，标准差为0.55；“参与效能”总体得分在1.67～5.00分之间，均值为3.41，标准差为0.58。农村户籍被试的“参与满意度”总体得分在1.50～4.25分之间，均值为3.01，标准差为0.26；“参与意愿”总体得分在2.00～5.00分之间，均值为3.44，标准差为0.43；“参与效能”总体得分在1.33～5.00分之间，均值为3.46，标准差为0.41（见表9－4－5和图9－4－2）。

表9－4－5 “政社互动”参与主观状况描述统计（户籍）

项　目	城镇					农村				
	N	极小值	极大值	均值	标准差	N	极小值	极大值	均值	标准差
满意度	489	1.75	4.00	2.9729	.27888	339	1.50	4.25	3.0118	.25630
参与意愿	483	1.67	5.00	3.3865	.55261	342	2.00	5.00	3.4376	.42698
参与效能	488	1.67	5.00	3.4133	.58089	340	1.33	5.00	3.4627	.41234
有效的N	479					336				

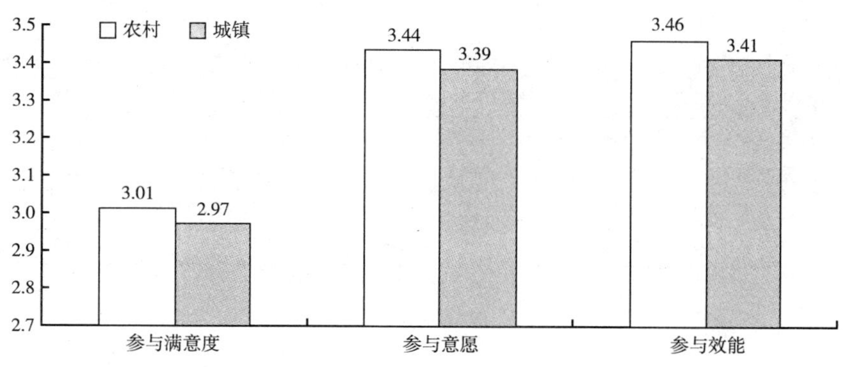

图9－4－1 不同户籍被试“政社互动”参与主观状况得分比较

对不同户籍被试“政社互动”参与主观状况的得分差异进行比较，结果见表9－4－6和表9－4－7。在“参与满意度”指标上，农村被试的得分

($M = 3.01$，$SD = 0.26$）显著的高于城镇被试的得分（$M = 2.97$，$SD = 0.28$），$t = -2.071$，$p < 0.05$；在“参与意愿”指标上，农村被试的得分（$M = 3.44$，$SD = 0.43$）和城镇被试的得分（$M = 3.39$，$SD = 0.55$）差异不显著，$t = -1.498$，$p = 0.134$；在“参与效能”指标上，农村被试的得分（$M = 3.46$，$SD = 0.41$）与城镇被试的得分（$M = 3.41$，$SD = 0.58$）差异不显著，$t = -1.434$，$p = 0.152$。

表 9-4-6　不同户籍被试“政社互动”参与主观状况得分的描述统计比较

项　目	性　别	N	均值	标准差	均值的标准误
参与满意度	城　镇	489	2.9729	.27888	.01261
	农　村	339	3.0118	.25630	.01392
参与意愿	城　镇	483	3.3865	.55261	.02514
	农　村	342	3.4376	.42698	.02309
参与效能	城　镇	488	3.4133	.58089	.02630
	农　村	340	3.4627	.41234	.02236

表 9-4-7　不同户籍被试“政社互动”参与主观状况得分的独立样本检验

		方差方程的 Levene 检验		均值方程的 t 检验						
		F	Sig.	t	df	Sig.（双侧）	均值差值	标准误差值	差分的 95% 置信区间 下限	差分的 95% 置信区间 上限
参与满意度	假设方差相等	6.804	.009	-2.039	826	.042	-.03890	.01907	-.07633	-.00146
	假设方差不相等			-2.071	764.046	.039	-.03890	.01878	-.07577	-.00202
政策参与意愿	假设方差相等	10.581	.001	-1.435	823	.152	-.05115	.03564	-.12111	.01882
	假设方差不相等			-1.498	816.744	.134	-.05115	.03414	-.11815	.01586
政策参与效能	假设方差相等	26.025	.000	-1.352	826	.177	-.04949	.03662	-.12137	.02239
	假设方差不相等			-1.434	825.706	.152	-.04949	.03452	-.11725	.01826

五　不同身份人员的“政社互动”参与

如本书第八章所述，在本次调查中，被试的身份有 17 人信息缺失，在有效的844份问卷中，政府工作人员被试44人，占5.21%；村民委员会和居民委员会成员被试85人，占10.07%；村民和居民被试566人，占67.06%；村民代表和居民代表被试149人，占17.66%。

在“政社互动”参与客观状况方面，政府工作人员被试的总体得分在0.50~5.00分之间，均值为3.41，标准差为1.21；村（居）委会成员被试的总体得分在0~5.00分之间，均值为3.18，标准差为1.06；村（居）民代表被试的总体得分在0~5.00分之间，均值为3.53，标准差为1.11；村（居）民被试的总体得分在0~5.00分之间，均值为2.89，标准差为1.12（见表9-5-1和图9-5-1）。

表9-5-1 “政社互动”参与客观状况描述统计（身份）

项　目	政府工作人员					村(居)委会成员				
	N	极小值	极大值	均值	标准差	N	极小值	极大值	均值	标准差
总　分	44	.50	5.00	3.4091	1.20692	85	.00	5.00	3.1765	1.05983
重要认知	44	.50	1.00	.7727	.25184	85	.00	1.00	.7118	.33073
内容认知	44	.00	1.00	.7841	.31249	85	.00	1.00	.8294	.28403
程序认知	44	.00	1.00	.6591	.35393	85	.00	1.00	.5235	.37722
实际参与	44	.00	1.00	.6136	.38675	85	.00	1.00	.6118	.42522
监督行为	44	.00	1.00	.5795	.44386	85	.00	1.00	.5000	.40825
有效的N	44					85				
项　目	村(居)民代表					村(居)民				
	N	极小值	极大值	均值	标准差	N	极小值	极大值	均值	标准差
总　分	149	.00	5.00	3.5268	1.11317	566	.00	5.00	2.8922	1.11540
重要认知	149	.00	1.00	.7785	.29283	566	.00	1.00	.6325	.37051
内容认知	149	.00	1.00	.7617	.26370	566	.00	1.00	.8065	.26795
程序认知	149	.00	1.00	.5738	.36473	566	.00	1.00	.6034	.34231
实际参与	149	.00	1.00	.7215	.40010	566	.00	1.00	.4426	.44698
监督行为	149	.00	1.00	.6913	.41345	566	.00	1.00	.4072	.41622
有效的N	149					566				

对不同身份类型被试在“政社互动”参与客观状况上的得分差异进行显著性检验（见表9-5-2和表9-5-3），结果显示在“政社互动”参与客观状况的总得分方面，不同身份的被试得分差异显著，$F = 14.739$，$p < 0.001$；在“重要性认知”指标上，不同身份的被试得分差异显著，$F =$

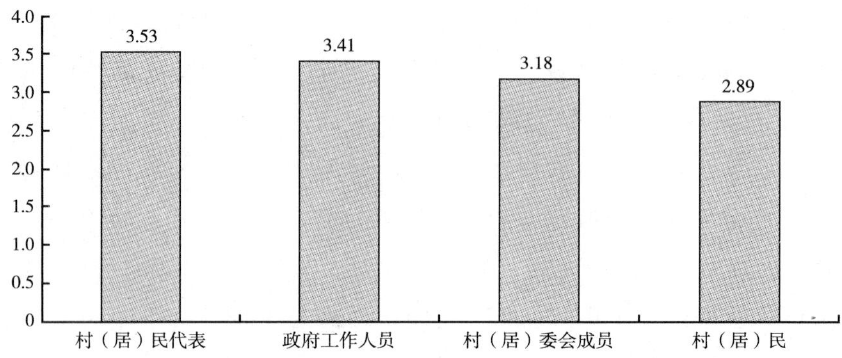

图 9-5-1　不同身份被试“政社互动”参与客观状况总分比较

8.639，$p<0.001$；在“实际参与”指标上，不同身份的被试得分差异显著，F=18.652，$p<0.001$；在“监督行为”指标上，不同身份的被试得分差异显著，$F=19.419$，$p<0.001$；而在“内容认知”（$F=1.480$，$p=0.218$）和“程序认知”（$F=1.947$，$p<0.120$）指标上，不同身份的被试得分差异不显著。

表 9-5-2　不同身份被试“政社互动”参与客观状况得分的多重比较

因变量	(I)年龄段	(J)年龄段	均值差(I-J)	标准误	显著性	95%置信区间	
						下限	上限
政社互动参与客观状况总分	政府人员	村(居)委成员	.23262	.20698	.261	-.1736	.6389
		村(居)民	.51686*	.17442	.003	.1745	.8592
		村(居)民代表	-.11775	.19122	.538	-.4931	.2576
	村(居)委成员	政府人员	-.23262	.20698	.261	-.6389	.1736
		村(居)民	.28424*	.12964	.029	.0298	.5387
		村(居)民代表	-.35038*	.15149	.021	-.6477	-.0530
	村(居)民	政府人员	-.51686*	.17442	.003	-.8592	-.1745
		村(居)委成员	-.28424*	.12964	.029	-.5387	-.0298
		村(居)民代表	-.63462*	.10262	.000	-.8360	-.4332
	村(居)民代表	政府人员	.11775	.19122	.538	-.2576	.4931
		村(居)委成员	.35038*	.15149	.021	.0530	.6477
		村(居)民	.63462*	.10262	.000	.4332	.8360
重要性认知	政府人员	村(居)委成员	.06096	.06477	.347	-.0662	.1881
		村(居)民	.14022*	.05458	.010	.0331	.2474
		村(居)民代表	-.00580	.05984	.923	-.1232	.1117

续表

因变量	(I)年龄段	(J)年龄段	均值差(I-J)	标准误	显著性	95%置信区间	
						下限	上限
重要性认知	村(居)委成员	政府人员	-.06096	.06477	.347	-.1881	.0662
		村(居)民	.07926	.04057	.051	-.0004	.1589
		村(居)民代表	-.06676	.04741	.159	-.1598	.0263
	村(居)民	政府人员	-.14022*	.05458	.010	-.2474	-.0331
		村(居)委成员	-.07926	.04057	.051	-.1589	.0004
		村(居)民代表	-.14601*	.03211	.000	-.2090	-.0830
	村(居)民代表	政府人员	.00580	.05984	.923	-.1117	.1232
		村(居)委成员	.06676	.04741	.159	-.0263	.1598
		村(居)民	.14601*	.03211	.000	.0830	.2090
内容认知	政府人员	村(居)委成员	-.04532	.05039	.369	-.1442	.0536
		村(居)民	-.02245	.04246	.597	-.1058	.0609
		村(居)民代表	.02235	.04655	.631	-.0690	.1137
	村(居)委成员	政府人员	.04532	.05039	.369	-.0536	.1442
		村(居)民	.02287	.03156	.469	-.0391	.0848
		村(居)民代表	.06767	.03688	.067	-.0047	.1401
	村(居)民	政府人员	.02245	.04246	.597	-.0609	.1058
		村(居)委成员	-.02287	.03156	.469	-.0848	.0391
		村(居)民代表	.04479	.02498	.073	-.0042	.0938
	村(居)民代表	政府人员	-.02235	.04655	.631	-.1137	.0690
		村(居)委成员	-.06767	.03688	.067	-.1401	.0047
		村(居)民	-.04479	.02498	.073	-.0938	.0042
程序认知	政府人员	村(居)委成员	.13556*	.06511	.038	.0078	.2634
		村(居)民	.05573	.05487	.310	-.0520	.1634
		村(居)民代表	.08527	.06015	.157	-.0328	.2033
	村(居)委成员	政府人员	-.13556*	.06511	.038	-.2634	-.0078
		村(居)民	-.07983	.04078	.051	-.1599	.0002
		村(居)民代表	-.05030	.04765	.291	-.1438	.0432
	村(居)民	政府人员	-.05573	.05487	.310	-.1634	.0520
		村(居)委成员	.07983	.04078	.051	-.0002	.1599
		村(居)民代表	.02953	.03228	.361	-.0338	.0929
	村(居)民代表	政府人员	-.08527	.06015	.157	-.2033	.0328
		村(居)委成员	.05030	.04765	.291	-.0432	.1438
		村(居)民	-.02953	.03228	.361	-.0929	.0338

续表

因变量	(I)年龄段	(J)年龄段	均值差(I-J)	标准误	显著性	95%置信区间	
						下限	上限
实际参与	政府人员	村(居)委成员	.00187	.08060	.981	-.1563	.1601
		村(居)民	.17106*	.06792	.012	.0377	.3044
		村(居)民代表	-.10784	.07446	.148	-.2540	.0383
	村(居)委成员	政府人员	-.00187	.08060	.981	-.1601	.1563
		村(居)民	.16919*	.05048	.001	.0701	.2683
		村(居)民代表	-.10971	.05899	.063	-.2255	.0061
	村(居)民	政府人员	-.17106*	.06792	.012	-.3044	-.0377
		村(居)委成员	-.16919*	.05048	.001	-.2683	-.0701
		村(居)民代表	-.27890*	.03996	.000	-.3573	-.2005
	村(居)民代表	政府人员	.10784	.07446	.148	-.0383	.2540
		村(居)委成员	.10971	.05899	.063	-.0061	.2255
		村(居)民	.27890*	.03996	.000	.2005	.3573
监督行为	政府人员	村(居)委成员	.07955	.07733	.304	-.0722	.2313
		村(居)民	.17230*	.06517	.008	.0444	.3002
		村(居)民代表	-.11173	.07145	.118	-.2520	.0285
	村(居)委成员	政府人员	-.07955	.07733	.304	-.2313	.0722
		村(居)民	.09276	.04844	.056	-.0023	.1878
		村(居)民代表	-.19128*	.05660	.001	-.3024	-.0802
	村(居)民	政府人员	-.17230*	.06517	.008	-.3002	-.0444
		村(居)委成员	-.09276	.04844	.056	-.1878	.0023
		村(居)民代表	-.28403*	.03834	.000	-.3593	-.2088
	村(居)民代表	政府人员	.11173	.07145	.118	-.0285	.2520
		村(居)委成员	.19128*	.05660	.001	.0802	.3024
		村(居)民	.28403*	.03834	.000	.2088	.3593

* 均值差的显著水平为0.05。

多重比较的结果显示：在“政社互动”参与客观状况的总得分上，村（居）民被试的得分（$M=2.89$，$SD=1.11$）显著低于政府工作人员（$M=3.41$，$SD=1.21$）、村（居）委会成员（$M=3.18$，$SD=1.06$）和（村）居民代表（$M=3.53$，$SD=1.11$），村（居）民代表的得分显著的高于村（居）委会成员，其他身份类型的被试之间得分差异不显著；在“重要性认知”指标上，村（居）民被试的得分（$M=0.63$，$SD=0.37$）显著低于政府工作人员（$M=0.77$，$SD=0.25$）和村（居）民代表（$M=0.78$，$SD=0.29$），而与村（居）委会成员（$M=0.71$，$SD=0.33$）的得分差异不显著，

表 9-5-3 不同身份被试“政社互动”参与客观状况得分的方差分析结果

项　　目		平方和	*df*	均方	*F*	显著性
政社互动参与客观状况总分	组间	54.921	3	18.307	14.739	.000
	组内	1043.308	840	1.242		
	总数	1098.229	843			
重要性认知	组间	3.152	3	1.051	8.639	.000
	组内	102.169	840	.122		
	总数	105.321	843			
内容认知	组间	.327	3	.109	1.480	.218
	组内	61.833	840	.074		
	总数	62.160	843			
程序认知	组间	.718	3	.239	1.947	.120
	组内	103.231	840	.123		
	总数	103.949	843			
实际参与	组间	10.538	3	3.513	18.652	.000
	组内	158.195	840	.188		
	总数	168.733	843			
监督行为	组间	10.102	3	3.367	19.419	.000
	组内	145.651	840	.173		
	总数	155.753	843			

且其他身份类型的被试之间得分差异不显著；在“实际参与”指标上，村（居）民被试的得分（$M=0.44$，$SD=0.45$）显著低于政府工作人员（$M=0.61$，$SD=0.39$）、村（居）委会成员（$M=0.61$，$SD=0.43$）和村（居）民代表（$M=0.72$，$SD=0.40$），其他身份类型的被试之间得分差异不显著；在“监督行为”指标上，政府工作人员的得分（$M=0.58$，$SD=0.44$）显著的高于村（居）民得分（$M=0.41$，$SD=0.42$），村（居）民代表的得分（$M=0.69$，$SD=0.41$）显著的高于村（居）委会成员（$M=0.50$，$SD=0.41$）和村（居）民的得分，其他身份类型的被试之间得分差异不显著。

在“政社互动”参与主观状况方面，政府工作人员被试的“参与满意度”总体得分在 2.50～3.75 分之间，均值为 2.96，标准差为 0.29；“参与意愿”总体得分在 2.00～5.00 分之间，均值为 3.38，标准差为 0.74；“参与效能”总体得分在 1.67～5.00 分之间，均值为 3.56，标准差为 0.67。村（居）委会成员被试的“参与满意度”总体得分在 1.50～3.50 分之间，均值为2.98，标准差为0.30；"参与意愿"总体得分在2.00~5.00分之间，均值为3.46，标准差为0.60；"参与效能"总体得分在1.67~5.00分之间，均值为3.49，标准差为0.67。村（居）民代表被试的"参与满意度"总体得分在1.75~3.50分之间，均值为2.95，标准差为0.28；"参与意愿"总体得分在1.67~5.00分之间，均值为3.47，标准差为0.57；"参与效能"总体得分在1.67~5.00分之间，均值为3.50，标准差为0.63；村（居）民被试的"参与满意度"总体得分在1.75~4.25分之间，均值为3.00，标准差为0.26；"参与意愿"总体得分在1.67~5.00分之间，均值为3.38，标准差为0.44；"参与效能"总体得分在1.33~5.00分之间，均值为3.39，标准差为0.44（见表9-5-4和图9-5-2）。

表9-5-4 "政社互动"参与主观状况描述统计（身份）

项目	政府工作人员					村(居)委会成员				
	N	极小值	极大值	均值	标准差	N	极小值	极大值	均值	标准差
满意度	44	2.50	3.75	2.9602	.29006	85	1.50	3.50	2.9794	.30181
参与意愿	44	2.00	5.00	3.3788	.74220	82	2.00	5.00	3.4553	.59608
参与效能	44	1.67	5.00	3.5606	.66579	84	1.67	5.00	3.4921	.66762
有效的N	44					82				

项目	村(居)民代表					村(居)民				
	N	极小值	极大值	均值	标准差	N	极小值	极大值	均值	标准差
满意度	133	1.75	3.50	2.9530	.27550	558	1.75	4.25	3.0049	.26350
参与意愿	132	1.67	5.00	3.4672	.57346	559	1.67	5.00	3.3792	.44453
参与效能	132	1.67	5.00	3.5025	.62801	560	1.33	5.00	3.3923	.43534
有效的N	126					555				

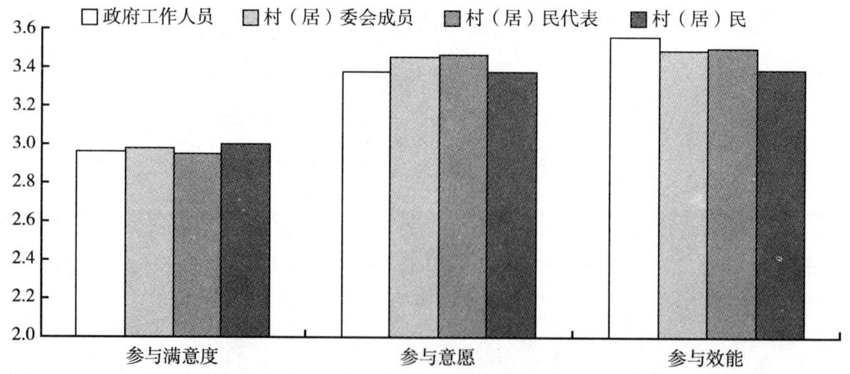

图9-5-2 不同身份被试"政社互动"参与主观状况得分比较

比较不同身份被试在“政社互动”参与主观状况上得分的差异（见表9－5－5和表9－5－6），相关的检验结果发现，不同身份被试在“参与满意度”（$F=1.602$，$p=0.187$）和“参与意愿”（$F=1.456$，$p=0.225$）两个指标上的差异不显著，而在“参与效能”指标上的差异达到显著水平（$F=3.266$，$p<0.05$）。多重比较的结果显示，在“参与效能”指标上，村（居）民被试的得分（$M=3.39$，$SD=0.44$）显著低于政府工作人员（$M=3.56$，$SD=0.67$）和村（居）民代表（$M=3.50$，$SD=0.63$），而与村（居）委会成员（$M=3.49$，$SD=0.67$）的得分差异不显著，且其他身份类型的被试之间得分差异不显著。

表9－5－5 不同身份被试“政社互动”参与主观状况得分的多重比较

因变量	(I)年龄段	(J)年龄段	均值差(I－J)	标准误	显著性	95%置信区间	
						下限	上限
重要性认知	政府人员	村(居)委成员	－.01918	.05034	.703	－.1180	.0796
		村(居)民	－.04470	.04245	.293	－.1280	.0386
		村(居)民代表	.00722	.04714	.878	－.0853	.0998
	村(居)委成员	政府人员	.01918	.05034	.703	－.0796	.1180
		村(居)民	－.02552	.03156	.419	－.0875	.0364
		村(居)民代表	.02640	.03764	.483	－.0475	.1003
	村(居)民	政府人员	.04470	.04245	.293	－.0386	.1280
		村(居)委成员	.02552	.03156	.419	－.0364	.0875
		村(居)民代表	.05192*	.02616	.047	.0006	.1033
	村(居)民代表	政府人员	－.00722	.04714	.878	－.0998	.0853
		村(居)委成员	－.02640	.03764	.483	－.1003	.0475
		村(居)民	－.05192*	.02616	.047	－.1033	－.0006
参与意愿	政府人员	村(居)委成员	－.07650	.09403	.416	－.2611	.1081
		村(居)民	－.00046	.07878	.995	－.1551	.1542
		村(居)民代表	－.08838	.08759	.313	－.2603	.0835
	村(居)委成员	政府人员	.07650	.09403	.416	－.1081	.2611
		村(居)民	.07604	.05950	.202	－.0408	.1928
		村(居)民代表	－.01189	.07075	.867	－.1508	.1270
	村(居)民	政府人员	.00046	.07878	.995	－.1542	.1551
		村(居)委成员	－.07604	.05950	.202	－.1928	.0408
		村(居)民代表	－.08792	.04869	.071	－.1835	.0076
	村(居)民代表	政府人员	.08838	.08759	.313	－.0835	.2603
		村(居)委成员	.01189	.07075	.867	－.1270	.1508
		村(居)民	.08792	.04869	.071	－.0076	.1835

续表

因变量	(I)年龄段	(J)年龄段	均值差(I－J)	标准误	显著性	95%置信区间	
						下限	上限
参与效能	政府人员	村(居)委成员	.06854	.09523	.472	－.1184	.2555
		村(居)民	.16834*	.08012	.036	.0111	.3256
		村(居)民代表	.05808	.08908	.515	－.1168	.2329
	村(居)委成员	政府人员	－.06854	.09523	.472	－.2555	.1184
		村(居)民	.09980	.05987	.096	－.0177	.2173
		村(居)民代表	－.01046	.07142	.884	－.1507	.1297
	村(居)民	政府人员	－.16834*	.08012	.036	－.3256	－.0111
		村(居)委成员	－.09980	.05987	.096	－.2173	.0177
		村(居)民代表	－.11026*	.04951	.026	－.2074	－.0131
	村(居)民代表	政府人员	－.05808	.08908	.515	－.2329	.1168
		村(居)委成员	.01046	.07142	.884	－.1297	.1507
		村(居)民	.11026*	.04951	.026	.0131	.2074

表9－5－6　不同身份被试“政社互动”参与主观状况得分的方差分析结果

项目		平方和	*df*	均方	*F*	显著性
参与满意度	组间	.353	3	.118	1.602	.187
	组内	59.962	816	.073		
	总数	60.315	819			
参与意愿	组间	1.106	3	.369	1.456	.225
	组内	205.813	813	.253		
	总数	206.919	816			
参与效能	组间	2.566	3	.855	3.266	.021
	组内	213.665	816	.262		
	总数	216.231	819			

六　不同收入人员的“政社互动”参与

在本次问卷调查中，调研组将被试的月可支配平均收入分为五大类：第一类是1500元及以下，对应“低收入”；第二类是1501～2500元，对应“较低收入”；第三类是2501～3500元，对应“中等收入”；第四类是3501～5000元，对应“较高收入”；第五类是5001元及以上，对应“高收入”。调查中有3名被试的收入信息缺失，在有收入信息的858份数据中，按月可支配平均收入划定的标准，低收入（1500元及以下）被试280人，有效百分比为32.63%；较低收入（1501~2500元）被试328人，有效百分比为38.23%；中等收入（2501~3500元）被试137人，有效百分比为15.97%；较高收入（3501~5000元）被试81人，有效百分比为9.44%；高收入（5001元及以上）被试32人，有效百分比为3.73%（见表9-6-1）。

表9-6-1 被试的收入分布情况

项目		频率	百分比	有效百分比	累积百分比
有效	低收入	280	32.52	32.63	32.63
	较低收入	328	38.10	38.23	70.86
	中等收入	137	15.91	15.97	86.83
	较高收入	81	9.40	9.44	96.27
	高收入	32	3.72	3.73	100.00
	合计	858	99.66	100.00	
缺失	系统	3	0.35		
总计		861	100.00		

在“政社互动”参与客观状况方面，低收入（1500元及以下）被试的总体得分在0~5.00分之间，均值为3.15，标准差为1.24；较低收入（1501~2500元）被试的总体得分在0~5.00分之间，均值为3.02，标准差为1.08；中等收入（2501~3500元）被试的总体得分在1.00~5.00分之间，均值为2.93，标准差为1.13；较高收入（3501~5000元）被试的总体得分在0.50~5.00分之间，均值为3.31，标准差为1.19；高收入（5001元及以上）被试的总体得分在2.00~5.00分之间，均值为3.13，标准差为0.94（见表9-6-2和图9-6-1）。

将不同收入水平的被试划分为低收入、较低收入、中等收入、较高收入和高收入五个类别，比较其在“政社互动”客观参与状况上的差异（见表9-6-3和表9-6-4），相关的检验结果发现，在“参与客观状况总分”（$F=1.911$，$p=0.107$）、“内容认知”（$F=1.389$，$p=0.236$）、“程序认知”（$F=1.934$，$p=0.103$）和“监督行为”（$F=1.779$，$p=0.131$）四个方面，不同收入水平被试的得分差异不显著；而在“重要性认知”（$F=2.324$，

表 9－6－2 “政社互动”参与客观状况描述统计（收入）

项目	低收入					较低收入				
	N	极小值	极大值	均值	标准差	N	极小值	极大值	均值	标准差
总分	280	.00	5.00	3.1500	1.24103	328	.00	5.00	3.0198	1.07746
重要认知	280	.00	1.00	.6589	.37233	328	.00	1.00	.6982	.33235
内容认知	280	.00	1.00	.8321	.26848	328	.00	1.00	.7881	.27105
程序认知	280	.00	1.00	.5732	.35037	328	.00	1.00	.6098	.35646
实际参与	280	.00	1.00	.5875	.46415	328	.00	1.00	.4756	.45199
监督行为	280	.00	1.00	.4982	.43275	328	.00	1.00	.4482	.42699
有效的N	280					328				

项目	中等收入					较高收入				
	N	极小值	极大值	均值	标准差	N	极小值	极大值	均值	标准差
总分	137	1.00	5.00	2.9270	1.12547	81	.50	5.00	3.3086	1.19260
重要认知	137	.00	1.00	.6131	.38345	81	.00	1.00	.7407	.30732
内容认知	137	.00	1.00	.7847	.25578	81	.00	1.00	.7778	.28504
程序认知	137	.00	1.00	.5730	.35115	81	.00	1.00	.6235	.34938
实际参与	137	.00	1.00	.4745	.42149	81	.00	1.00	.5926	.38819
监督行为	137	.00	1.00	.4818	.43895	81	.00	1.00	.5741	.43381
有效的N	137					81				

项目	高收入				
	N	极小值	极大值	均值	标准差
总分	32	2.00	5.00	3.1250	.94186
重要认知	32	.00	1.00	.7031	.30742
内容认知	32	.00	1.00	.7969	.30742
程序认知	32	.00	1.00	.7344	.28354
实际参与	32	.00	1.00	.4844	.43039
监督行为	32	.00	1.00	.4063	.39015
有效的N	32				

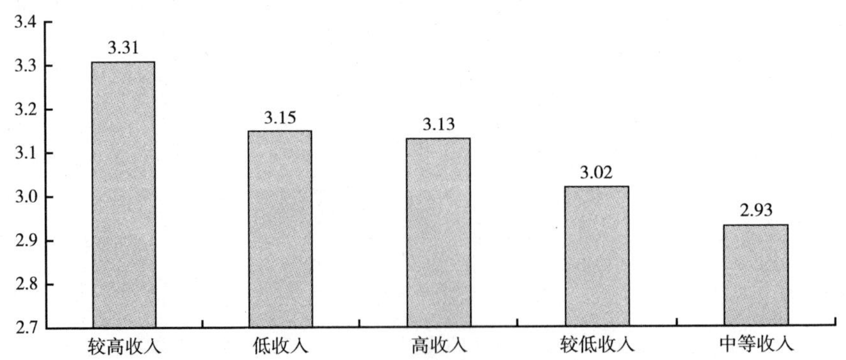

图 9－6－1 不同收入被试“政社互动”参与客观状况总分比较

表 9-6-3 不同收入被试政策参与客观状况得分的多重比较

因变量	(I)年龄段	(J)年龄段	均值差(I-J)	标准误	显著性	95%置信区间	
						下限	上限
政社互动参与客观状况总分	低收入	较低收入	.13018	.09335	.164	-.0530	.3134
		中等收入	.22299	.11962	.063	-.0118	.4578
		较高收入	-.15864	.14475	.273	-.4428	.1255
		高收入	.02500	.21410	.907	-.3952	.4452
	较低收入	低收入	-.13018	.09335	.164	-.3134	.0530
		中等收入	.09281	.11671	.427	-.1363	.3219
		较高收入	-.28882*	.14236	.043	-.5682	-.0094
		高收入	-.10518	.21249	.621	-.5222	.3119
	中等收入	低收入	-.22299	.11962	.063	-.4578	.0118
		较低收入	-.09281	.11671	.427	-.3219	.1363
		较高收入	-.38163*	.16081	.018	-.6973	-.0660
		高收入	-.19799	.22527	.380	-.6401	.2442
	较高收入	低收入	.15864	.14475	.273	-.1255	.4428
		较低收入	.28882*	.14236	.043	.0094	.5682
		中等收入	.38163*	.16081	.018	.0660	.6973
		高收入	.18364	.23956	.444	-.2866	.6538
	高收入	低收入	-.02500	.21410	.907	-.4452	.3952
		较低收入	.10518	.21249	.621	-.3119	.5222
		中等收入	.19799	.22527	.380	-.2442	.6401
		较高收入	-.18364	.23956	.444	-.6538	.2866
重要性认知	低收入	较低收入	-.03924	.02858	.170	-.0953	.0169
		中等收入	.04579	.03663	.212	-.0261	.1177
		较高收入	-.08181	.04432	.065	-.1688	.0052
		高收入	-.04420	.06556	.500	-.1729	.0845
	较低收入	低收入	.03924	.02858	.170	-.0169	.0953
		中等收入	.08503*	.03574	.018	.0149	.1552
		较高收入	-.04257	.04359	.329	-.1281	.0430
		高收入	-.00495	.06506	.939	-.1327	.1227
	中等收入	低收入	-.04579	.03663	.212	-.1177	.0261
		较低收入	-.08503*	.03574	.018	-.1552	-.0149
		较高收入	-.12760*	.04924	.010	-.2242	-.0310
		高收入	-.08999	.06898	.192	-.2254	.0454
	较高收入	低收入	.08181	.04432	.065	-.0052	.1688
		较低收入	.04257	.04359	.329	-.0430	.1281
		中等收入	.12760*	.04924	.010	.0310	.2242
		高收入	.03762	.07335	.608	-.1064	.1816

续表

因变量	(I)年龄段	(J)年龄段	均值差(I－J)	标准误	显著性	95%置信区间	
						下限	上限
重要性认知	高收入	低收入	.04420	.06556	.500	-.0845	.1729
		较低收入	.00495	.06506	.939	-.1227	.1327
		中等收入	.08999	.06898	.192	-.0454	.2254
		较高收入	-.03762	.07335	.608	-.1816	.1064
内容认知	低收入	较低收入	.04403*	.02202	.046	.0008	.0872
		中等收入	.04747	.02821	.093	-.0079	.1028
		较高收入	.05437	.03414	.112	-.0126	.1214
		高收入	.03527	.05050	.485	-.0638	.1344
	较低收入	低收入	-.04403*	.02202	.046	-.0872	-.0008
		中等收入	.00344	.02753	.901	-.0506	.0575
		较高收入	.01033	.03357	.758	-.0556	.0762
		高收入	-.00877	.05012	.861	-.1071	.0896
	中等收入	低收入	-.04747	.02821	.093	-.1028	.0079
		较低收入	-.00344	.02753	.901	-.0575	.0506
		较高收入	.00689	.03793	.856	-.0675	.0813
		高收入	-.01220	.05313	.818	-.1165	.0921
	较高收入	低收入	-.05437	.03414	.112	-.1214	.0126
		较低收入	-.01033	.03357	.758	-.0762	.0556
		中等收入	-.00689	.03793	.856	-.0813	.0675
		高收入	-.01910	.05650	.735	-.1300	.0918
	高收入	低收入	-.03527	.05050	.485	-.1344	.0638
		较低收入	.00877	.05012	.861	-.0896	.1071
		中等收入	.01220	.05313	.818	-.0921	.1165
		较高收入	.01910	.05650	.735	-.0918	.1300
程序认知	低收入	较低收入	-.03654	.02852	.200	-.0925	.0194
		中等收入	.00022	.03655	.995	-.0715	.0720
		较高收入	-.05024	.04423	.256	-.1370	.0366
		高收入	-.16116*	.06542	.014	-.2896	-.0328
	较低收入	低收入	.03654	.02852	.200	-.0194	.0925
		中等收入	.03676	.03566	.303	-.0332	.1068
		较高收入	-.01370	.04350	.753	-.0991	.0717
		高收入	-.12462	.06492	.055	-.2520	.0028
	中等收入	低收入	-.00022	.03655	.995	-.0720	.0715
		较低收入	-.03676	.03566	.303	-.1068	.0332
		较高收入	-.05046	.04913	.305	-.1469	.0460
		高收入	-.16138*	.06883	.019	-.2965	-.0263

续表

因变量	(I)年龄段	(J)年龄段	均值差(I-J)	标准误	显著性	95%置信区间	
						下限	上限
程序认知	较高收入	低 收 入	.05024	.04423	.256	-.0366	.1370
		较低收入	.01370	.04350	.753	-.0717	.0991
		中等收入	.05046	.04913	.305	-.0460	.1469
		高 收 入	-.11092	.07319	.130	-.2546	.0327
	高 收 入	低 收 入	.16116*	.06542	.014	.0328	.2896
		较低收入	.12462	.06492	.055	-.0028	.2520
		中等收入	.16138*	.06883	.019	.0263	.2965
		较高收入	.11092	.07319	.130	-.0327	.2546
实际参与	低 收 入	较低收入	.11189*	.03620	.002	.0408	.1829
		中等收入	.11305*	.04639	.015	.0220	.2041
		较高收入	-.00509	.05613	.928	-.1153	.1051
		高 收 入	.10313	.08303	.215	-.0598	.2661
	较低收入	低 收 入	-.11189*	.03620	.002	-.1829	-.0408
		中等收入	.00116	.04526	.980	-.0877	.0900
		较高收入	-.11698*	.05521	.034	-.2253	-.0086
		高 收 入	-.00877	.08240	.915	-.1705	.1530
	中等收入	低 收 入	-.11305*	.04639	.015	-.2041	-.0220
		较低收入	-.00116	.04526	.980	-.0900	.0877
		较高收入	-.11814	.06236	.059	-.2405	.0043
		高 收 入	-.00992	.08736	.910	-.1814	.1615
	较高收入	低 收 入	.00509	.05613	.928	-.1051	.1153
		较低收入	.11698*	.05521	.034	.0086	.2253
		中等收入	.11814	.06236	.059	-.0043	.2405
		高 收 入	.10822	.09290	.244	-.0741	.2906
	高 收 入	低 收 入	-.10313	.08303	.215	-.2661	.0598
		较低收入	.00877	.08240	.915	-.1530	.1705
		中等收入	.00992	.08736	.910	-.1615	.1814
		较高收入	-.10822	.09290	.244	-.2906	.0741
监督行为	低 收 入	较低收入	.05004	.03500	.153	-.0187	.1187
		中等收入	.01646	.04485	.714	-.0716	.1045
		较高收入	-.07586	.05427	.163	-.1824	.0307
		高 收 入	.09196	.08027	.252	-.0656	.2495
	较低收入	低 收 入	-.05004	.03500	.153	-.1187	.0187
		中等收入	-.03358	.04376	.443	-.1195	.0523
		较高收入	-.12590*	.05337	.019	-.2307	-.0211
		高 收 入	.04192	.07967	.599	-.1144	.1983

续表

因变量	(I)年龄段	(J)年龄段	均值差(I-J)	标准误	显著性	95%置信区间	
						下限	上限
监督行为	中等收入	低　收　入	-.01646	.04485	.714	-.1045	.0716
		较低收入	.03358	.04376	.443	-.0523	.1195
		较高收入	-.09232	.06029	.126	-.2107	.0260
		高　收　入	.07550	.08446	.372	-.0903	.2413
	较高收入	低　收　入	.07586	.05427	.163	-.0307	.1824
		较低收入	.12590*	.05337	.019	.0211	.2307
		中等收入	.09232	.06029	.126	-.0260	.2107
		高　收　入	.16782	.08982	.062	-.0085	.3441
	高　收　入	低　收　入	-.09196	.08027	.252	-.2495	.0656
		较低收入	-.04192	.07967	.599	-.1983	.1144
		中等收入	-.07550	.08446	.372	-.2413	.0903
		较高收入	-.16782	.08982	.062	-.3441	.0085

* 均值差的显著水平为0.05。

表9-6-4　不同收入被试“政社互动”参与客观状况得分的方差分析结果

项　　目		平方和	*df*	均方	*F*	显著性
政社互动参与客观状况总分	组间	10.064	4	2.516	1.911	.107
	组内	1122.875	853	1.316		
	总数	1132.939	857			
重要性认知	组间	1.147	4	.287	2.324	.055
	组内	105.278	853	.123		
	总数	106.425	857			
内容认知	组间	.407	4	.102	1.389	.236
	组内	62.462	853	.073		
	总数	62.869	857			
程序认知	组间	.951	4	.238	1.934	.103
	组内	104.826	853	.123		
	总数	105.777	857			
实际参与	组间	2.664	4	.666	3.365	.010
	组内	168.869	853	.198		
	总数	171.533	857			
监督行为	组间	1.316	4	.329	1.779	.131
	组内	157.847	853	.185		
	总数	159.163	857			

$p=0.055$）和“实际参与”（$F=3.365$，$p<0.05$）上，不同收入水平的被试表现出了显著的差异。进一步的多重比较结果显示，在“重要性认知”指标上，中等收入被试的得分（$M=0.61$，$SD=0.38$）显著的低于较低收入被试（$M=0.70$，$SD=0.33$）和较高收入被试（$M=0.74$，$SD=0.31$）的得分，与高收入被试（$M=0.70$，$SD=0.31$）和低收入被试（$M=0.66$，$SD=0.37$）的得分差异不显著，且其他收入水平被试之间的得分差异不显著；在“实际参与”指标上，低收入被试（$M=0.50$，$SD=0.43$）的得分显著高于较低收入被试（$M=0.45$，$SD=0.43$）和中等收入被试（$M=0.48$，$SD=0.44$）的得分，且较低收入被试的得分要显著的低于较高收入被试（$M=0.57$，$SD=0.43$）的得分，而高收入被试（$M=0.41$，$SD=0.39$）的得分与其他四个水平的被试得分差异不显著。

在“政社互动”参与主观状况方面，低收入（1500元及以下）被试的“参与满意度”总体得分在1.50～4.25分之间，均值为3.00，标准差为0.28；“参与意愿”总体得分在1.67～5.00分之间，均值为3.36，标准差为0.47；“参与效能”总体得分在1.67～5.00分之间，均值为3.42，标准差为0.51。较低收入（1501～2500元）被试的“参与满意度”总体得分在1.75～3.75分之间，均值为2.98，标准差为0.27；“参与意愿”总体得分在1.67～5.00分之间，均值为3.42，标准差为0.51；“参与效能”总体得分在1.33～5.00分之间，均值为3.44，标准差为0.50。中等收入（2501～3500元）被试的“参与满意度”总体得分在2.25～4.00分之间，均值为3.01，标准差为0.25；“参与意愿”总体得分在2.00～5.00分之间，均值为3.40，标准差为0.47；“参与效能”总体得分在1.67～5.00分之间，均值为3.35，标准差为0.47；较高收入（3501～5000元）被试的“参与满意度”总体得分在2.00～3.75分之间，均值为2.96，标准差为0.28；“参与意愿”总体得分在2.33～5.00分之间，均值为3.47，标准差为0.61；“参与效能”总体得分在2.00～5.00分之间，均值为3.55，标准差为0.61；高收入（5001元及以上）被试的“参与满意度”总体得分在2.50～3.50分之间，均值为3.03，标准差为0.28；“参与意愿”总体得分在2.33～4.67分之间，均值为3.46，标准差为0.65；“参与效能”总体得分在2.00～4.67分之间，均值为3.51，标准差为0.60（见表9－6－5和图9－6－2）。

表 9-6-5 “政社互动”参与主观状况描述统计（收入）

项目	低收入					较低收入				
	N	极小值	极大值	均值	标准差	N	极小值	极大值	均值	标准差
满意度	271	1.50	4.25	2.9991	.27930	316	1.75	3.75	2.9818	.27143
参与意愿	274	1.67	5.00	3.3589	.47200	313	1.67	5.00	3.4228	.50828
参与效能	274	1.67	5.00	3.4197	.51300	314	1.33	5.00	3.4437	.50470
有效的 N	265					312				
项目	中等收入					较高收入				
	N	极小值	极大值	均值	标准差	N	极小值	极大值	均值	标准差
满意度	136	2.25	4.00	3.0092	.24610	80	2.00	3.75	2.9563	.27781
参与意愿	135	2.00	5.00	3.3951	.46643	78	2.33	5.00	3.4744	.61374
参与效能	136	1.67	5.00	3.3529	.46749	79	2.00	5.00	3.5485	.61101
有效的 N	135					78				
项目	高收入									
	N	极小值	极大值	均值	标准差					
满意度	32	2.50	3.50	3.0313	.28220					
参与意愿	32	2.33	4.67	3.4583	.65446					
参与效能	32	2.00	4.67	3.5104	.59859					
有效的 N	32									

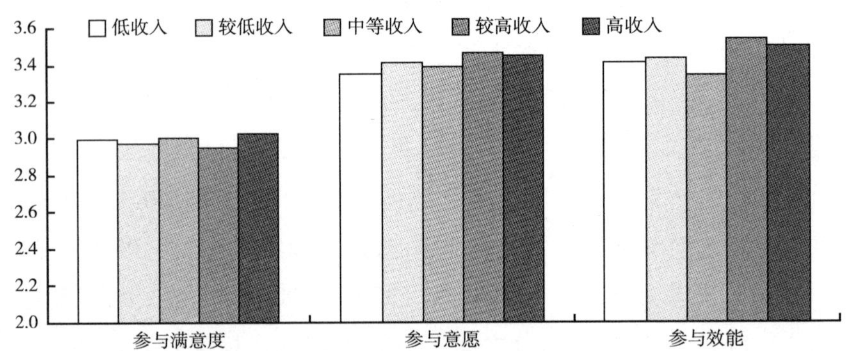

图 9-6-2 不同收入被试“政社互动”参与主观状况得分比较

比较不同收入水平被试在“政社互动”参与主观状况上的得分，差异显著性检验结果发现，在“参与满意度”（$F=0.809$，$p=0.520$）、“参与意愿”（$F=1.126$，$p=0.343$）和“参与效能”（$F=2.065$，$p=0.084$）三个方面，不同收入被试的得分差异均不显著（见表 9-6-6 和表 9-6-7）。

表 9－6－6 不同收入被试政策参与主观状况得分的多重比较

因变量	(I)年龄段	(J)年龄段	均值差(I－J)	标准误	显著性	95%置信区间	
						下限	上限
参与满意度	低收入	较低收入	.01727	.02245	.442	－.0268	.0613
		中等收入	－.01011	.02849	.723	－.0660	.0458
		较高收入	.04283	.03450	.215	－.0249	.1105
		高收入	－.03217	.05068	.526	－.1316	.0673
	较低收入	低收入	－.01727	.02245	.442	－.0613	.0268
		中等收入	－.02739	.02781	.325	－.0820	.0272
		较高收入	.02555	.03393	.452	－.0411	.0922
		高收入	－.04945	.05030	.326	－.1482	.0493
	中等收入	低收入	.01011	.02849	.723	－.0458	.0660
		较低收入	.02739	.02781	.325	－.0272	.0820
		较高收入	.05294	.03820	.166	－.0220	.1279
		高收入	－.02206	.05327	.679	－.1266	.0825
	较高收入	低收入	－.04283	.03450	.215	－.1105	.0249
		较低收入	－.02555	.03393	.452	－.0922	.0411
		中等收入	－.05294	.03820	.166	－.1279	.0220
		高收入	－.07500	.05671	.186	－.1863	.0363
	高收入	低收入	.03217	.05068	.526	－.0673	.1316
		较低收入	.04945	.05030	.326	－.0493	.1482
		中等收入	.02206	.05327	.679	－.0825	.1266
		较高收入	.07500	.05671	.186	－.0363	.1863
参与意愿	低收入	较低收入	－.06391	.04197	.128	－.1463	.0185
		中等收入	－.03618	.05335	.498	－.1409	.0685
		较高收入	－.11548	.06511	.076	－.2433	.0123
		高收入	－.09945	.09478	.294	－.2855	.0866
	较低收入	低收入	.06391	.04197	.128	－.0185	.1463
		中等收入	.02773	.05224	.596	－.0748	.1303
		较高收入	－.05157	.06420	.422	－.1776	.0745
		高收入	－.03554	.09416	.706	－.2204	.1493
	中等收入	低收入	.03618	.05335	.498	－.0685	.1409
		较低收入	－.02773	.05224	.596	－.1303	.0748
		较高收入	－.07930	.07216	.272	－.2209	.0623
		高收入	－.06327	.09975	.526	－.2591	.1325
	较高收入	低收入	.11548	.06511	.076	－.0123	.2433
		较低收入	.05157	.06420	.422	－.0745	.1776
		中等收入	.07930	.07216	.272	－.0623	.2209
		高收入	.01603	.10651	.880	－.1930	.2251
	高收入	低收入	.09945	.09478	.294	－.0866	.2855
		较低收入	.03554	.09416	.706	－.1493	.2204
		中等收入	.06327	.09975	.526	－.1325	.2591
		较高收入	－.01603	.10651	.880	－.2251	.1930

续表

因变量	(I)年龄段	(J)年龄段	均值差(I－J)	标准误	显著性	95%置信区间	
						下限	上限
参与效能	低收入	较低收入	-.02403	.04269	.574	-.1078	.0598
		中等收入	.06677	.05416	.218	-.0395	.1731
		较高收入	-.12882	.06594	.051	-.2582	.0006
		高收入	-.09071	.09646	.347	-.2801	.0986
	较低收入	低收入	.02403	.04269	.574	-.0598	.1078
		中等收入	.09080	.05301	.087	-.0132	.1948
		较高收入	-.10479	.06499	.107	-.2324	.0228
		高收入	-.06668	.09582	.487	-.2548	.1214
	中等收入	低收入	-.06677	.05416	.218	-.1731	.0395
		较低收入	-.09080	.05301	.087	-.1948	.0132
		较高收入	-.19558*	.07305	.008	-.3390	-.0522
		高收入	-.15748	.10145	.121	-.3566	.0417
	较高收入	低收入	.12882	.06594	.051	-.0006	.2582
		较低收入	.10479	.06499	.107	-.0228	.2324
		中等收入	.19558*	.07305	.008	.0522	.3390
		高收入	.03811	.10820	.725	-.1743	.2505
	高收入	低收入	.09071	.09646	.347	-.0986	.2801
		较低收入	.06668	.09582	.487	-.1214	.2548
		中等收入	.15748	.10145	.121	-.0417	.3566
		较高收入	-.03811	.10820	.725	-.2505	.1743

* 均值差的显著水平为0.05。

表9－6－7 不同收入被试“政社互动”参与主观状况得分的方差分析结果

项目		平方和	*df*	均方	*F*	显著性
参与满意度	组间	.238	4	.059	.809	.520
	组内	61.012	830	.074		
	总数	61.250	834			
参与意愿	组间	1.159	4	.290	1.126	.343
	组内	212.862	827	.257		
	总数	214.021	831			
参与效能	组间	2.202	4	.551	2.065	.084
	组内	221.303	830	.267		
	总数	223.505	834			

七 不同类别民众“政社互动”参与状况的特征与启示

通过对不同类别民众“政社互动”参与状况的比较，可以归纳出一些基本特征，并得到一定的启示。

（一）问卷调查显示的不同类别民众“政社互动”参与差别

通过对不同类别民众“政社互动”参与客观状况和主观状况的比较，可以看出民众参与的几个重要特征：

（1）民众的性别可能对“政社互动”参与的影响不大。问卷调查结果显示，不同性别被试在“政社互动”参与客观状况和主观状况方面都没有明显的差异。

（2）年龄对民众的“政社互动”参与可能有一定影响。问卷调查结果显示，老年（60岁及以上）被试在“政社互动”参与客观状况总分上显著高于中年（45~59岁）和青年（18~44岁）被试，但是在“参与效能”和“参与满意度”方面的得分显著低于青年被试，表明真正比较关心“政社互动”的应是老年居民，中年和青年居民的“政社互动”参与则略显不足。

（3）政治面貌对民众的“政社互动”参与也可能有一定的影响。问卷调查结果显示，中共党员被试不仅在“政社互动”参与客观状况总分上显著高于共青团员和群众被试，在“参与意愿”和“参与效能”方面的得分亦显著高于群众被试，表明在“政社互动”中确有中共党员的较积极参与，共青团员和群众的参与则略显不足。

（4）户籍的不同，可能在一定程度上影响民众的“政社互动”参与。问卷调查结果显示，农村户籍被试不仅在“政社互动”参与客观状况总分上显著高于城镇户籍被试，在“参与满意度”方面的得分也显著高于城镇户籍被试，表明在“政社互动”参与方面，农村居民发挥的积极作用，可能高于城镇居民。

（5）职业或身份的不同，也可能在一定程度上影响民众的“政社互动”

参与。问卷调查结果显示，在四种身份的被试中，村（居）民代表的表现最为突出，在“政社互动”参与客观状况总分上显著高于村（居）民委员会成员和村（居）民，在“参与效能”方面的得分显著高于村（居）民；相比之下，村（居）民的“政社互动”参与略显不足，政府工作人员和村（居）民委员会成员亦未显示出积极参与的态势。

（6）民众的收入水平差异，对“政社互动”参与的影响不太明显。问卷调查结果显示，不同收入水平的被试在“政社互动”参与客观状况方面的显著差异只表现在“重要性认知”和“实际参与”两个指标上，“政社互动”参与主观状况方面则没有显示出明显的差异。

（二）不同类别民众参与“政社互动”的启示

问卷调查反映的不同类别民众的“政社互动”参与状况，尽管还需要作进一步的跟踪调查、研究和验证，但依据现有的调查结果，至少可以使我们认真关注四个方面的问题。

第一，“政社互动”的推进需进一步增强群众参与基础。“政社互动”是地方政府积极推动社会管理创新的重要举措与积极尝试，其根本目的在于理顺政府与基层群众自治组织、社会团体的关系，减轻一线负担，提升办事效率，向普通群众提供更贴近其实际需求的服务。这就需要地方政府在此过程中认真倾听群众意见，获得更多的群众参与和支持。从目前的调查数据来看，在“政社互动”参与客观状况的总体得分方面，村（居）民被试的得分显著低于政府工作人员、村（居）委会成员和村（居）民代表三类人群，这一结果为地方政府今后改进“政社互动”过程、提升“政社互动”效果提供了重要的依据。由此提醒我们，必须加强基层群众对“政社互动”开展内容、步骤、程序等基本问题的认识，让更大范围的普通老百姓深入理解和有效参与到“政社互动”的实施过程中，帮助老百姓获取“政社互动”参与的途径与自信心，为“政社互动”的持续开展和深入推进出谋划策。此外，还应把握中、低收入群体对“政社互动”参与的情况，中、低收入群体在总的人口比例中占据大多数，是我们开展一项工作必须重视的基础群体构成部分。从目前数据反映的情况看，中等收入群体在政社互动重要性认知、低收入群体在实际参与方面，都表现出相对较低的水平。如果不重视这一部分人的工作，势必会出现因群众认受性不够而使得“政社互动”后续深化推进动力不足的后果。

第二，充分发挥中共党员优势，努力提升群众、共青团员的参与意愿与效能。“政社互动”在江苏省太仓市开展已进入第五个年头，通过试点和整体推进两个阶段的工作，无论是中共党员还是群众、共青团员，都对其基本内容有了相当程度的认识。从我们的调查数据看，对于“政社互动”参与的客观状况，中共党员群体在总的得分上有比较好的表现，这其中包括对政社互动重要性的认识、对政社互动开展和推进程序的把握、对实际参与步骤和情况的了解以及对相关考核和监督的把关等具体方面。基于此现状，充分发挥中共党员在“政社互动”活动中的介入优势，引导、鼓励中共党员大力宣传、积极参与和勇于创新，对于深化和推进“政社互动”的持续开展具有重要的意义。同时，还应着力缩小中共党员与非党员群体在“政社互动”参与过程中的主观感受差距，鼓励非党员群体积极参与到“政社互动”活动当中，提升参与意愿与热情；此外，还应增加政府与非党员群体的沟通，使政府能够认真倾听他们关于“政社互动”开展问题的意见和建议，切实增强他们的参与效能，激发他们的自觉能动意识。

第三，突破“政社互动”参与的年龄壁垒，吸引中青年群体广泛参与。从本次调查的数据可以看出，在“政社互动”的客观参与状况方面，老年群体的表现尤为突出，这主要表现在“重要性认知”、“实际参与”、“监督行为”以及总体得分几个方面，并且老年群体对“政社互动”也给予了更高的期望和要求（例如在“政社互动”的参与满意度方面）。这样一种现状，一方面与老年人留守、白天闲暇时间较多、乐于参与村居组织的相关活动有关，另一方面也从一个侧面说明相关部门在开展“政社互动”过程中工作对象单一，基础工作有待深入。这需要在原有工作的基础上，突破既有局限，通过更为灵活的形势和内容使得老年人以外的群体也能够了解“政社互动”的基本情况，使中青年群体能够有时间和有机会在更大范围内参与到“政社互动”当中，为“政社互动”的开展注入新的活力。

第四，提升城镇居民对“政社互动”的认识及参与满意度，将成为“政社互动”创新发展的重要途径。“政社互动”能否持续开展、广泛推广，除了其自身设计的合理性和有效运行的程序性外，还必须重视其发展进程中的创新性。结合课题组对太仓市“政社互动”调研的资料来分析问卷调查数据结果，我们认为“政社互动”的发展在农村地区具有一定的优势环境，在理顺政府与群众自治组织关系的过程中切实起到了积极的作用，激发了群众自治组织的活力与工作创新能力。这一点不仅表现在客观状况的数据结果上，也反映在普通百姓对政社互动参与的满意度表现上。然而，城镇居民对“政社互动”参与的表现和感受却要大大落后于农村居民。这虽与城镇居委会、社区工作的自身特性有关，但这种状况也为“政社互动”的后续发展与创新提供了新的机遇。未来如果能够针对城镇地区开展“政社互动”加大工作力度、改进工作形式，相信一定能够为其创新发展提供新的思路和动力源泉。

附录一

太仓市人民政府《关于建立政府行政管理与基层群众自治互动衔接机制的意见》

各镇人民政府，太仓港经济开发区港区、新区管委会，市各委、办、局、台、中心、行、公司，各市属企业，部省驻太单位，健雄学院：

根据《村民委员会组织法》、《城市居民委员会组织法》和《国务院关于加强市县政府依法行政的决定》的规定，为增强社会自治功能，保障基层群众权利，规范政府行政行为，推进法治政府建设，实现政府行政管理与基层群众自治有效衔接和良性互动，结合本市实际，特制定本意见。

一　增强自治功能，充分发挥基层群众自治组织作用

农村村民委员会和城市居民委员会是我市两大基层群众自治组织。要根据国务院《决定》的要求和当前经济社会形势的发展需要，切实加强基层群众自治组织建设，增强群众自治功能，充分发挥基层群众自治组织在社会管理和群众服务方面的重要作用。

1. 强化自治组织建设

要强化村（居）自治组织自身能力建设。建立民主选举与竞争上岗相

结合的选人用人机制，拓宽选人用人渠道，增强基层群众自治组织的生机和活力。根据经济和社会发展实际，加强对基层群众自治组织成员的教育培训，提升自治能力素养，增强驾驭能力，服务服从于经济社会建设。

2. 增强群众自治意识

保障基层群众自我管理、自我服务、自我教育、自我监督的各项权利，充分发挥基层群众自治组织在社会管理和公共服务中的作用，增强群众自治功能。要加大《村民委员会组织法》、《城市居民委员会组织法》等有关法律法规的宣传力度，树立群众自治的主人翁意识，改变群众法治观念不强，民主意识薄弱的问题。要提高自治效能，必须提升群众参与意识，真正做到放权于民。

3. 扩大群众自治范围

基层群众自治组织要按照法律法规的要求，切实做好有关群众自治范围的工作，并逐步扩大群众自治范围。要积极承接政府转移出来的部分行政管理和服务职能，在和谐社会建设中承担起更多的责任，发挥基层群众自治组织在承接公共服务、整合社会资源、引导社会参与、协调社会关系方面的重要作用。

4. 完善群众自治制度

进一步健全基层党组织领导下的充满活力的村（居）民自治机制，完善以直接选举、公正有序为基本要求的民主选举制度，以村（居）民会议、村（居）代表会议、村（居）民议事为主要形式的民主决策制度，以自我管理、自我服务、自我教育为主要目的的民主管理制度，以村（居）务公开、财务监督、群众评议为主要内容的民主监督制度，推进基层群众自治制度化、规范化、程序化。

5. 促进社区组织发展

社区社会组织的发展是群众自治的基点和生长点。要积极创造条件，积极培育和发展各类社会组织、社会团体，发展社区志愿者、义工等群体，依托广大群众和社会组织开展群众自治和社区服务工作，建立健全社会服务体系，提高群众自治水平和服务能力，促进经济社会全面发展。

6. 支持村级经济建设

村民委员会要尊重集体经济组织、互助性经济组织、农业社会化服务组织以及其他经济组织依法独立开展活动的自主权，维护以家庭承包经营为基础、统分结合的双层经营体制，依法保障农民对承包土地的使用、收益等权利，加强土地承包经营权流转管理和服务，保障各类经济组织和村民的财产权和其他合法权益，支持村民发展多种形式的适度规模经营。

7. 加快新农村建设

村（居）委要按照我市建设社会主义新农村的总体部署，搞好新农村建设规划，积极开展社会主义新农村建设的试点工作。要搞好村庄的环境整治，加快基础设施建设，实施农村工业防污整治，发展社会主义精神文明，确保新农村建设取得显著成效。

二 规范政府行为，保障基层群众自治组织权利

各级政府和政府部门要按照国务院《决定》的要求，充分保障基层群众各项民主权利，严禁干预基层群众自治范围内的事情，不得要求群众自治组织承担依法应当由政府及其部门履行的职责。要规范政府行政行为，搞好指导服务工作，提高服务基层、服务群众的能力和水平。

1. 积极转变政府职能

加快市级机构、乡镇机构改革，推动市镇政府行政管理与基层群众自治的有效衔接和良性互动，建立精干高效的行政管理体制和运行机制，建设服务型政府。凡是公民、法人和其他组织能够自主解决的，市场竞争机制能够调节的，行业组织或者中介机构通过自律能够解决的事项，除法律另有规定的以外，行政机关不要通过行政管理去解决。要强化公共服务职能和公共服务意识，简化公共服务程序，降低公共服务成本，逐步建立统一、公开、公平、公正的现代公共服务体制。市政府各部门和各镇政府要转变政府职能，处理好与基层群众自治组织以及其他组织的工作承接，做到放权于民、还权于民。

2. 完善工作指导方式

市政府各部门和各镇政府要从太仓实际出发，按照法律法规的要求，根据基层群众自治组织工作需要，有针对性地开展基层群众自治工作指导。帮助基层群众自治组织提高工作能力和水平，搞好基层群众自治工作。市政府各部门和镇政府开展工作指导，要防止用行政手段干预基层群众自治范围内事情，随意用行政命令的方式下达指标任务，违反法律规定擅自设定影响基层群众自治组织权利义务的规定。

3. 规范协助管理行为

对需要基层群众自治组织协助政府办理的行政事务，实行项目准入制度。要组织对基层群众自治组织协助政府办理的具体行政事务进行全面清理，以减轻基层群众自治组织负担，确保完成法律规定和上级政府明确规定的事项。

4. 实行委托购买服务

对需要基层群众自治组织协助政府办理的具体行政事务，按“权随责走、费随事转”的原则，实行委托和购买服务的方式。由市政府各部门与镇级政府协商，确定工作要求和落实项目经费。镇级政府统一与基层群众自治组织签订委托和购买服务协议，明确工作要求、目标任务和经费支付方式。

5. 加强行政行为监督

各级监察部门要加强监察检查，对行政机关违反法律规定，干预基层群众自治内部事务、侵犯基层群众自治组织权利的领导和具体人员要依照有关规定追究责任，及时查处违法违纪和损害群众利益的行为。要切实解决社区服务发展中反映强烈的损害群众利益的各类热点问题，保证社区服务健康发展。政府法制机构要加强政府法制监督，对政府部门和镇政府出台涉及基层群众自治的规范性文件严格备案审查，切实纠正违法行为；对行政执法部门的行政执法行为加强监督，防止损害基层群众自治组织合法权益。

三　加强群众监督，提高政府依法行政工作水平

推进依法行政，建设法治政府、服务政府，需要广大群众积极参与

和实施监督。要根据国务院的要求，建设让人民群众满意的政府。要实行政府行政权力公开透明运行，让政府行政管理的全过程处于群众监督之下。

1. 扩大行政决策参与

让基层群众参与政府决策，既是贯彻落实国务院《决定》的需要，也是发展基层民主，调动人民有序参与行政管理的积极性，有效推动基层民主的需要。各级行政机关要建立健全公众参与重大行政决策的规则和程序，增强行政决策透明度和公众参与度。在行政决策的过程中注重广泛征求基层群众自治组织和社会公众的意见，真正做到集中民智，使决策充分发扬民主，切实体现民意。对涉及重大公共利益和群众切身利益的决策事项，要组织公开听证。政府及其部门制定的规范性文件，要采取多种方式广泛听取意见。对涉及公民、法人或者其他组织合法权益的规范性文件，要通过政府网站、新闻媒体等向外公布。

2. 拓宽群众监督渠道

要完善群众利益诉求表达机制、权益保障机制、举报投诉机制，畅通群众监督渠道，依法保障人民群众对行政行为实施监督的权利。要注重发挥基层群众自治组织在联系群众、反映群众诉求方面的重要作用，建立联系沟通机制。要通过不同形式、载体，让广大群众对政府机关工作发表意见、质询和投诉，有效监督政府工作，及时解决群众的困难和问题。

3. 建立群众评议机制

对各级行政机关工作绩效考核和工作评定，要建立群众评判制度，组织群众评议，广泛听取广大群众的意见。对群众反映意见大、评分低的行政部门，要认真听取群众意见组织整改，并及时向群众反馈整改结果。

四　实施互动衔接，建立新型城乡管理服务体制

要按照国务院《决定》“建立政府行政管理与基层群众自治有效衔接和良性互动”的要求，建立健全政府与基层群众自治组织的工作联系制

度、情况通报制度、听取意见制度、监督反馈制度、社会矛盾调处制度等机制，通过努力，基本形成政府调控同社会协调互联、政府行政功能与社会自治功能互补、政府管理力量同社会调节力量互动的行政管理和行政服务模式。

1. 加强政府组织协调

市政府要加强组织领导，建立健全指导基层群众自治的协调体制。市民政部门作为市政府指导基层群众自治的行政管理部门，要切实履行好村（居）自治工作的指导职能。市民政部门要会同有关部门，每年组织对行政机关执行有关法律法规规定，保障基层群众自治组织权利，以及开展指导服务的情况进行调查研究，并及时向市政府汇报。

2. 健全工作联系制度

各镇政府、港区、新区管委会和市政府有关部门要加强与基层群众自治组织的联系和沟通，建立健全联席会议制度，定期交流工作情况，听取群众意见，协商工作衔接方式，及时解决基层群众反映的困难和矛盾，维护群众利益，确保法律法规的正确实施。要加强群众信访的处理，及时依法受理群众投诉。

3. 建立服务联动机制

镇级政府可以设立行政服务中心，或者在村（居）开设行政服务窗口，为企业和群众集中办理行政服务事项。基层群众自治组织也要加快为民服务中心建设，为群众生产生活提供必要的服务保障。政府及有关部门要积极创造条件，推动驻区文化馆、图书馆、公园、学校等单位向社区居民开放，为居民群众提供文化学习、文体教育、休闲娱乐等场所。要创造良好的政策环境，鼓励和扶持社区内及周边有关单位和实体按照共驻共建、资源共享、互利共赢的原则，提供多方位社区服务。

4. 实施扶持帮助政策

各级政府要积极采取有效措施，为基层群众自治组织协助政府开展工作提供必要的经费和条件。对经济条件困难的村（居），要帮助基层群众自治组织办理公共事务和公益事业。对工作实绩好、群众满意度高、积极协助政府开展工作的基层群众自治组织，应给予一定的奖励和补贴。政府各部门可以采取结对挂钩的办法，帮助基层群众自治组织解决实际困难，增强基层群众自治能力，提高基层民主建设水平，促进城乡经济社会一体化发展。

各镇政府、港区、新区管委会和市政府各部门，要根据本意见的要求，结合各自工作实际，抓紧制定具体实施意见。

太仓市人民政府

2009 年 5 月 12 日

附录二

太仓市人民政府关于公布《基层群众自治组织协助政府工作事项》和《基层群众自治组织依法履行职责事项》的通知

各镇人民政府，太仓港经济开发区港区、新区管委会，科教新城管委会，市各委、办、局、台、中心、行、公司，各市属企业，部省驻太单位，健雄学院：

《基层群众自治组织协助政府工作事项》和《基层群众自治组织依法履行职责事项》在广泛征求基层群众自治组织意见后，已经市政府第17次常务会议讨论通过，现予公布，有关要求明确如下：

一　提高认识，推进行政管理模式创新

要进一步学习《国务院关于加强市县政府依法行政的决定》，认真落实市政府《关于建立政府行政管理与基层群众自治互动衔接机制的意见》（太政发［2009］42号）要求，切实保障基层群众自治权利，严禁干预自治组织范围内的事情，不得要求基层群众自治组织承担依法应当由政府及其部门履行的职责，切实减轻基层群众自治组织工作负担，形成“政社互动”的行政管理格局，提高我市依法行政水平。

二　明确职责，规范行政行为

各镇（区）、政府各部门要对照公布的《基层群众自治组织协助政府工作事项》，明确本单位延伸至基层群众自治组织工作事项的具体内容、工作目标。按照“费随事转，权随责走”的原则，基层群众自治组织协助政府工作事项试行委托管理。除法定要求外，不再签订行政责任书。对于未列入公布事项的，不得以行政命令方式要求基层群众自治组织予以协助，基层群众自治组织也有权拒绝协助工作。原市政府《关于进一步做好老年人优待工作的意见》（太政发［2006］101号）和《关于印发〈太仓市城区经济适用住房管理办法〉的通知》（太政发［2008］71号）文件中规定的要求基层群众自治组织为办理老年证出具老年人优待证明、为购买经济适用房出具个人收入和住房情况证明两项工作事项予以取消。涉及部门要抓紧组织有关文件的修订和完善。

三　还权于民，保障基层群众自治组织权利

对于《基层群众自治组织依法履行职责事项》的有关内容，各地、各部门要转变政府职能，积极创造条件促进基层群众自治组织更好地依法履行职责，完善工作指导方式，加强组织协调，落实帮扶政策和措施，促进基层群众自治组织提高工作能力和水平。做到放权于民，还权于民，不得干预。

四　强化保障，建立科学的双向履职评估体系

经研究，该工作在城厢镇、双凤镇先行试点，在总结经验的基础上在全市逐步推广。有关试点乡镇要建立专门工作班子，根据工作要求抓紧落实。

市政府法制办和民政局要分别结合自身工作职能，加强政府及其部门与基层群众自治组织双方委托协议的履约能力建设，建立双向的责任落实机制和履职评估机制。一方面要落实政府责任，提高依法行政能力，保障自治权利；另一方面要落实基层群众自治组织责任，提高承接能力，增强自治功能，促进政府依法行政，从而实现政府行政管理与基层群众自治的有效衔接和良性互动。

附件：1. 基层群众自治组织协助政府工作事项

2. 基层群众自治组织依法履行职责事项

太仓市人民政府

2010年3月19日

附件1　基层群众自治组织协助政府工作事项

分类	序号	协助工作事项	法律法规规章依据
公安	1	维护社会治安、未成年人保护、禁毒防范和社区戒毒、协助查处赌博、暂住人口管理、租赁房屋的安全防范和治安管理	《村委会组织法》第二条 《城市居民委员会组织法》第三条 《预防未成年人犯罪法》第二十七条 《未成年人保护法》第四十八条 《江苏省实施〈中华人民共和国未成年人保护法〉办法》第七条 《禁毒法》第十七条、第三十四条 《江苏省禁止赌博条例》第五条 《江苏省暂住人口条例》第三条、第十七条 公安部令《租赁房屋治安管理规定》第四条
	2	养犬管理	《苏州市养犬管理条例》第六条
	3	开展消防宣传教育、群众性消防工作	《消防法》第六条、第三十二条、第四十一条
交通运输	4	农村公路的建设、养护和管理	省政府令《江苏省农村公路管理办法》第四条
	5	建立健全行政村和船主的船舶安全责任制	国务院令《内河交通安全管理条例》第五条
人口与计划生育	6	计划生育工作和流动人口婚育登记、查验等	《城市居民委员会组织法》第三条 《人口与计划生育法》第十二条 国务院令《流动人口计划生育工作条例》第八条、第十四条
	7	社会抚养费征收	国务院令《社会抚养费征收管理条例》第十二条

续表

分类	序号	协助工作事项	法律法规规章依据
民政	8	优抚救济、农村五保供养、居民最低生活保障和城乡社会救助工作	《城市居民委员会组织法》第三条 国务院令《农村五保供养工作条例》第三条 国务院令《城市居民最低生活保障条例》第四条 苏州市政府文件《印发关于进一步完善苏州市城乡社会救助体系的实施意见的通知》
	9	出具收养证明	民政部令《中国公民收养子女登记办法》第五条、第六条
国土资源	10	基本农田保护、土地调查	国务院令《基本农田保护条例》第二十七条 国务院令《土地调查条例》第十条
人力资源和社会保障	11	建立劳动保障服务站,做好农村基本保障工作	苏州市政府文件《市政府关于印发苏州市城乡一体化发展综合改革就业和社会保障实施意见的通知》 苏州市政府文件《关于建立健全农村基本保障体系的意见》
	12	建立劳动争议调解组织	苏州市政府办公室文件《市政府办公室关于进一步加强协调劳动关系三方机制建设的意见》
物价	13	建立价格监督服务点	苏州市政府办公室文件《关于建立苏州市社会价格监督服务网络的实施方案的通知》
司法	14	对依法被剥夺政治权利的村民、居民进行监督、教育、管理	《村民委员会组织法》第二十六条 《城市居民委员会组织法》第十八条
文化广电	15	古村落资源普查	苏州市政府令《苏州市古村落保护办法》第十三条
	16	辖区内卫星地面接收设施管理	苏州市政府办公室文件《苏州市居民小区卫星地面接收设施管理规定》
卫生(食品药品监督)	17	公共卫生和传染病预防与控制、艾滋病防治、组织居(村)民受种疫苗	《城市居民委员会组织法》第三条 《传染病防治法》第九条 国务院令《突发公共卫生事件应急条例》第四十条 国务院令《艾滋病防治条例》第六条 国务院令《疫苗流通和预防接种管理条例》第九条
	18	药品质量监督	《江苏省药品监督管理条例》第三十七条
统计	19	农业、经济、污染源普查	国务院令《全国农业普查条例》第四条、第九条;国务院令《全国经济普查条例》第四条、第十六条;国务院令《全国污染源普查条例》第十五条

续表

分类	序号	协助工作事项	法律法规规章依据
地方税收	20	代征房屋出租及提供家庭装修劳务税收	省政府令《江苏省地方税收征管保障办法》第十六条
教育	21	青少年教育,督促适龄儿童、少年入学	《城市居民委员会组织法》第三条 《义务教育法》第十三条
	22	扫除文盲工作	国务院令《扫除文盲工作条例》第三条
安全生产	23	设立安全生产工作小组,开展安全生产活动,落实安全生产措施	《江苏省安全生产条例》第二十九条 省政府办公厅文件《关于在全省开展乡镇(街道)安全生产达标活动的通知》
水利	24	做好抗旱措施落实	国务院令《抗旱条例》第四十二条
农业	25	动物疫情应急处理	国务院令《重大动物疫情应急条例》第三十七条
征兵	26	兵役登记及政审	国务院、中央军委令《征兵工作条例》第十一条、第十四条、第二十条、第二十一条
气象	27	气象灾害防御知识宣传和应急演练	国务院令《气象灾害防御条例》第十七条

附件2　基层群众自治组织依法履行职责事项

序号	主要工作事项	法律法规规章依据
1	管理集体土地、财产	《村民委员会组织法》第五条 《城市居民委员会组织法》第四条 《江苏省实施〈中华人民共和国村民委员会组织法〉办法》第五条 《物权法》第六十二条 《土地承包法》第十二条
2	发展农村经济、维护村民的合法权利和利益	《村民委员会组织法》第五条 《江苏省实施〈中华人民共和国村民委员会组织法〉办法》第五条
3	办理本地区的公共事务和公益事业 开展突发事件应急演练,组织群众开展自救和互救 动员和组织适龄公民参加献血	《村民委员会组织法》第二条 《江苏省实施〈中华人民共和国村民委员会组织法〉办法》第五条 《城市居民委员会组织法》第三条 《突发事件应对法》第二十九条、第五十五条 《献血法》第六条
4	宣传法律、法规和国家政策	《村民委员会组织法》第六条 《城市居民委员会组织法》第三条 《江苏省实施〈中华人民共和国村民委员会组织法〉办法》第五条

续表

序号	主要工作事项	法律法规规章依据
5	发展文化教育，普及科技知识，开展社会主义精神文明建设活动 推动、帮助村农业技术推广服务组织和农民技术人员开展工作 组织开展全民健身活动	《村民委员会组织法》第六条 《城市居民委员会组织法》第三条 《江苏省实施〈中华人民共和国村民委员会组织法〉办法》第五条 《农业技术推广法》第十三条 《全民健身条例》第十七条
6	调解民间纠纷 家庭暴力、遗弃家庭成员调解工作 调解土地承包经营纠纷	《村民委员会组织法》第二条 《城市居民委员会组织法》第三条《江苏省实施〈中华人民共和国村民委员会组织法〉办法》第五条 《人民调解委员会组织条例》第二条 《人民调解工作若干规定》（中华人民共和国司法部令第 75 号）第二十一条 《婚姻法》第四十三条、第四十四条 《土地承包法》第五十一条 《农村土地承包经营纠纷调解仲裁法》第七条
7	保护和改善生态环境	《村民委员会组织法》第五条 《环境保护法》第六条 《水污染防治法》第十条 《风景名胜条例》（国务院令第 474 令）第六条
8	开展社区服务	《城市居民委员会组织法》第四条
9	组织召开村（居）民会议并向村（居）民会议报告工作。 督促村民遵守村民自治章程、村规民约	《村民委员会组织法》第十八条 《城市居民委员会组织法》第十条 《江苏省实施〈中华人民共和国村民委员会组织法〉办法》第五条
10	预防未成年人犯罪，妇女、老年人权益保护，残疾人工作。 担任未成年人、无民事行为能力或者限制民事行为能力的精神病人的监护人	《预防未成年人犯罪法》第三条第二款、第二十八条、第四十一条 《妇女权益保护法》第三条 《老年人权益保障法》第六条 《残疾人保障法》第七条、第四十七条 《民法通则》第十六条、第十七条、第十八条

附录三

中共太仓市委、太仓市人民政府《关于全面推进“政社互动”实践的实施意见》

（2011 年 4 月）

建立政府行政管理与基层群众自治有效衔接和良性互动的机制（简称“政社互动”），是规范政府行政行为，增强社会自治功能，加强和创新社会管理，推进法治政府建设的重要举措，是《国务院关于加强市县政府依法行政的决定》提出的新要求。2009 年 5 月，市政府出台了《关于建立政府行政管理与基层群众自治互动衔接机制的意见》（以下简称《意见》），并于 2010 年在城厢、双凤两镇先行进行试点实践，取得了良好成效。为巩固试点成果，在全市全面推进“政社互动”，在《意见》基础上，提出如下实施意见。

一　指导思想

实践“政社互动”，是市委、市政府根据党的十七大精神，顺应时代呼唤，加强和创新社会管理，保障科学发展的一项具有战略意义的决策。按照国务院《决定》要求，规范政府行政行为，实现由侧重管理向管理与服务相结合的转变，强化社会服务功能；由侧重外部约束转向外部约束与居民自治相结合的转变，强化群众自治能力；由条线的、单向的、行政推动式的管理运行机制向社会化、市场化、平等互动的基层治理运行机制的转变，强化政府行政管理与基层群众自治的良性互动。“政社互动”创新实践，目标是构建党委领导、政府负责、社会协同、公众参与的社会管理新格局。通过努力，基本形成政府调控同社会协调互联、政府行政功能与社会自治功能互补、政府管理力量同社会调节力量互动的新型行政管理模式。

二　进一步规范政府行为，提高依法行政水平

各镇（区）、各部门要充分保障基层群众民主权利，严禁干预基层群众自治范围内的事情，不得要求群众自治组织承担依法应当由政府及其部门履行的职责。要进一步转变政府职能，规范政府行为，加强工作指导和服务工作，提高服务基层、服务群众的能力和水平。

（一）深化政府职能转变

要坚持有所为和有所不为的原则，积极转变政府职能，强化宏观管理职能，弱化微观管理职能，逐步把部分可以由社会承担的职能剥离出来，交给基层群众自治组织和社会组织承担。凡是公民、法人和其他组织能够自主解决的，市场竞争机制能够调节的，行业组织和社会中介机构通过自律能够解决的事项，除法律另有规定以外，不要通过行政管理手段解决。凡属基层群众自治组织依法履行职责事项，要放手让基层群众自治组织自主管理；凡属政府部门行政职责范围的工作任务，不得随意下达到基层群众自治组织。要防止用行政手段干预基层群众自治范围内的事情，随意用行政命令的方式下达指标任务。

（二）规范政府管理行为

加强对政府行政行为的监督，防止侵犯自治组织合法权益。要加强对镇（区）、部门规范性文件备案审查，从“源头”上防止随意增设基层自治组织义务或限制其权力等违法文件的产生。各镇（区）、各部门要对照太政发

[2010] 19号文件公布的两份清单，明确本单位延伸至基层群众自治组织工作事项。按“权随责走、费随事转”的原则，对需要基层群众自治组织协助政府工作事项，通过《协助管理协议书》落实。除法定要求外，不再签订行政责任书。由市政府各部门与镇级政府协商，确定工作要求、目标任务和项目经费等“一揽子协约”方式解决，由镇级政府统一与基层群众自治组织签订协助管理协议。对基层群众自治组织协助政府工作事项实施准入制度。对没有法律法规依据的，基层自治组织可以拒绝承担。

（三）加强政府行政指导

各镇（区）、各部门要积极创造条件，加强行政指导，完善工作指导方式，支持、帮助基层自治组织更好地依法履行职责。要加强选举工作的指导，充分尊重和发扬民主，保证选举真正合乎民意。要从基层经济、政治、文化、社会生活等方面，扩大人民群众的有序参与，引导和组织人民群众参与自治事务，通过民情恳谈会、民事协调会、民意听证会、民主评议会等多种形式，切实维护和落实群众的知情权、参与权、表达权和监督权，在基层民治政治实践中提高自我管理水平。

（四）有效化解基层矛盾

建立健全利益协调机制、诉求表达机制、权益保障机制和社会舆情综合分析机制、矛盾排查化解机制等。坚持民主与民生相结合，从群众最关心、最直接、最现实的利益问题入手，充分整合和运用各类资源，积极发挥大调解工作机制，实现人民调解、行政调解、司法调解的有机结合，调处各类矛盾纠纷，引导群众以理性合法的方式表达利益诉求。要完善社会稳定风险评估机制，特别要做好新时期利益冲突较多领域的矛盾化解工作，回应合理诉求，加强教育疏导，做到预防走在调解前、调解走在激化前，努力把社会矛盾解决在基层。

（五）主动接受群众监督

政府部门要在行政决策、行政执法等方面注意听取和吸收群众意见，接受群众监督。要完善征求群众意见程序，明确涉及重大公共利益、涉及群众切身利益的以及法律法规规定应当听证的，要组织召开听证会。制定涉及群众合法权益的规范性文件，也要严格执行征求意见制度。要积极创造条件，通过不同形式、载体，让广大群众对政府机关工作发表意见、质询和投诉，有效监督政府工作。《协助管理协议书》签订后，要严格履行协议条款，加强指导，为基层群众自治组织协助政府工作提供必要条件，不得在协助事项清单范围以外，增设其他协助事项。政府的履约情况要接受自治组织的评估，对政府部门的指导、服务等情况要接受群众的等级评议，由自治组织对基层政府部门评出“村（居）民满意奖”。群众的评议结果要公开，要与责任部门和责任人经济考核相挂钩。

三　进一步增强自治功能，提升基层自治能力

要根据国务院《决定》的要求和当前经济社会形势要求，切实加强基层群众自治组织建设，增强社会自治功能，积极发挥群众自治组织和其他社会组织社会管理和公共服务的作用。

（一）切实增强自治功能

依法组织自治活动。基层群众自治组织要发挥自治活动组织者、推动者和实践者的作用，召集村（居）会议、村（居）民代表会议，推行村（居）务公开；开展便民利民的社区服务活动，开展群防群治，及时化解居民群众间的矛盾；组织开展多种形式的社会主义精神文明建设活动；及时向当地政府部门反映居民群众的意见、要求和提出建议。依法协助基层政府开展工作。协助做好与居民群众利益有关的社会治安、社区矫正、公共卫生、计划生育、优抚救济、社区教育、社会保障、文化体育及老年人、残疾人、未成年人、流动人口权益保障等工作，基本实现公共服务均等化。

（二）有效完善民主管理制度

进一步健全党组织领导的充满活力的基层群众自治机制，推广党员

或党员代表议事制度，深入开展以村（居）会议、议事协商、民主听证为主要形式的民主决策实践，以自我管理、自我教育、自我服务为主要目的的民主管理实践，以村（居）务公开、民主评议为主要内容的民主监督实践，全面推进基层群众自治制度化、规范化、程序化。进一步完善1月10日和7月10日的民主决策日活动、村（居）民代表会议主席制度、村（居）民议事制度、村（居）民小组代表会议制度等，深化实践“政社互动四日制度”，切实保障社区居民的知情权、参与权、表达权、监督权。

（三）全面加强自治组织能力建设

为进一步提升自治水平，增强自治组织实现有效衔接和良性互动，基层自治组织要增强与政府行政部门、社会市场组织等的协商能力，整合各方资源，理顺多方关系，形成社会多元主体合作治理的良性机制。要增强执行自治制度、进行自我管理的制度执行能力，确保基层民主落到实处。要增强协助政府开展服务和为群众提供公共产品的服务能力，保障居民群众的切身利益。要完善功能设施，创新载体，提升基层群众自治组织承接公共服务的能力。要发挥自治组织在连接纽带、倾听民意、反映群众诉求方面的积极作用，搭建载体、畅通渠道，提升代言能力，切实为基层群众多办好事多办实事。

（四）大力培育社区社会组织

按照市委、市政府《关于进一步规范和发展社会组织的意见》（太委发［2010］32号）精神，着力培育和发展社会组织。选择一些代表性强、运作规范的行业协会作为试点，将应由或者适宜行业协会等社会组织履行的服务性事务、部分行业管理职能，采取依法委托、转移等方式，交由行业协会等社会组织承担。促进政社分开和民间组织的自主发展。凡政府委托、转移给社会组织承办事务的，原则上应通过政府购买服务等方式进行。建议以项目为导向的契约化管理模式，实现政府购买服务项目化管理。积极创新政社沟通协调机制，建立政府与社会组织联系沟通的常设平台，进一步发挥社会组织在协调利益关系、反映群众诉求方面的作用。

四 进一步强化保障，确保“政社互动”取得良好成效

（一）完善机制和制度建设

要以建立与构建和谐社会相适应的社会管理新格局为目标，进一步在总结试点经验基础上，健全完善政府事项准入机制、政府行政指导机制、自治组织能动机制、双向监督机制、群众代表公决机制、双向履约评估机制、社会稳定风险评估机制等一系列运行机制和制度。在“政社互动”推进过程中，还要建立健全政府与基层群众自治组织对话制度、联系制度、接待制度等制度，加强沟通联系，形成双方的良性互动。还要完善“政社互动”联席会议机制，不断研究新情况、解决新问题。

（二）注重党组织监督保障

在“政社互动”实践中，只有始终坚持党的领导，才能始终保持正确方向。双方履约情况应该接受同级党组织的监督。镇（区）党委直接监督政府依法行政，监督政府对《协助管理协议书》的履行；自治组织党组织要加强对村（居）依法自治的政治领导和衔接互动的思想保障，组织群众监督村（居）干部认真履职、搞好协管。自治组织与政府签订的协助管理协议书，必须经过自治组织内的群众代表集体讨论和集体表决，否则村（居）主任无权签署协议。各级监察部门要加强监察检查，对行政机关违反法律规定，干预基层群众自治内部事务、侵犯基层群众自治组织权利的，要依照有关规定追究责任，及时查处违法违纪和损害群众利益的行为。要切实解决社区服务发展中反映强烈的损害群众利益的各类热点问题，保证社区健康发展。

（三）积极实施帮扶政策

要落实社区正常工作经费保障机制，完善村（居）干部报酬待遇正常

增长机制等措施，着力提升基层自治能力。要加强对村（居）干部专门培训，提高村（居）干部综合素质。针对基层自治组织实际情况，要组织政策水平高、业务能力强、“政社互动”理论熟的骨干到基层进行培训，不断提高基层群众自治的信心和能力。

（四）强化组织领导

全面推进“政社互动”工作，涉及面广，任务艰巨，要取得实效，必须加强组织领导，上下形成合力。市级层面成立由市委、市政府主要领导任组长的领导小组，并下设办公室，负责指导和协调面上的推进工作。各镇（区）要建立领导小组及其办公室，落实人员具体负责，有步骤地扎实推进“政社互动”实践工作。各相关部门要实行领导分工负责制，明确任务，发挥部门优势，提供指导服务，支持、协助镇（区）开展工作。要充分利用报刊、广播、电视、网络等媒体，充分发挥宣传引导作用，形成良好舆论氛围。

（五）提升工作实效

我市实践“政社互动”，很重要的一个措施就是废止政府部门与基层群众自治组织签订的行政责任书（除法定要求外），在制度上保障了自治组织的法定权益。要严格履行协议，违反协议的要按协议规定承担违约责任。只有政府主动履约，严格履约，才能取得成效。各部门要积极配合做好实践工作，协助镇（区）政府（管委会）签订好协议，尽可能提供必要条件，落实好工作经费。各部门的经费统一下拨到镇（区）政府（管委会）专门账户，由镇（区）政府（管委会）与基层群众自治组织按照协议规定进行支付。要提高思想认识，对可能碰到的困难和问题充分估计，妥善应对，认真解决。既要依法推进，也要确保正常工作和行政效率不受影响。鼓励基层单位因地制宜探索创新，因时而为扎实推进，及时总结经验，务实取得实效。

附录四

中共苏州市委办公室、苏州市人民政府办公室转发《关于在全市开展“政社互动”试点工作的指导意见》的通知

各市、区委和人民政府，苏州工业园区、苏州高新区、太仓港口工委和管委会；市委各部委办局，市各委办局，市各人民团体，各大专院校和直属单位：

经市委、市政府领导同意，现将市社会建设工作领导小组办公室、市法治政府建设工作领导小组办公室、市城乡和谐社区建设工作领导小组办公室、市社会管理综合治理委员会办公室制定的《关于在全市开展“政社互动”试点工作的指导意见》转发给你们，请结合实际，认真贯彻落实。

中共苏州市委办公室

苏州市人民政府办公室

2012 年 6 月 2 日

关于在全市开展“政社互动”试点工作的指导意见

为深入贯彻落实中央、省委和市委关于加强社会建设和创新社会管理的

一系列决策部署，进一步增强社会自治功能，保障基层群众自治权利，规范政府行政行为，深入推进法治苏州、平安苏州、法治政府建设，实现政府行政管理与基层群众组织、社会组织自治有效衔接和良性互动，结合前期太仓等地“政社互动”实践，经市委、市政府同意，决定在全市开展“政社互动”试点工作，现提出如下指导意见：

一　重大意义

“政社互动”是指各级政府及其部门与基层群众自治组织、社会组织这两类社会管理主体之间，通过“衔接互动”理顺社会管理职能、调整社会管理结构、改进社会管理方式，从而更加有效地建立利益协调机制、诉求表达机制、矛盾调处机制、权益保障机制。基层群众自治组织是指村民委员会和居民委员会，社会组织是指在各级民政部门注册登记的社会团体、民办非企业单位、基金会和备案的社区社会组织，他们都是社会管理的主体，是政府联系和组织人民群众参与社会建设、推进社会管理的桥梁和纽带。“政社互动”本质上是坚持执政为民与还政于民、政府主导与社会自主、科学发展与和谐发展三个辩证统一，也是政府转变职能、创新社会管理方式的集中体现。它规范了政府行政行为，实现由侧重管理向管理与服务相结合，由侧重外部约束向外部约束与社会自治相结合，由单向的、强制的、行政推动式的管理运行机制向社会化、市场化、平等互动的基层治理运行机制三个转变。太仓市的“政社互动”工作先行先试，通过四年的探索和实践，“政社互动”的理念和路径越来越清晰，为全市范围推行试点工作积累了丰富的经验。

实施“政社互动”，是进一步加强和创新社会管理、规范政府行政行为、推进基层民主建设、提升社会组织能力、巩固党的执政基础的一项重要举措。各级党委、政府一定要从深入贯彻落实科学发展观、率先基本实现现代化、提高党的执政能力的战略高度，深刻认识新形势下“政社互动”对社会管理创新的重要性，切实增强工作责任感，扎实开展“政社互动”试点工作，为全市全面推广该项工作创造和积累经验。

二　指导思想和工作目标

以邓小平理论、“三个代表”重要思想和科学发展观为指导，认真贯彻落实中央、省委和市委有关加强和创新社会管理的决策部署，以加强城乡基层社会管理创新为重点，围绕构建“党委领导、政府负责、社会协同、公众参与、法治保障”的社会管理新格局，通过各市（县）、区各自选取1～2个镇或街道先行开展“政社互动”试点工作，积极探索政府调控与社会协同互联、政府行政功能与社会自治功能互补、政府行政管理与公众参与互动的新型社会管理模式，并力争用1～2年时间，将“政社互动”打造成苏州社会管理的创新品牌。

三　主要内容

各级各部门要按照《中华人民共和国村民委员会组织法》、《中华人民共和国城市居民委员会组织法》、国务院《关于加强市县政府依法行政的决定》的规定，以及市委、市政府《关于进一步加强社会建设创新社会管理的意见》精神，规范政府行政行为，提高服务基层、服务群众的能力和水平。

（一）积极转变政府职能

按照《苏州市法治政府建设2011～2015年规划》提出的“逐步实现城乡社区的社会事务和公共服务以基层群众组织实行自治管理为主”和“逐步实现微观经济活动以各类行业协会、商会实行自律管理为主”要求，凡属基层群众自治组织依法履行职责事项，要放手让基层群众自治组织自主管理。同时将政府行政管理中的事务性、辅助性、公益性工作逐步转移、授权、委托或者外包给基层群众自治组织、社会组织承担。市级政府工作部门要按照改革发展要求，积极转变职能，进一步将行政管理权力下放给下级部门实施扁平化管理。县级市、区政府和镇政府（街道办事处）要处理好与基层群众自治组织、社会组织的工作承接，充分保障基层群众各项民主权利，严禁干预基层群众自治范围内的事情，不得将行政任务、经济指标摊派给基层群众自治组织。

（二）做好行政管理权力梳理工作

市级政府工作部门要梳理出可逐步下放的事项清单。各级政府要加强对规范性文件备案审查，从源头上防止随意增设基层自治组织义务或限制其权利等违法文件的产生。各试点镇（街道）做好基层群众自治组织协助政府办理的行政事务清理工作，可参考太仓市制定的两份“事项清单”，明确基层群众自治组织依法履行职责事项和依法协助政府工作事项，分别由民政、政府法制部门审核把关后对外公布。对未列入公布事项的，不再签订行政责任书，不得以行政命令方式下达。各试点镇（街道）要相应梳理并制定出当地“社会组织能够承接政府转移职能事项”和“能够承接政府转移职能的社会组织”两份清单。

（三）实行契约化管理模式

对依法协助政府工作事项，县级市、区政府部门要做好与镇（街道）的协调工作，由镇（街道）与基层群众自治组织协商签订“一揽子协议书”，明确工作要求、目标任务和经费支付方式；法定职责之外需要基层群众自治组织和社会组织协助政府办理的行政事务和公共服务事项，通过公开招标、项目发包、项目申请、委托管理等方式，由政府购买基层群众自治组织和社会组织服务，签订“项目协议书”，并按照“费随事转”原则落实项目经费。

（四）建立信息互通机制

各级政府及其部门要进一步规范和深化政府信息公开工作，扩大公开范围，细化公开内容，提高公开的质量和实效。基层群众自治组织、社会组织也要依法公开自治事务以及其他与社会管理、公共服务相关的信息，做到重要性工作及时公开、常规性工作定期公开、阶段性工作逐段公开，并将信息公开工作与基层组织建设、党风廉政建设、民主法制建设有机结合。加强社区信息平台建设，实现信息共享。

（五）扩大公众有序参与

要从基层经济、政治、文化、社会生活等方面，扩大人民群众的有序参与。基层自治组织和各类社会组织要积极引导和组织居民群众、包括外来人员参与公共事务，通过恳谈会、听证会、协调会、评议会、网络问政等多种形式，切实维护和落实群众的知情权、参与权、表达权和监督权，在基层民主政治实践中提高自我管理水平。各级行政机关要建立健全公众参与重大行政决策的规则和程序，增强行政决策的透明度和公众参与度，并注重在行政决策的过程中广泛征求基层群众自治组织、社会组织和公众的意见，真正做到倾听民意、集中民智，使决策符合社会经济发展的要求、满足群众需求，保证决策的顺利实施。要鼓励社会组织积极参政议政，扩大社会组织的民主权益，进一步发挥社会组织在协调利益关系、反映群众诉求方面的积极作用。

（六）主动接受群众监督

各级政府部门在行政决策、行政执法等方面，要注重通过基层群众自治组织和社会组织听取和吸收基层群众意见，接受群众监督。要完善征求群众意见程序，凡是涉及重大公共利益、涉及群众切身利益的决策事项，都要组织召开听证会；制定涉及群众合法权益的规范性文件，要严格执行征求意见制度。要积极创造条件，通过不同形式、载体，让人民群众对政府机关工作发表意见、质询和投诉，有效监督政府工作。

（七）有效化解基层矛盾

要健全完善利益协调机制、诉求表达机制、矛盾调处机制和权益保障机制，及时回应群众合理诉求。要完善大调解工作机制，实现人民调解、行政调解和司法调解的有效衔接。要发挥基层群众自治组织和社会组织作为社会管理的“减压器”、社会稳定的“黏合器”、社会矛盾的“稀释器”的功能，充分运用社区调解、群团调解、行业调解、社团调解等社会调解方式，化解基层矛盾纠纷。建立健全公众参与的社会稳定风险评估机制，从源头上预防和减少社会不稳定因素。加强对基层法律服务所与村（社区）结对共建活动的指导，发挥法律顾问在“政社互动”工作中的作用。

（八）变单向考核为双向评估

按照市委、市政府下发的《关于进一步加强社会建设创新社会管理的意见》要求，减少和规范对社区的各项考核评比，确需保留的归并为“文明和谐社区”创建活动。政府的履约情况要接受基层群众自治组织和社会组织的评议和评价，政府部门的管理、服务效果要接受公众的满意度调查，评议和调查结果要公开，并与责任部门和责任人绩效考核相挂钩。要将原先政府对基层群众自治组织的单向考核变为双向评估，既评估基层群众自治组织依法履职情况，又评估政府部门依法行政情况，做到两项评估有机结合、相互促进。要逐步探索建立社会组织参与和接受政府、社会评估的机制。

四　试点工作步骤

整个试点工作分为动员部署、签订协议、组织实施、验收评估等四个阶段。各地要在年底前全面完成试点工作。

（一）动员部署阶段

为推动试点工作开展，建立以市委政法委（市综治办）、市委组织部、市委宣传部、市编委办、市民政局、市政府法制办等部门组成的市级工作班子，明确工作职责，落实具体工作人员。各县级市、区政府、各试点镇（街道）也要建立相应的领导班子和工作机构，制定工作方案，召开试点工作动员会议，着力提高基层群众自治组织、社会组织和基层群众对开展“政社互动”工作的认识。

（二）签订协议阶段

各试点镇（街道）与本地政府部门研究确定基层群众自治组织依法

履行职责事项和依法协助政府工作事项，并报本地民政、政府法制部门审核确认。在此基础上，各区试点镇（街道）的两份“事项清单”还须报苏州市民政、政府法制部门最终审核确认。镇（街道）与基层群众自治组织就依法协助政府工作事项签订“一揽子协议”。协助管理协议书起草后须经村（居）民会议或村（居）民代表会议表决通过，并由村（居）委会与镇政府（街道办事处）双方负责人签订。需要向基层群众自治组织和社会组织购买服务的其他项目，由试点镇（街道）与政府部门协商后，拟定购买服务协议书文本，并征求基层群众自治组织和社会组织的意见。

（三）组织实施阶段

各试点镇（街道）要落实政府责任，提高依法行政能力，按照“费随事转、权随责走”的原则，以及协议书规定的要求，为基层群众自治组织和社会组织开展工作创造条件。同时，要落实基层群众自治组织和社会组织责任，提高承接能力，增强自治功能和履约能力，确保按照协议要求，完成政府购买服务项目及其工作任务。

（四）验收评估阶段

成立多元化评估主体，对政府和基层群众自治组织、社会组织双方履约情况进行全方位评估，并向社会公布评估结果。根据评估结果兑现经费和实施表彰鼓励。做好试点工作经验总结，为全市全面推广积累经验。

五　强化保障，确保“政社互动”试点工作取得良好成效

（一）强化组织保障机制

各地要成立由党委或政府分管领导任组长的领导小组，负责指导和协调面上的推进工作。各级党委必须切实加强领导，充分发挥总揽全局、协调各

方的作用。要健全完善党领导下的基层群众自治制度，加强基层群众自治组织、社会组织中的党组织建设，确保基层群众自治组织和社会组织规范发展、依法活动。强化财政保障，加大对基层群众自治组织和社会组织的资金投入和物质支持。各地领导小组办公室要牵头组织有关部门定期开展考核督查活动，邀请人大代表、政协委员视察工作，汇聚政府、高校、社会组织等各方力量，组成专家团队，加强对“政社互动”的战略研究和业务指导。各级监察部门要加强监察检查，对行政机关违反法律规定，干预社会自治领域事务、侵犯合法权益的，要依照有关规定追究责任，及时查处违法违纪和损害群众利益的行为。

（二）完善机制创新举措

各地、各部门要树立服务意识，根据基层群众自治组织和社会组织工作需要，有针对性地开展基层群众自治和社会组织工作指导。积极推行“政社互动”实践中形成的政府事项准入、自治组织和社会组织能动、政府行政指导、双向履约评估、双向监督、社会稳定风险评估等机制，制定和施行政府购买社会服务、资金补助等制度，制定和落实社会力量提供社会服务的优惠政策。完善城乡社区服务管理体制机制，加强基层群众自治组织能力建设和社会组织的规范化建设。积极运用建议、劝告、指示、提示等柔性服务方式，引导基层群众自治组织和社会组织积极承接政府转移出来的部分公共管理和服务职能。探索运用奖励、资助等激励措施，帮助基层群众自治组织和社会组织提高工作能力和水平，调动和激发基层群众自治组织、社会组织和基层群众参与社会管理的能动性和创造性。

（三）加强社会组织建设和管理

各地、各部门要着力培育和发展各类社会组织。通过制定扶持政策、建设孵化培育基地、帮助健全法人治理结构、开展公益创投、加强负责人培训等措施，不断提升自治能力，引导社会组织参与社会建设、提供公共服务。要通过社会组织等级评估、公信力建设、年度检查、社会监督等机制，加强对社会组织的监督和管理。试点镇（街道）可结合当地实际，积极探索基层自治组织与社会组织的协同和联动。

（四）加强宣传和培训

要充分发挥报刊、广播、电视、网络等媒体的宣传、引导和监督作用，宣传“政社互动”的重要意义，形成良好的舆论氛围。要加强对各级干部，尤其是政府各部门、镇（街道）干部的业务培训，进一步增强法治政府理念、基层政府社会管理创新意识，指导村（居）民自治和推动城乡社区建设的能力。要加大对基层群众自治组织和社会组织负责人的培训，激发、引导和提升他们规范内部治理、有序参与社会管理和服务的能力和水平。

市社会建设工作领导小组办公室

市法治政府建设工作领导小组办公室

市城乡和谐社区建设工作领导小组办公室

市社会管理综合治理委员会办公室

2012 年 6 月

附录五

苏州市民政局《关于印发〈镇（街道）开展“政社互动”试点工作操作指导办法〉和〈村（居）民委员会、社会组织开展“政社互动”试点工作操作指导办法〉的通知》

各市、区民政局，苏州工业园区、苏州高新区社会事业局：

为深入贯彻落实市委、市政府关于加强社会建设、创新社会管理的决策部署，根据市委、市政府两办《转发〈关于在全市开展“政社互动”试点工作的指导意见〉的通知》（苏办发〔2012〕45号）精神，经研究，下发《镇（街道）开展“政社互动”试点工作操作指导办法》和《村（居）民委员会、社会组织开展“政社互动”试点工作操作指导办法》，请各地结合实际，遵照执行。

特此通知。

附件：1.《镇（街道）开展“政社互动”试点工作操作指导办法》

2.《村（居）民委员会、社会组织开展“政社互动”试点工作操作指导办法》

苏州市民政局

二〇一二年八月二十四日

附件1　镇（街道）开展“政社互动”试点工作操作指导办法

为推动我市“政社互动”试点工作，在明确重要意义、指导思想、工作目标、主要内容的基础上，按照动员部署、签订委托协议、组织实施、验收评估等4个阶段，特制定本指导办法。

一　动员部署阶段

1. 建立由党委（党工委）、政府（办事处）和有关科室负责同志组成的“政社互动”试点工作领导小组和工作班子，明确工作职责，落实工作人员。

2. 研究制定开展“政社互动”试点工作实施方案，明确工作目标、主要工作内容、实施时间等。

3. 召开“政社互动”试点工作动员会议，对试点工作进行动员部署，明确工作内容和任务。

4. 组织开展针对政府相关部门人员及村（居）书记、主任以及社会组织负责人等骨干的“政社互动”试点工作培训，提高相关人员对试点工作重要性的认识，并加深对试点工作内容的了解。

5. 利用板报、公告栏、村（居）务公开栏、信息平台等方式宣传“政社互动”的意义和具体做法，使基层群众充分了解“政社互动”情况。

二　签订委托协议阶段

1. 对照市、区下发的“两份清单”，确定需要委托给基层群众自治组织、社会组织的具体事项。

2. 根据镇（街道）与有关部门协商的情况，实行“一揽子协议”方式，拟定委托管理协议书文本。协议书明确委托事项名称和具体目标要求、年度履约评估方法、政府提供的条件和经费支付方式、违约责任、协议产生争议的解决方式等。

3. 由镇（街道）与基层群众自治组织、社会组织对协议书内容进行专门协商，并指导基层群众自治组织召开村（居）民（代表）会议、社会组织召开理事会或会员（代表）大会等形式征求意见。

4. 镇（街道）主要负责人与各村（居）委会主任、社会组织负责人签订委托管理协议。

5. 需要向基层群众自治组织和社会组织购买服务的其他项目，由镇（街道）政府与政府部门协商后，拟定委托购买服务协议书文本，并征求基层群众自治组织或社会组织的意见。

三　组织实施阶段

1. 落实政府责任，提高依法行政能力，保障基层群众自治组织、社会组织的自治权利，并遵循“费随事转、权随责走”的原则，按照协议书规定的要求，为基层群众自治组织、社会组织创造工作条件，提供方法指导，给予经费保障。

2. 落实基层群众自治组织责任，提高承接能力，确保按照协议要求，全面完成协助政府管理事项。

3. 落实社会组织承担的公共服务责任，为社会组织有效开展政府购买的公共服务提供条件，确保政府购买公共服务的顺利实施。

4. 镇（街道）党委（党工委）对政府（办事处）和基层群众自治组织、社会组织履约情况进行监督，对双方在履约过程中存在的问题及时提出整改意见，并组织整改。

四　验收评估阶段

1. 对“政社互动”试点工作进行全面评估，重点注意以下指标的完成情况。(1) 履职和合约项目是否理清；(2) 委托协议书是否按规定签约；(3) 签约后能否认真履约；(4) 对履约结果是否进行了有效的民主评估；(5) 在“政社互动”过程中基层群众组织和社会组织的作用是否得到有效发挥；(6) 在“政社互动”中是否建立了有效的公民参与途径；(7) 是否建立了有效的信息互通机制。

2. 建立双向评估机制，由村（居）干部、群众代表对政府部门的履职情况进行评估；由镇（街道）党委、政府及各有关部门对基层群众自治组织、社会组织的履约情况进行评估。

3. 评估结果通过板报、公告栏、村（居）务公开栏、信息平台等渠道向社会公示。

4. 根据评估结果兑现经费和进行违约责任追究，对履约情况佳、工作实绩好、群众满意度高的基层群众自治组织，评为先进并给予奖励。

5. 对“政社互动”试点工作开展情况进行全面总结，分析遇到的困难和存在的问题，提出下一步改进措施和方法。

试点工作应把握的三项重点工作：一是广泛宣传，造成有力的舆论氛围，做到试点工作的各个阶段工作家喻户晓；二是注重培训，保证试点的顺利进行，做到试点工作的各个阶段、参加人员得到全面详实的业务培训；三是加强监督，促进试点的正常开展，做到监督贯穿试点工作的各个环节、各个组织、各类人群。

附件2 村（居）民委员会、社会组织开展“政社互动”试点工作操作指导办法

在“政社互动”试点工作推进过程中，要充分发挥基层党组织的领导核心作用，积极调动村（居）委会、村（居）民代表、村（居）民小组长以及社会组织的工作热情，认真做好以下六方面工作。

1. 对照市（区）政府公布的两份清单，明确政府和基层群众自治组织的职责，明确社会组织拟承接政府转移职能事项。

2. 召开村（居）民（代表）会议、社会组织理事会或会员代表大会传

达开展“政社互动”会议精神，通报村（居）委会和社会组织所承担的职责，讨论委托协议内容并就履约事项等作出决定。

3. 按照规定时间，村（居）委会主任或社会组织负责人与镇（街道）主要负责人签订委托协议。

4. 依托村（居）务公开等形式，广泛向村（居）民、社会组织会员公布协议内容，根据所签协议进行工作分工，认真履约。事项进行中要坚持公开、透明，接受政府和群众的双向监督。委托事项经费使用情况应及时进行村（居）务公开，或向社会组织成员进行公开。

5. 组织履约评估会议，分别对村（居）、社会组织的履约和政府各部门的履职情况进行评估，并及时发布评估结果。

6. 建立“政社互动”试点工作档案，对“政社互动”试点工作进行总结，按照履约情况对相关人员等进行奖励或批评。

图书在版编目(CIP)数据

中国和谐社区：太仓模式：太仓市“政社互动”调研报告/陆留生，王剑锋，史卫民主编. —北京：社会科学文献出版社，2012.12
ISBN 978－7－5097－4035－4

Ⅰ.①中… Ⅱ.①陆… ②王… ③史… Ⅲ.①社区－城市建设－研究报告－太仓市 Ⅳ.①D669.3

中国版本图书馆CIP数据核字（2012）第283168号

中国和谐社区：太仓模式
——太仓市“政社互动”调研报告

主　　编／陆留生　王剑锋　史卫民

出 版 人／谢寿光
出 版 者／社会科学文献出版社
地　　址／北京市西城区北三环中路甲29号院3号楼华龙大厦
邮政编码／100029

责任部门／社会政法分社（010）59367156　　责任编辑／孙燕生　郑茵中
电子信箱／shekebu@ssap.cn　　责任校对／牛立明
项目统筹／郑茵中　　责任印制／岳　阳
经　　销／社会科学文献出版社市场营销中心（010）59367081　59367089
读者服务／读者服务中心（010）59367028

印　　装／北京季蜂印刷有限公司
开　　本／787mm×1092mm　1/16　　印　　张／18.75
版　　次／2012年12月第1版　　字　　数／287千字
印　　次／2012年12月第1次印刷
书　　号／ISBN 978－7－5097－4035－4
定　　价／58.00元